◎ 中国现代文化世家丛书（第二辑）

斯文的回响
——苏州叶氏家族文化评传

赵普光　牛亚南　著

郑州大学出版社

图书在版编目(CIP)数据

斯文的回响:苏州叶氏家族文化评传/赵普光,牛亚南著.—郑州:郑州大学出版社,2015.12(2016.8重印)
(中国现代文化世家丛书.第二辑)
ISBN 978-7-5645-2739-6

Ⅰ.①斯… Ⅱ.①赵…②牛… Ⅲ.①家族-文化研究-苏州市 Ⅳ.①K820.9

中国版本图书馆CIP数据核字(2015)第307851号

郑州大学出版社出版发行
郑州市大学路40号　　　　　　邮政编码:450052
出版人:张功员　　　　　　　　发行电话:0371-66966070
全国新华书店经销
河南安泰彩印有限公司印制
开本:710 mm×1 010 mm　1/16
印张:18
字数:271千字
版次:2015年12月第1版　　　　印次:2016年8月第2次印刷

书号:ISBN 978-7-5645-2739-6　定价:49.00元
本书如有印装质量问题,请向本社调换

中国现代文化世家丛书
编辑委员会名单

◎

主　　编　詹福瑞　党圣元　张鸿声
执行主编　骆玉安
成　　员　（以姓氏笔画为序）
　　　　　　马　达　王　锋　王同毅
　　　　　　王振羽　王莉娟　孔庆茂
　　　　　　叶　新　冯保善　刘士林
　　　　　　刘成纪　刘运来　苏克勤
　　　　　　李风宇　李道魁　吴　昕
　　　　　　何晓红　沈卫威　张　霞
　　　　　　张功员　张志林　张鸿声
　　　　　　赵金钟　骆玉安　党圣元
　　　　　　徐　栩　凌　青　黄　轶
　　　　　　詹福瑞
主编助理　张　霞　席静雅

代总序·跨越时空的文脉

◎

在中华民族五千年的文明史上,"家"与"国"总是作为一个不可分割的社会有机体相伴而存。历史的长河滚滚向前,更迭不已的朝代衍生的名门望族难计其数。这些显赫家族中的一部分在繁衍存续中以文化为纽带,形成独特的群体,成为文化世家。这些文化世家及其杰出人才为华夏文化的传承与发展发挥过巨大的示范作用,在一定程度上影响着中国历史与文化发展的进程。如:齐鲁大地上以孔子肇始的孔氏世家,享誉儒林两千余年,堪称"中国第一文化世家";义宁的陈氏家族以陈宝箴、陈三立、陈寅恪而负盛名;杭州钱塘的钱氏家族,因千余年来文风昌盛、人才辈出而被誉为江南望族;安徽桐城方氏家族,自明末至今一直享誉文坛,有"中国近世三百年第一文化世家"之称。

改革开放以后,特别是20世纪90年代以降,中国进入新的文化复兴时期,国人比以往任何时代都更加重视科技、教育和文化,也更加珍视人才。事实表明,代表先进文化最高水平的社会群体,正是那些位居学术最高领域的专家、学者等文化精英。中国现代转型以来,那些文化、思想领域的领军人物,在推动社会变革和学术创新等方面贡献巨大。研究发现,这些专家、学者和精英人物,大都出身于文化世家,有着良好的家庭文化背景和丰厚的学养。文化世家所呈现的人才辈出的现象,成为中国现代史上一道亮丽的景观。

在我国文化典籍中,"世家"一词早有所见,其注解也多有不同。《孟子·滕文公下》中出现"仲子,齐之世家也"①之说;《史记》以"世家"记述王侯诸国大事,有《世家》30篇;欧阳修所撰《新五代史》,沿用司马迁《史记》的体例,书中也开举《列国世家》10篇。我国古代王侯开国,子孙世代承袭,所以称世家。后来,人们将世代显贵、以某种专业世代相承的家族或大家泛称为世家。《现代汉语词典》对"世家"有如下3种解释:封建社会中门第高,世代做大官的人家;《史记》中诸侯的传记,按着诸侯的世代编排;指以某种专长世代相承的家族。②

根据研究和多方因素理解,"世家"当指有特殊职业或专长、社会地位显赫,或代表某一领域、阶层特色并世代传承的家族。考虑到文化的特殊性,文化世家则是文化在家庭、家族中长期积淀,并经过多代人不断赓续、传承而形成的特有文化现象,是以家风、家训、家教等文化单元为标志,以家族杰出人物群体为代表的世代相传的家族体系。

现代文化世家则是源自19世纪末,成长于20世纪初,繁盛于20世纪中期并延续至今的,以家族文化传承为基本特色的不同家族的集成。中国现代文化世家总是以家族的一个或多个、能够影响或引领某一时代或某一领域发展的杰出人物为代表,进而形成一个具有浓郁的家族特色、对社会产生广泛而重要影响的群体。

中国现代文化世家的兴起和成长大致在19世纪末20世纪初至今100年多的时间。历史地看,20世纪以来的中国文化留给我们许多值得深思的空间。从1840年至1949年这段充满屈辱的历史,国人经受的痛苦是空前绝后的;然而,这一时期的中国却呈现出文化多姿、人才辈出的局面,所谓"国破山河在,家脉代代传"。这是中国根亲文化的魅力和生命力之所在。

---

① 《孟子》,中华书局2006年版,第142页。
② 《现代汉语词典》,商务印书馆2012年版,第1185页。

实际上,中国现代文化世家的家族脉络根须还可以上溯至300多年前的明末清初时期。那时,中国开始出现资本主义萌芽。商业资本的发达不仅带来经济繁荣和人口大量流动,也促使人们思想的开放和转变。封建的小农经济依然占统治地位,人们在获取有限的物质满足后,在精神上也有了更加新异的追求。特别是到了清朝末年和民国年间,西方列强的入侵和洋务运动的助推,让许多有钱人家对家族的振兴和子女的抚养有了颠覆性的认识。尽管"学而优则仕"的思想根深蒂固,但富家子弟求学读书并非为了单一的科举及第。由于视野的开阔,富裕人家往往不惜重金聘请名师对子女进行一对一的培养,或让年幼的子女体面地进入私塾,或挤进洋人的教堂,甚至远渡重洋,为的是让子孙后代冲出家门,获取更加宽阔的人生发展空间,去施展抱负,光宗耀祖。这样,官富子弟不仅躲避了战乱的袭扰,更能浸染异域文化,从而成就了大批人才。

晚清至民国时期,中国经历了前所未有的动荡局势。一方面,清廷的腐败无能引起民众造反;另一方面,外族入侵加剧了中国的贫弱。社会贫富悬殊,阶层急剧分化。当时的局面是,寻常百姓不仅生活窘迫,甚至生死难测;富豪家族生活安逸,甚至花天酒地,更可破财消灾,让自己的子弟躲避人祸,享受现代优质教育。即使是割据一方的军阀,也往往处心积虑地让自己的亲属弃武从文,期望发迹于文化世家。时局动荡,社会倒退,却难以遏制文化的萌动与繁荣。而乱世时期的富家子弟往往不乏有志之士,他们倾心文化功名,客观上造就了家族文化的繁荣,使文化世家风起云涌。

从人才学的角度进行考察,文化世家的整体成长往往又伴随国运兴衰而行,其历程也往往变幻纷呈,瑰丽多姿。中国的历史就是这么怪异,有时越是动荡不安,文化越是奇异多姿。春秋战国时期是这样,三国两晋南北朝时期是如此,近代的清末民国时期也概莫能外。

20世纪初,中国最后一个封建皇帝被赶出宫廷,伴随频仍的天灾和人祸(战乱和政治腐败),裹挟中西文化泥沙的巨浪席卷中国大地,中国彻底沦为半殖民地半封建社会。民国时期虽时局动荡,军阀混战,但文化却一直未能断裂,反而出现极度繁荣的景观。这一时期,军阀的利益、地盘纷争不断,文化的发展空间相对宽松;军阀的粗野庸俗,反而衬托出文化的精细高雅与尊贵，追求风雅成为时尚，文人地位也随之攀升，这在客观上促进了人才成长和文化繁荣的局面。现有史料足以证明，即使在1928年那样战火纷飞的动荡年月，成立伊始的国民政府中央研究院仍然做着遴选院士的长远计划，并终于在20年后的1948年成功地评选出中国首届81名院士。首届院士不乏文化世家子弟，如梁思成、梁思永兄弟，冯友兰、冯景兰兄弟等。这一现象值得我们研究和探讨。

1949年中华人民共和国的成立，标志着一个新时代的到来。由于时局稳定，加上国家恢复生产和经济建设都亟需大批各行各业的人才，许多流亡于海外的专业人才(多为旧时代文化世家子弟)纷纷回国。他们在参加新中国建设的同时，因为其卓越成就和高尚品德，成为科技文化领域的典范，从而使家族文化成为优化社会环境的重要因素，促进了家族文化繁荣时期的来临。随着时局的动荡变迁，特别是"十年动乱"，许多家庭遭遇灾难，甚至出现家族内部政治斗争，相互陷害，亲情无存、文化割裂；加上中国计划生育政策的实施，家庭结构的变化，家族文化遭遇内外夹击，影响了家族文化的繁荣与发展。时至今日，已经难以见到中国传统家庭四世同堂、子孙满院的格局，而文化的一度断裂，也从根本上影响了文化世家的发展，我们也很难见到20世纪中期那样的文化世家了！

沉舟侧畔千帆过，病树前头万木春。20世纪90年代至今，随着科教兴国战略的实施，中国对科技和人才的重视程度前所未有，迎来了科技发展和人才成长的最佳机遇。同时，随着时局的稳定，和谐社会的发展，人们在享受现代科技带来的现代化便捷生活的同时，也渴望回归自然，怀念旧日民族文化传统。从20世纪乡土文学受到热捧，到同乡会、同学会、恳亲会、姓氏寻根、家谱赓续等活动，无不带有浓郁的中华民族传统文化色彩，同时也为家族文化的凝练创造了良好的氛围。中国家族文化在和谐发展的当世焕发出勃勃生机。

随着人类社会的不断进步，家族文化必然也会有新的发展，虽然嫡亲家族还需等待时日，而松散的家族联系必然也能够成就新兴的文化世家，成为新的人才成长的独特环境。况且，随着国家计划生育政策的调整和综合国力的不断增强，人们生活水平的不断提高，和谐社会的健康发展，新时期中国文化世家也必然会以新的形态呈现并在人才成长链中发挥出榜样和示范的作用。

中国现代文化世家根植于中华民族的肥沃土壤,深受民族文化浸润,有着鲜明的特色。

中国现代文化世家中的家族文化根基源自中华民族传统文化。我们选入的所有现代文化世家,都弥漫着中华民族的文化氛围。不管是新会的梁氏家族,还是无锡的钱氏家族,或者是唐河的冯氏家族、湘乡的曾氏家族、义宁的陈氏家族,他们首先是以中国传统文化为主要特征的书香门第。这些家族的杰出人物不仅有着良好的家风和深厚的家学渊源,而且其中的杰出代表人物从私塾开始多有大师引路,并大都出国留学,深受异域文化的影响,可谓学贯中西,所以在他们身上总能闪现出新异文化的光芒,通透着文化的锐气。如东至周氏家族中的周一良,在其出生的次日,母亲萧琬即患急病猝然离开人世,幸被父亲周叔弢的德国朋友、牧师卫礼贤抱回家让夫人用牛奶喂养了一年才送还周家,再由周一良的三姑母(旧式的文化女性、孀居而又无子女)扶养。周叔弢对儿子煞费苦心,不惜重金请来名宿大儒坐馆家塾。周一良的老师如张恿、毓康、温肃、唐兰等,或为当世鸿儒,或是文化名流,或与"大清天子同学少年"(陈寅恪语),而且还有外籍教师教学外语,使其通晓英、德、日等国语言,后来他成为中国著名的历史学家。又如,义宁的陈氏家族中,陈寅恪是中国现代最负盛名的诗人之一,还是中国现代历史学家、古典文学研究家、语言学家,被称为"清华百年历史上四大哲人"之一。其父陈三立是著名诗人、"清末四公子"之一,其祖父陈宝箴曾任湖南巡抚。因陈寅恪身出名门而又学识过人,在清华任教时被称作"公子的公子,教授之教授"。

综观中国现代文化世家展示的家族文化,有着明显的世代传承特色。每一个家庭中的杰出人物都不是单打独斗的,而是呈现出群英荟萃、相映生辉的局面(这一点在梁启超的子女中展示得更加明显)。他们或是科举精英,或是乱世怪才,有人甚至当上了皇帝的老师(翁同龢曾是同治、光绪两代帝师)。这些家族成员文化层次极高,职业新潮,特色明显。比如东至周氏家族中的周馥为一品监生,周学海为两榜进士的良医,周学熙曾任民国时期的财政大员,周明夔(叔迦)为佛学大师,周绍良是著名的红学家、敦煌学家、佛学家、收藏家和文物鉴赏家,周一良是著名的历史学家。又如新会梁氏家族中的梁启超是国学大师,他的子女梁思顺、梁思成、梁思永、梁思忠、梁思庄、梁思达、梁思懿、梁思宁、梁思礼等,也都成为当世英才。再如唐河冯氏家族的冯沅君、冯友兰、冯景兰、冯宗璞分别在文学、哲学、史学、地质学等方面成就卓著。这些代表人物堪称时代精英,他们从事的职业、徜徉的领域都留下了时代光辉;他们的成果都能够荣登当世的最高境界。他们身上的人文精神也成为时代楷模,激励了一代甚至数代人在人生的道路上健康成长,并在后人的追捧中不断发展、完善。

中国现代文化世家中的家族动辄几十甚至几百年的家族史,在当地声名显赫,德高望重,也大多恭行自律,家教严谨,讲究门风,形成独特的家训。如无锡钱氏家族的"姓钱但不爱钱",常熟翁氏家族的"读书""为善",湘乡曾氏家族的"耕读传家"等。中国现代文化世家以姓氏血缘为纽带,各个家族都有自己严格的宗祠家谱,家族特色明显;重视独特文化的凝练和世代延续,在传承中注重创新。如湘乡的曾氏家族能够在继承中兴名将遗风的同时,不仅人才辈出,还使良好的家风得以传承和创新。家族文化的兴衰与家族精英关系密切,一个家族的文化兴盛与衰落往往都离不开精英人物引领潮头、发扬光大。

中国现代文化世家的兴盛年代处于晚清、民国向现代转型时期,许多世家穿插了家学深厚、贤良德高的优秀女性。旧式中国社会,虽说女性的地位总体不高,但人们往往又把家风的树立、门户的筑垒寄望于良家女子,所谓"妻贤夫祸少,子孝父心宽"。这些家族中的女性不仅践行家族文化,而且以卓越的成就承担起家族文化的传承与创新。那时,相对稳定的大家庭模式和女性主内的家庭管理方式,客观上给女性施展管理才能提供了平台。殷实的家境使妇女可以免于生计所迫,让她们安心在家操持家务,教育孩子;有些女性从幼年开始即经受先进文化的熏陶,接受良好教育,成为女中豪杰。同时,女性受到的良好教育形成更加浓郁的文化氛围,并通过生活中悉心关心幼年家庭成员,以其无微不至的人文关怀、女性崇高的品德和良好的言行举止,影响家族成员健康成长。

在家庭成员成长过程中,女性发挥作用最典型的当属曾氏家族中曾国藩次子曾纪鸿之妻郭筠(字诵芳)。郭筠1岁即由父亲郭沛霖(曾国藩好友)做主许配曾家,12岁不幸丧父,幼年已成曾家女主人。因忙于家务无暇读书,直到和曾纪鸿完婚郭筠才有饱读诗书的机会。更为不幸的是,郭筠34岁又丧夫成寡。令人钦佩的是,郭筠持家教子有方,成为曾家富厚堂拿得起放得下的第一夫人。在富厚堂,曾家子孙几十口人都听她的号令!郭筠写有《曾富厚堂日程》,并有以自己的艺芳馆书斋名目、王闿运作序而传世的《艺芳馆诗存》。郭筠晚年立有6条"家训",策勉男女儿孙谋求自强自立,同时不要求年幼女性缠足,不赞成八股文章,也不愿孙辈去考秀才,却要他们学外国文字,接受新式教育。① 正是曾家有了这位贤惠的郭夫人,才使得曾氏家族能够在曾国藩等长辈虽过世经年仍然呈现一派繁荣昌盛的景象,并且这种景象在传承曾国藩治家精神的同时,又有新的、与时俱进的历史性转变。

中国现代文化世家开放的文化心态使得家族文化深受异域文化浸染,形成文化锐度,易于人才的脱颖而出。由于其时间跨度正处于中国社会的转型时期,时局的动荡、中西文化的碰撞,彻底颠覆了国人一贯的保守矜持、故步自封的性格,生存的需要逼迫他们在被动了解西方文化(其实早期更应该是科学和宗教文化)的同时,审视中国传统文化。他们发挥了自己的聪明才智,溅出奇异的光华,形成高锐度的思想和科学成果。这样,这些家族的子弟往往能够在同一时代、同一群体中或特立独行,或鹤立鸡群,或脱颖而出。

中国现代文化世家的精神动力来自兼容并蓄的开放心态和中西贯通的文化精神,这种精神催生人才的花丛枝繁叶茂;同时,其宽阔的文化视野形成兼容并蓄的文化发展路径,从而使得家族文化总能跟上时代的步伐,文化生命力强健。经济实力的增强往往能够带动精神境界的进一步提高,国家是这样,民族是这样,家庭也同样如此。成长于跨世纪的中国现代文化世家,由于世代显赫,随着经济、政治地位的提高和家族影响力的增强,其文化心态也逐步开阔。其家族代表不仅对中国传统文化批判、审视和合理吸纳,也同时关注西方文化,做到兼容并蓄;同时,新的事物、新的思想也成为他们的关注对象。所以他们总能成为时代的弄潮儿,紧

---

① 岳南:《南渡北归·南渡下》,湖南文艺出版社2013年版,第521~522页。

跟时代步伐,在守成的同时不乏创新,使家族文化具有极强的生命力。现代文化世家群体彰显的中国家族文化,是中国现代文化的主要组成部分。其涵盖的勤奋进取、艰苦奋斗、自强不息、爱国爱家、亲情友谊等人类先进文化的重要因素,将贯通时空,成为民族富强、家庭兴旺、个人成才的重要动力。

"中国现代文化世家丛书"已列入国家出版基金项目。根据策划者的总体目标,这套丛书要汇集20~30个在中国现代史上文化渊源比较深厚、影响力巨大的家族。这是一项内容丰富、任务艰巨的工程。为兼顾学术高度,丛书所选作者大都在各自承担家族传承的研究方面积累有丰富的史料和扎实的学术功底,具有较强的书稿撰写和文化品位把握能力。在承担丛书任务时,他们对前人已有的研究成果认真梳理,并多有创新。这些,都为丛书的品牌形成打下了坚实的基础。

"中国现代文化世家丛书"将影响中国现代历史进程的文化世家集中整理并大规模展示,以史学和传记文学的视角进行研究,意义重大。以家庭作为社会细胞进行文化解剖,以大量鲜活的中国现代杰出人物群体和翔实的史料展示跨世纪文化环境,表现健康向上、和谐进步的优秀文化,必将丰富和创新社会主义先进文化内容,对整个社会产生积极的影响。以展示影响中国历史的文化家族及其杰出人物群体为追求目标,不仅对国人产生示范效应,在世界范围内也会引起关注,从而丰富国际文化内涵,具有更加长远的文化战略意义。以时代、家族、人物作为研究、建设和传播中国文化的方法和路径,不仅创新了文化研究和文化传播的方法,也为民族文化的传承与创新提供了参考依据。深刻挖掘家族文化的伦理内涵,凝练和传承家族文化中的传统文化,通过家族文化与现代文化的冲突与融会,能够全新缔造中国人文精神,丰富国学内涵,推动民族文化复兴。

文化世家中的家族文化是中华民族优秀传统文化的重要组成部分,它源自中国传统文化,又富于创新,是民族文化传承创新的重要典范。从目前关注的这些文化世家看,其之所以能够在所处时代世代显赫,最重要的原因是这些家族沉淀了最精华的民族文化,吸收了最富于生命力的民族精神;同时,这些家族往往又能够冲破中国传统文化藩篱,吸收异域文化精华,其家庭成员往往能够进取守成,跨世系、跨时代延续发展。可以毫不夸张地说,中国现代文化世家的存在和发展,最典型地体现了中国文化的传承与创新。

中国现代文化世家展示的人才群体及其依存的文化形态,是国家和谐文化建设的重要载体。文化世家在历史上的成长和发展,曾经为中国社会的和谐稳定以至崛起发挥重要作用,也是传统文化中不可或缺的构成要素。这些家族中优秀人物的荣辱沉浮以及家族的兴衰变迁,从一个侧面展示了中国近代社会发展的轨迹,透视了中国知识分子忧国忧民的心路历程。我们完全可以通过中国现代文化世家的发展史去了解中国社会生态发展演变的梗概和脉络。

家庭教育、家族文化传承及其凝成的文化环境等对培养和造就杰出人才的重要作用,传承和创新民族文化,在更广阔视野下探寻优秀文化对人才的影响,都是当今不可忽视的文化命题。"中国现代文化世家丛书"首次以家族文化的形式作为切入点,系统挖掘中国传统文化和世界先进文化碰撞产生的独特文化,探究在这一背景下的中国家族文化及其对人才成长、家族兴起、国家富强的影响,推动我国学界对中国现代家族文化的重视和研究,其学术意义非同寻常。

党和国家领导人高度重视包括中国优秀传统文化在内的先进文化建设,确定了文化大发展大繁荣的宏伟目标,肯定了家族文化等优秀传统文化在"文化强国"战略中的基础性地位,倡导传承与创新文化。2013年9月26日,习近平总书记在会见第四届全国道德模范及提名奖获得者时说:"中华文明源远流长,蕴育了中华民族的宝贵精神品格,培育了中国人民的崇高价值追求。自强不息、厚德载物的思想,支撑着中华民族生生不息、薪火相传,今天依然是我们推进改革开放和社会主义现代化建设的强大精神力量。"2015年2月17日,中共中央、国务院在人民大会堂举行春节团拜会,习近平同志发表重要讲话,他明确指出:"中华民族自古以来就重视家庭、重视亲情。家庭是社会的基本细胞,是人生的第一所学校。不论时代发生多大变化,不论生活格局发生多大变化,我们都要重视家庭建设,注重家庭、注重家教、注重家风,紧密结合培育和弘扬社会主义核心价值观,发扬光大中华民族传统家庭美德,促进家庭和睦,促进亲人相亲相爱,促进下一代健康成长,促进老年人老有所养,使千千万万个家庭成为国家发展、民族进步、社会和谐的重要基点。"党的十八大报告中明确指出,"文化是民族的血脉,是人民的精神家园。全面建成小康社会,实现中华民族伟大复兴,必须推动社会主义文化大发展大繁荣,兴起社会主义文化建设新高潮,提高国家文化软实力,发挥文化引领风尚、教育人民、服务社会、推动发展的作用"。中共中央十七届六中全会通过的《中共中央关于深化文化体制改革推动社会主义文化大发展大繁荣若干重大问题的决定》也特别强调:"优秀传统文化凝聚着中华民族自强不息的精神追求和历久弥新的精神财富,是发展社会主义先进文化的深厚基础,是建设中华民族共有精神家园的重要支撑。"

我们试图通过"中国现代文化世家丛书"的出版,并通过遴选出来的在中国现当代具有代表性的文化家族群体,挖掘中华民族传统文化中的精髓,展现中国文化在近代社会的传承与发展,厘清中国传统文化血液流淌和分布的脉络,进而为当下的文化大繁荣大发展提供有益的借鉴和参考,为实现中华民族复兴的梦想发挥积极作用。

骆玉安

2013 年 10 月一稿,2015 年 8 月修改于郑州

目录

楔子 ·· 001

第一章
少年落拓甚,差幸保天真
一、生于忧患之中 ···················· 009
二、求学生涯如转蓬 ··············· 010
三、三省吾身与存史意识 ······ 017

第二章
教员经历:花落江南正此行
一、"也曾独立暗愁萦" ·········· 021
二、在失业的日子里:"读书淑其身" ································ 023
三、初来沪上 ······························ 025
四、甪直——叶圣陶的第二故乡 ·· 026
五、从中国公学到杭州一师 ································ 038

第三章
编辑事业:"满夸壮游今遂得"
一、商务印书馆时期 ··············· 044
二、"开明凤有风" ····················· 056

第四章
"犹记春风初见日,入时装束最清华"
一、中了头彩 ····························· 063
二、有点"落伍"的婚姻观 ····· 065
三、生命不能承受之"痛" ····· 067

第五章
"光明的曙色与世界接吻"

一、文学研究会的一员 ……… 070
二、"着眼于人生,托命于文艺"…
………………………… 072
三、创办第一本新诗刊物《诗》…
………………………… 075

第六章
"同仇敌忾非身外,莫道书生无所施"

一、"五月三十一日急雨中" … 078
二、"心忧天下"的焦灼和忧虑 …
………………………… 084
三、创造《光明》,诅咒黑暗 … 086
四、和鲁迅"相濡以沫"的友谊 …
………………………… 087

第七章
"汉水蜀山行路远,江烟峦瘴寄廛孤"

一、一个艰难的抉择 ………… 092
二、"经年流寓全家瘦" ……… 094
三、"生涯类隐沦" …………… 096
四、任教武大与"恒言之役" … 101
五、成都:"四载侨居弥可念"…
………………………… 105
六、蓉桂之旅 ………………… 110

第八章
"翻身民众开新史"的期盼

一、"人间何世!"的哀叹与西北一角的曙光 ………………… 113
二、"我坐了木船" …………… 116
三、"胜利,到底啥人的胜利!"…
………………………… 118
四、"涓泉归海" ……………… 119

第九章
京城风雨:"立国规模
俟共谋"

一、"天下为公,力行身体" … 123
二、"此时无声胜有声"…… 126
三、"文革"中的叶圣陶…… 129
四、"岁月峥嵘开新史"…… 133
五、"天高气爽秋云敛"…… 135
六、耄耋之年 …………… 138
七、斯人已逝　风范犹存… 143

第十章
编辑一生:叶至善

一、子承父业:我是编辑 … 145
二、为"编"与为"人" …… 150
三、在潢川"五七"干校 … 159
四、"多年父子成兄弟"…… 161

第十一章
未完成的"探求者":
叶至诚

一、年少即显露才华 …… 171
二、《探求者》事件………… 174
三、"斯人独憔悴"………… 185
四、"第二个春天" ……… 190

第十二章
叶茂枝繁

一、叶至美:恬然安宁,大道至美
　………………………… 195
二、叶三午:早逝的天才诗人……
　………………………… 198
三、小沫、大奎、永和 ……… 207

第十三章
政治风暴中的少年时代

一、"名与身随" ……………… 212
二、"文革"中的叶兆言 ……… 213

第十四章
求学南大

一、执着于学业 ……………… 220
二、母校记忆 ………………… 221
三、第一位硕士编辑 ………… 224

第十五章
叶兆言:叶家的"文三代"

一、"既是无心插柳,又是事出有因" ……………………… 227
二、"雪夜闭门读禁书" ……… 230
三、走上写作的道路 ………… 232

第十六章
叶兆言的文学创作

一、"亦俗亦雅":小说家叶兆言 ……………………………… 235
二、"亦自清而腴":散文家叶兆言 ……………………………… 250
三、南京情结与文学世家 …… 255

余论 ……………………………… 257
后记 ……………………………… 267

楔子

◎

一

江东之畔,历来有虎踞龙盘之称的金陵,郁郁苍苍,烟雨氤氲,旧时楼台虽然都已难觅,但一种古朴雅致的风范,还隐然可感。

独自坐在故都金陵随园一间办公室中,静谧的校园,蝉鸣似乎更响亮了些,笔者不知不觉间,敲下了本书的第一行字:斯文的回响。

什么是"斯文"?要论其本义,在于"礼乐教化、典章制度"。如孔子曾庄严宣称:"文王既没,文不在兹乎!天之将丧斯文也,后死者不得与于斯文也;天之未丧斯文也,匡人其如予何?"(《论语·子罕第九》)这句话说得荡气回肠、掷地有声,在文化之流脉中的使命感责任感,回荡千年而不绝。孔子之文,当然指的是"郁郁乎文哉"之文。宋代朱子曾有这样的解释:"道之显者谓之文,盖礼乐制度之谓。"也就是说,孔子此处的文,乃是周文王以来的,包括礼乐制度典章等在内的文化传统。

这种文化传统一脉相承,传递后世,不断从本义上又衍化生发出相关的意义,比如文学、人文、儒士、文雅等。不管如何衍生,大致都不离一个核心:由正统文化的积淀而形成的传统,以及这种文化传统在人、物、文等具体层面上所浸润氤氲的精神气质。

二

某种意义上,文化是一种流动的存在。而这种流动具有方向性。总体上看,中国历史上的斯文传统,其汇聚与变迁呈现出一定的方向性。正统和精致的斯文之流播方向,大致是从北向南、由西向东。

从规模、底蕴及层次上讲,南宋之前,中国斯文传统主要汇聚于以中原地区为核心的北方。在耕种为业的乡土文明时期,一马平川、沃野千里、气候四季分明的中原地区是最合适农业经济发展和人居的地域,因而繁衍和聚集了大量人口,同时文化自然也比较繁荣。斯文,本是节制人性之恶的,但终在金戈铁马面前显示出无力的一面。因此,以对土地、资源的争夺为目的的战争也往往伴随着文化而发生。故诸多豪强"逐鹿中原",曾经文化最繁荣的中原地区,也不可避免地成为中国古代历史上遭受战争蹂躏破坏最严重的地方。

历史总是这么吊诡。当试图用武力去占有一种文化时,文化往往会远离而去。所以,随着中原之战乱不断,文化也逐渐南迁。

至少从两汉时期开始,"特别是东汉以降,江东儒学士族的迅速成长,主要得益于北方人士的南徙,其中有的还是规模较大的家族式迁移"①。史书曾对汉代的历史文化名族的迁徙多有记载。如郑弘,其"曾祖父本齐国临淄人,官至蜀郡国都尉,武帝时徙强宗大族,不得族居,将三子移居山阴,因遂家焉"(《后汉书·郑弘传》)。会稽上虞人的王充"其先自魏郡元城徙焉"。范平的祖先也是因为"避王莽之乱适吴,因家焉"(《晋书·范平传》)。所以,《后汉书》有如此记载:"时天下新定,道路未通,避乱江南者皆未还中土,会稽颇称多士。"也就是说,中原的战乱,反而造成了偏在

---

① 王永平:《六朝江东世族之家风家学研究》,江苏古籍出版社2003年版,第6页。

一隅的江南文化的勃兴。吴郡著名的"四姓"陆、朱、张、顾中,除了顾氏为土著士族外,其他三姓均是从中土南徙而来的。晋永嘉之乱也造成文化的南迁。唐长孺曾说:"永嘉乱后,大批名士南渡,本来盛行于京洛的玄学和一些新的理论,从此随着这些渡江名士传播到江南。"

"上有天堂下有苏杭",想必这是一种很古老的说法。宋代的范成大曾在《吴郡志》中记载了当时就已经流行的民谚:"天上天堂,地下苏杭。"既然范成大记录了这句谚语,这证明"上有天堂下有苏杭"之说要远远早于宋代。特指两江地区的江南,被文人大规模地称颂歌咏,大致还应该是从西晋南迁算起。尽管有兰亭对饮的群贤毕至,诗酒风流,但还是难抚新亭对泣的伤感,隐约有遥望中土的怆然。白居易曾对苏杭夸赞有加,但其夸赞的原因毕竟还多是江南"日出江花红胜火,春来江水绿如蓝"的自然山水风光,也就是说,即使是在唐代文人骚客笔下美丽的江南,在文化的厚重方面还是无法与中原相比,其文化还是处在相对边缘的地位。只有到了北宋渡江之后,大批中原士族南迁江左与临安,"西湖歌舞"中体现的恰恰是——中原原来的高雅精致的精英和正统文化开始在江南真正扎下根来,杭州渐渐真的成了以前的"汴州"。中国文化传统中最核心的部分,在以宁、苏、杭为重心的江南地域蔚然巍然。

纵观中国传统主流文化的变迁,我们甚至不妨说,这种"郁郁乎文",从文王所在的西岐周地走来,为齐鲁之地的孔子集为大成,汇成巨流,在唐宋王朝辉煌的中原历经二程、朱子的熔铸会通,最后再渡过长江,翩然驻足于江南。

最终,汇聚在长江下游以金陵、杭州、苏州等地为核心的地域的文化传统和斯文风范,在近世以来空前繁荣,并产生广泛的影响。

三

斯文传统和文化汇聚又具有区域性。文脉的继承与流播,如风、如气,看不见,摸不着,但却能感受得到,也呈现在生活的方方面面和历史的枝枝节节。斯文的影响,也往往因不同的地域,或深或浅,或厚或薄。

从两汉时期吴郡四姓,盛唐时期的吴中四士(张旭、贺知章、包融、张若虚),宋朝的范仲淹、范成大,斯文流脉绵延不绝。宋吴孝宗《余干县学记》曾云:"古者江南不能与中土等。宋受天命,然后七闽二浙与江之西东,冠带《诗》《书》,翕然大肆,人才之盛,遂甲天下。"①

特别是宋代之后的明清时期,江南地区涌现出诸多文化名人,可谓文采风流、斯文大盛。单以吴地为例,就出现了吴中四杰(高启、杨基、张羽、徐贲),更有才华横溢、风流倜傥、挥洒自若的江南四大才子(唐伯虎、祝枝山、文徵明、徐祯卿),还有古文大家归有光、文坛翘楚王世贞,等等。艺术方面,有吴门花牌、吴门书派,等等,可谓灿若星河,影响极大。近人薛凤昌也曾自豪地宣称:"吾吴江地钟具区之秀,大雅之才,前后相望,振藻扬芬,已非一日。下逮明清,人文尤富,周、袁、沈、叶、朱、徐、吴、潘,风雅相继,著书满家,纷纷乎盖极一时之盛。"②

斯文传统的承续,有一个非常重要的载体,即文化典籍。一个地域,文化越发达,其藏书、刻书业必然繁荣。在私家藏书、刻书方面,明代以来江南居于极为重要的地位。比如明朝胡应麟曾指出:"今海内书凡聚之地有四,燕市也,金陵也,阊阖也,临安也。"③金陵即现在的南京,阊阖即苏州,临安即杭州,当时刻书藏书的四个重镇中江南居其三。南宋之后,中国文化重心南移,江南文化之发达由此可见一斑。在近代中国历史上,作为江南重镇的苏州向来为人文荟萃的福地。这不仅仅是因为她是山清水秀的富庶之乡,有宋以降,这种荟萃更在于其有着精致的斯文传统。

文化传统、斯文荟萃,往往最具体直接地体现于名门士族身上。唐长孺曾指出,"江南地区从东汉以来经济、文化都有很大发展,虽然较之中原还相对落后;东汉二百年来培养了具有高度文化修养的名士,这些名士多半是由社会经济发达地区的大姓中产生的"④。

中土文化南迁是江南文化繁荣的显著推动力,同时文化的繁荣与经

---

① 洪迈著,夏祖尧、周洪武点校:《容斋随笔》,岳麓书社2006年版,第518页。
② 柳亚子著,薛凤昌编:《吴江文献保存会书目》(油印本),上海图书馆藏。
③ 胡应麟:《少室山房笔丛》(卷四),中华书局1959年版,第55页。
④ 唐长孺:《魏晋南北朝史论拾遗》,中华书局1983年版,第49页。

济的发达存在着正相关。文化的繁荣可以促进经济的进一步发展,而经济的发达也能直接推动文化的繁荣和精致化。在近世以来的中国江南地区,文化与经济良性互动真正形成。

四

这种文化繁荣局面的肇始,最初是由于动乱与战争而使得中土文化被动迁入,但一旦文化勃兴,形成文化高地之后,又会对周边的地区和人口产生强大的辐射力和吸引力,如同磁石一般,在这个文化磁场中,能够将周围的优质资源吸引过来。

我们看到,有清以降,从安徽、山东等区域不断有新的移民士族迁入,这又会带来新的文化汇聚和增长。有学者曾说:"明清江南地区商品经济的发展,决定了这一地区高移民的人口结构和士商阶层的相互渗透。江南许多著名的文化世族都是来自于外地(尤以徽州居多)的商人之家,他们进入江南之后,其社会角色也大多发生了变化。"①

徽州"万山环绕,交通不便"(吴日法《徽商便览·徽州总论》),"徽介万山之中,地狭人稠,耕获三不赡一。即丰年亦仰食于江楚,十居六七,勿论岁饥也。天下之民,寄命于农,徽民寄命于商"(《休宁县志》卷七《汪伟奏疏》)。徽商外出经商有案可稽的记录始于西晋,此后经久未断。宋朝南迁,且把杭州作汴州时,偏安一隅的南宋朝廷,倒是客观上给了徽商一个向东走出大山的绝佳机会。前几年,笔者考察徽州,曾专门沿着徽杭古道一路走去,遥想千年前徽州商人攀行在山间鸟道的坚韧与辛劳,不能不感慨系之。近世以来的家族迁徙,比较集中的大规模的移民发生在明末清初,此时江南吴地的商品经济空前发展,这种经济的自由发展,吸引了一批经营盐业、茶业的商人来到这里定居下来。从地域方面来说,明清以来安庆、徽州等地尤其是徽州地区的家族向吴地迁移的情况尤其显著。特别是万历年间的盐政改革,使得徽商垄断了淮盐、浙盐的经营,从而引

---

① 徐茂明等:《明清以来苏州文化世族与社会变迁》,中国社会科学出版社2011年版,第92页。

起了安徽南部一带的商人更大规模地向东进入吴地。唐伯虎曾在《阊门即事》中记录:"吴阊到枫桥,列肆二十里。"由此可见当时的吴地商业之繁荣。在这个由安徽到江左吴地迁徙的潮流中,除了原本在徽州就已经成功经营的大家族外,更多的还是具有吃苦精神、耐劳品格,善于经营、精于算计的到江南吴地寻找更大的发展机会的小户商人。在徽州早已为望族的前者,自然在历史上留下更多事迹,为后人作为典型案例一再研究,津津乐道,而更多的外出经商、刻苦经营的小贾、散户,往往很难觅得什么痕迹。

在中国历史上,每个封建王朝行将就木之前,总会有一段动荡的岁月,总要裹挟一批人莫名其妙地为这个王朝殉葬,也总会有一些人不期然地改变了命运,开始意想不到的生活。

五

历史是无情的。在滚滚前行的时间长流中,绝大多数的历史参与者只能成为路人甲,时人或后人记录历史的镜头,几乎不会在这些路人甲、路人乙脸上停留哪怕一秒钟。然而,事实上每一次历史潮流的涌动,都是由无数个路人的点滴行动汇成。让我们返回到三百多年前的明末清初,把有情的镜头聚焦在普普通通名不见经传的小商人身上。

明朝末年,清军入关,战乱频仍。前朝的张养浩早就发出了"兴,百姓苦;亡,百姓苦"的慨叹。普通民众在躲避战乱中,携家带口,背井离乡,迁徙异地。在这个迁徙的大潮中,有一户叶姓人家,从安徽辗转流落到据说是"人间天堂"的苏州。

苏州盘门,现在是旅游景区,已难寻当年的痕迹

叶家最初落脚在苏州城西南著名的盘门,做起了猪行和丝绸生意。盘门又称"蟠门",是春秋时期吴国"阖闾大城"的"陆门八、水门八"之一。此地水陆并联,交通非常发达,大运河萦绕城郭,道路纵横交错,是苏州的

水陆交通要道，因而商业贸易非常发达。作为一个初来的移民者，叶氏先人最初在此选址定居，可见其生意眼光的敏锐。因为能够吃苦，善于经营，生意日渐扩大，叶家竟然在盘门的一条街上买下了很多店面，一时被当地人艳羡地称为"叶半街"。

明末的兵荒马乱，迫使叶家来到他乡，竟不期然在商业上获得成功，但是后来发生了一场大规模的战乱，叶家没有能够躲过厄运。苏州因极为富庶，"富甲天下、绝冠中华"，成为政治势力争夺的重点。苏州的富庶对太平军来说，也有巨大的吸引力。在叶家的儿子叶钟济刚刚十二岁的那年，也就是1860年，李秀成攻打苏州。战争显现出它最狰狞的嘴脸，不到一个月时间，"城外万户成寒灰"，"几于百里无人烟，其中大半人民死亡，室庐焚毁，田亩无主，荒弃不耕"，"二三十里无居民"，"竟日不逢一人"。战争双方烧杀抢掠，破坏极大。太平军攻克苏州获得胜利之后，采取了严密的控制措施，封锁了大运河上的交通运输，切断了贯通南北的经济大动脉，导致了运河城市带的急遽衰败，商业也彻底被摧毁。正是在这场惨绝人寰的战乱中，叶家难逃厄运，从此败落，失去了曾经富裕、太平的日子。

六

失去了往日辉煌的叶家，后来移居到城内的悬桥巷，重新回到小户人家拮据困苦的生活轨道中。叶钟济（伯仁）渐渐长大成人，承担起了养家糊口的责任，他为当地一位吴姓人家做"知数"，也就是账房先生，管理田租。尽管只是账房先生，叶钟济因为为人忠厚笃实，品行端正，颇得邻里的尊重，所以一些大户人家每逢婚丧嫁娶，也请他去帮忙料理事务。

叶家所处的悬桥巷，据《吴县志》载为"迎春巷，一名员桥巷，今悬桥巷"，东起平江路，西至临顿路。这个在苏州老城中并不起眼的小巷子，却曾经汇集着几多名门大户，折射着近代苏州文化辉煌的侧影。明代高士徐波居住于此，后因国变弃家，入鄱山读书。复社成员郑敷教宅桐庵亦在此巷内。1802年著名藏书家黄丕烈迁居这里，专门建屋储藏宋刻善本书，因此巷中就多了一栋文化史上极为著名的"百宋一廛"藏书楼。1831

年朱绶世曾居此巷。悬桥巷里也有清代总理各国事务衙门行走、状元洪钧的宅第、宗祠;顾颉刚出生的顾氏祖业顾家花园,是巷中著名的清代早期建筑。顾颉刚后来曾回忆说:"'悬桥'者,'县桥'之讹。昔日长洲县署在玄妙观之北,今名旧学前,巷口有桥曰县桥,由县桥东行即是巷也。巷有闻人三,明之郑桐庵,清之黄荛圃、洪文卿。《孽海花》既隐洪文卿为金雯青,亦隐县桥为圆峤巷。荛圃之家今为潘氏家祠。"①巷内还多有名贤祠堂。丁氏二贤祠,祀汉梁将军丁宽、唐太常寺卿丁公著。丁参议祠,祀浙江布政使司左参议、温处道丁元复。陈五经公祠,祀明翰林院检讨陈继清。张公祠,祀清旌表善行赠朝议大夫张凤德。此外,还有祀清户部主事潘世璜的潘公祠。这个潘公祠,则是当年的黄荛圃的宅院。在潘姓祠堂的后园一角,住着的平民人家,即叶钟济家。

如今的悬桥巷,虽不起眼,却曾是斯文荟萃

悬桥巷与叶家最初所处的城西南盘门,氛围大不相同。盘门是交通发达、商业贸易繁荣的热闹处,而悬桥巷则有着深厚的斯文传统,象征着精致高雅的中国文化在江南的积淀。这个不起眼的小巷子,郁郁乎文。

文化一词,很有意思,由"文"与"化"两个字组成,"文"是斯文,而"化"则是熏陶、化育、涵养。作为账房先生的叶钟济,虽然工作只是为他人管理田租、料理账务,但在这样一个文化氛围极为浓厚的所在,久处期间,浸润熏陶,斯文自然而生。因为文化的熏习、浸染,敬文钟书的意识在无形中得到滋养生长。这种文化意识,首先会体现在对下一代人的教育培养方面。于是,叶氏这户商贾人家,从明末清初迁徙到苏州,到清季移居深蕴文化气息的悬桥小巷,终于在无意中寻到了适宜的斯文土壤。

一颗文化的种子,即将破土而出!

---

① 顾颉刚:《记三十年前与圣陶交谊》,载《新民报》1945年1月1日。

第一章 少年落拓甚,差幸保天真

◎

一、生于忧患之中

农历甲午年(1894)九月三十日,苏州,城内悬桥巷潘姓祠堂后园的一个平民家庭为迎接一个小生命忙前忙后地准备着。当房内传出第一声啼哭,产婆报告喜讯是一位公子时,守候多时的父亲因激动而泪眼模糊了。那位父亲当时已经四十七岁了,老来得子的他怎能无动于衷?男孩的降生给了他希望,叶家的香火可以传下去了。

男孩的父亲就是叶钟济。作为账房先生的叶钟济,为一位吴姓的地主家管理田租。其实这种职业并不能改变叶家清苦的家境,只能勉强维持一家人的生活。叶家往日也有过辉煌。叶钟济的夫人后来曾对孙儿叶至善絮叨过叶氏家族曾经的富有:"你们叶家祖上才叫阔,齐门外头半条街都是你们叶家的。上代头开了爿猪行,两百来斤重的肥猪,出出进进,哪一天不是好几十。你说罪过勿罪过,结果倒好,长毛来了,一把火烧个精光,齐门外成了一片白地,你们叶家本来也人丁兴旺,一下子都逃散了。"①后来只有叶钟济和他堂弟两个回到苏州城,别的人都死在外头了,尸骨无存。遭此变故,叶家从此开始衰落。历史上许多家族都经历过类似的败落史,叶家的跌宕起伏并不是特例,从中我们能感受到,在历史兴衰中家庭和个人的命运沉浮。

男孩出生后,家人给他取了"绍钧"的名字。按辈分取名是自古流行的风尚,"凡是同宗同辈,均用一个固定的字代表一代辈分,一般是排行或本名的最后一个字,一代选用一字,很有秩序"②。在当时,男子成年时必须还得起"字"或"号",他的第一个号是"秉臣","是根据《诗经·小雅》上的'秉国之均'那句话取的。这儿的'均'就是'钧','秉国之均'大概是掌握治理国家的枢纽的意思;所以接下去的两句就说能辅助君主,能教化百姓。这样的人的身份当然是'臣','秉臣'这个号就是这样来的"③。大家通常知道的"圣陶"其实不是他的名,而是他的"号",这个号在辛亥革命之前就已经用了。"圣陶"是草桥中学一位沈姓老师给取的,典出于"圣人陶钧万物",大致是用"圣人之道"陶冶情操的意思。后来叶绍钧发表作品又用过许多笔名,比如"叶陶""郢生"等,但最为世人所熟知的还是"叶圣陶"这三个字,"叶绍钧"这个本名反而常被忽略。

叶绍钧出生的1894年,甲午战争爆发。近代中国内忧外患,动荡不安,这一切注定叶绍钧将同整个中华民族一起经历那段波澜诡谲的历史。

二、求学生涯如转蓬

甲午战争加重了中国的民族危机,晚清王朝日渐衰落,风雨飘摇。此后,清政府虽然实行了"新政",但当时的中国仍是死气沉沉,在废除科举制度之前,科举考试仍是读书人步入仕途的唯一出路。作为叶家唯一的

---

① 叶圣陶:《叶圣陶集》(第二十六卷),江苏教育出版社2004年版,第4~5页。按:太平天国运动中,太平军成员皆披长发,因此当时官府蔑称其为"长毛"。后来在江南地区也泛指强盗土匪。
② 凯祥:《中国家族文化》,百花洲文艺出版社2012年版,第84页。
③ 叶至善:《父亲的希望》,中国青年出版社2000年版,第22~23页。

儿子,叶圣陶被寄予厚望,童年过得并不轻松。没进私塾之前,他就开始学写字、写描红纸,六岁进私塾时,已认字三千左右,这在当时那个环境里,实属不易。也许因为叶家太希望这个孩子重振门风了!

(一)"马铃瓜"的记忆与最后一场科举考试

1900年,叶圣陶六岁。父亲将他送到悬桥巷一位姓陆的富家自设的家塾读书,当时的塾师姓黄,叶圣陶后来曾在日记中追忆当时的情况:"余因而忆及六七岁时,陆氏住悬桥巷,余与其诸昆季同学宅中,有报春草堂及某亭某轩,庭中梅树数十株,杏李等亦多,解馆及课余,相与嬉戏其中。今宅为其族中卖出,彼家遂迁至萧家巷,且此宅亦屡易姓矣。"(1910年11月24日)时隔六十多年后,幼年读书的情形又一次出现在他的日记中:"余幼时附读于悬桥巷陆氏,读书处曰报春草堂,堂前墙边,植蝴蝶花颇多,其景如在目前。"(1975年4月11日)这段读书时光成为叶圣陶美好的记忆。后来因为其他人事纠葛,他只在陆氏家塾读了一年就离开了。

叶圣陶又被送到了张承胪(字元狮)设立的私塾读书。在这里,他结识了顾颉刚,开始了彼此一生的友谊。

叶圣陶比顾颉刚小一岁,进私塾读书时,顾颉刚九岁,读《诗经》《左传》,叶圣陶读的是《四书》。虽然顾颉刚和叶圣陶彼此同窗接席,但由于教书先生特别严厉,他们之间谈话的

童年叶圣陶

机会并不多。顾颉刚在《为王湜华手抄〈叶圣陶先生诗词稿〉题七古一首》(1974年4月27日)中忆及当时上学时的情景:"溯昔一九〇一年,读书私塾始比肩,可堪师道尊于天,扑作教刑剧可怜……默诵脱句泪涟涟,彼此目视袖怯牵。"在这种威吓和逼迫下,顾颉刚由于战栗和恐怖,竟成了口吃,他的父亲因此放弃了让他读私塾的想法,将他留在家里自己来教。叶圣陶也曾经说过在私塾读书时,由于"不甚聪敏,《诗》《易》两种,最受其苦。大人于夜中督之,曾以弗熟而不得进膳"(1914年3月6日日记)。

由此可见，当时学习的艰辛并不是顾颉刚一人的感受。即便这样，叶圣陶依然应付自如，"背诵于私塾之侧，均能上口，手掌未尝戒尺"①。按照常理来说七八岁的儿童是不会懂得主动学习和追求上进的，而叶圣陶在如此严厉的环境下竟能"未尝戒尺"，这反映出他的家教之严，可见父亲从来没有放松过对叶圣陶学习方面的督促。

叶圣陶八九岁的时候，就"开笔"了。开笔，就是开始学习写作诗文。在传统中国，儿童开始读书识字前通常都要行"开笔礼"，对于旧时读书人来说，这是个很重要的典礼，被称为人生四大礼之一。叶圣陶开笔时，老师出的题目是"登高自卑说"，并提示他们要写到为学的方面去。叶圣陶听从老师的吩咐，写了八十多字，由于最后的"登高尚尔，而况于学乎"这几个字而得到老师的赞许。这次开笔展露出叶圣陶在写文章方面的聪慧之处，父亲叶钟济对他的期望也越来越高。

在叶圣陶读书的那几年，废科举兴学堂的呼声很高，大势所趋，但科举制度依然存在。对时局的发展做过反复思量后，叶钟济觉得还是有必要让叶圣陶参加一次科举考试，以此历练他的心理素质。没想到，那次的科举考试竟成为科举制度的尾声。叶圣陶在一篇自传性质的小说中记叙了当年参加科举考试的情景：

我手里提着个轻巧的竹篮，中间盛着两个马铃瓜，七八个馒头，一包火腿，还有些西瓜子花生米制橄榄之类，吃着消遣的东西。我所时时刻刻念着的惟有那两个马铃瓜：瓜足有饭碗那么大，翠绿的皮上有可爱的花纹，想起时就不自禁地咽唾沫。前一天我向父亲要求说，"要我去必须带两个马铃瓜"。父亲听着笑了，慷慨地答应："这有什么不可以？两个就是两个。"那天下午，他果然带了两个马铃瓜回来了，交给我说"放在你的小食篮里吧"。我高兴极了，轻轻地放入篮里，上面盖着些纸，然后放别的东西。到晚间离家的时候，我就抢着提篮子，别的东西都让舅父拿。

舅父提的是一个小小的书箱，里边盛着石印的《四书味根录》《五经

---

① 叶圣陶：《叶圣陶集》（第十八卷），江苏教育出版社2004年版，第309页。

备旨》《应试必读》《应试金针》《圣谕广训》一类的书，其余是纸笔墨盒等东西。这时候我读过的只有《四书》和《三经》（《尚书》和《礼记》没有读过，直到现在也不会读），所用的都是塾中通用的本子；在书箱里的这些书籍，实在连名目也弄不大清楚。只听叔父说："这回考试开未有之例，入场时不搜检了，可以公然带书去翻。"他便从他的书架子上理出一些书来，说："这几种书，合前回县府考带的，一并带了去吧。"于是姆母帮着我把这些书装在书箱里。我看看这样细小的字，这样紧密的行款，心想一定是很深很深的东西；至于怎样去翻，简直没有想到。

…………

"马铃瓜！"突然的一念想到，我急忙搬开篮内上部的杂物，从底下捧出一个可爱的翠绿的瓜来。"先吃半个吧"，这样想时，裁纸刀的尖头已刺入瓜皮。剖开来时，那鲜明的麦黄的颜色，那西瓜类特有的一种甜味，使我把一切都忘了；起先把小刀划着方块吃，后来把瓜皮切成好些块，逐一咬它的瓤。直到完全咬剩薄片的皮，才想到已吃过了预算的分量。"还有一个呢"，这样一转念，就觉得前途并不空虚；站起来把瓜皮丢在廊下的尿桶里（大约隔十几间考棚有一个尿桶，桶的周围也积满了尿，幸而我这一间离得还算远），用乱纸擦了板面，依旧坐着，看一直淌下的烛泪。约略听得外面有些鼓吹之声与炮声，我淡淡地想，"封门了。可惜这时候不能回去看一看家里的情形，不知道母亲在床上想我不想，不知道叔父的半夜酒喝罢了没有"。这是真的，不论是谁住惯了家里，一离开家，总不免这样那样想；又明知所想的决不能恰与实况相符，于是感到不满足了。

以上片段摘录自叶圣陶1923年写的纪实性小说《马铃瓜》。这篇小说讲述了他十二岁时由舅父带着去贡院参加道试的经历。就在叶圣陶参加完科举考试的第二年，光绪帝下诏："立停科举，以广学校。"也就是自丙午年（光绪三十二年，1906年）开始，"所有乡会试一律停止，各省岁科考试亦即停止"。

废除科举制之后，传闻说"小学毕业相当童生，中学毕业相当举人"。叶钟济得知苏州府属的长（长洲县）元（元和县）吴（吴县）三县绅衿以宾兴款设长元吴公立高等小学(校址在东南葑门内夏侯桥东边的十梓街上，学制三年)，加上听说顾颉刚也要去考这所学校后，于是他决定让叶圣陶同去报考。

叶钟济考虑到学校路途遥远，恐怕孩子吃不消，决定把家搬到离夏侯桥半里多路的濂溪坊。身为父母，都有"望子成龙、望女成凤"的愿望，叶钟济也不例外。对于他而言，光耀门楣的唯一方式或许只有读书做学问了。他不辞辛苦，辗转搬家，为的就是叶圣陶能受到更好的教育，当然这也为叶圣陶日后在学业上的出类拔萃打下了坚实的基础。这一举动，显示出父亲对少年叶绍钧的期许。叶钟济为孩子未来的发展付出的辛劳和代价，对叶圣陶后来的成长起到了积极作用。事实证明叶钟济的决定是明智的。正是在这所"洋学堂"中，叶圣陶接受到新式教育，视野得以拓展。这段学习经历对于他的人生观和价值观的形成至关重要。

甲午战败后，民族情绪被刺激起来，爱国热情空前高涨，这个小小的洋学堂，也被这种时代的情绪激荡着。青春年少的叶圣陶，受到了巨大感染。他回忆说："我上小学的时候，列强瓜分中国的局势已经摆开。章伯寅先生教育我们说：要爱国就得先爱乡土，晓得乡土的山川地理、名人伟业；要爱国就得先晓得我国的自然地理、历代英杰。所以，每逢礼拜天，我总与元善、颉刚等同学在一起，或聚于园林，或集于茶馆，谈苏州的人物地理，谈'天下兴亡，匹夫有责'，把顾亭林引为骄傲，奉为楷模。章元善的父亲章珏，号式之，是清朝的进士、校勘家、书法家，又是苏州府学务处的监督，他常常给我们讲我国在鸦片战争、中法战争、中日战争中的'割地赔款'，教育我们立志救国。"①这所学校的老师除章伯寅外，还有朱遂颖、杜安伯等，他们曾留学日本，思想开明，有强烈的民族责任感。他们将"养成尚武精神，实行民族主义"作为办校的方针，意在激发学生们的爱国热情。叶圣陶和同学们因为不满当时美国当局"驱逐华工出境"的行为，多次组织示威游行抗议，他们还四处张贴标语，抵制美货，提倡国货，此运动开了苏州反帝风气之先。

---

① 商金林：《叶圣陶年谱长编》（第一卷），人民教育出版社2004年版，第20页。

新式学堂的教育理念和方式与传统私塾很不相同,颇重学生各种兴趣的培养,比如唱歌、旅行、养植花草等。顾颉刚在《记三十年前与圣陶交谊》中写到了叶圣陶在学校对"修学旅行"及体育、音乐的爱好。叶圣陶本人也对自己学堂生活难以忘怀:"十一二岁的时候,在学堂里练习跳高,回家后似乎恐怕一夜的间歇会减低已达的高度,乘着夜色还没有十分浓厚,在屋内继续练习。"难怪做了父亲之后的叶圣陶,会抱怨自己孩子生活的单调和空间的逼狭:"讲到种花,我们的孩子简直没有做过那样的梦。妻偶然从小菜场中带回一束剪枝的花,便插在瓶里。这是他们仅见的花朵。在枝头摇曳着映耀着的丰姿,衬着枝叶衬着背景的情调,可怜他们的眼睛没有这福分领受过。真同井一样的天井里,若在别地,未尝不可以栽种一两种花卉。但是这里,硬硬的水门汀地,你能把它敲破了,显出底下的泥土么?"①

当时,老师为了讲课内容的形象,总会带来实物给学生看。比如当时的博物课,老师会将一颗蚕豆或一棵油菜拿到课堂上教他们识别。多识草木鸟兽之名,对于孩子的性情陶冶非常重要。从此"栽培花木,观察它们的生长",逐渐成了叶圣陶毕生的爱好,"在他的诗词、歌谣、散文,以及晚年写给俞平伯、贾祖章等先生的信中,有不少有趣细致的记载"②。

值得一提的是,此段时间,叶圣陶对文艺产生了兴趣。叶圣陶曾夫子自道:"我对于文艺发生兴趣,现在回想起来,应该追溯到十二三岁的时候,在家里发现了一部《唐诗三百首》和一部《白香词谱》。拿到手里,就自己翻看;对于《三百首》中的乐府和绝句,《词谱》中的小令和中调,特别觉得新鲜有味。因为不是先生逼着读的,也就不做强记死背的功夫;只在翻开的时候,讽诵一番,再翻的时候,又讽诵一番而已。经籍史籍中也有好文艺,如《诗经》《史记》和《庄子》我都不能领会,只觉得这些书是压在肩背上的沉重的负担。"③兴趣的培养不是靠强迫的,只有营造一个宽松自由的氛围,才能发现什么是自己喜欢的。

---

① 叶圣陶:《叶圣陶集》(第五卷),江苏教育出版社2004年版,第135~137页。
② 叶圣陶:《叶圣陶集》(第二十六卷),江苏教育出版社2004年版,第15页。
③ 叶圣陶:《叶圣陶集》(第九卷),江苏教育出版社2004年版,第223页。

(二)中学时代

叶圣陶因成绩优异,在长元吴公立高等小学只读了一年就越级考入了苏州公立第一中学。第二年顾颉刚也考入了第一中学,在这里他们又结识了王伯祥、吴宾若等同学。

叶圣陶之前培养的兴趣在这里得到了充分的施展,比如踢足球、练体操等体育活动,远足旅行、骑马、唱歌等课外活动,还有写诗、赋词、刻印章、习篆隶等文艺活动。叶圣陶创作文艺的开端是诗歌,而并不是后来奠定他文学史地位的小说。他在《杂谈我的写作》中说:"我从书塾中'开笔',一直到进了中学,都按期作文。这种作文是强迫的练习,不是自动的抒写,不能算写作。自动抒写的开始是作诗。记得第一首是咏月的绝句,开头道:'纤云拥出一轮寒',以下三句记不起了。那时我在中学里,大概是二年生或三年生。"①

当时,他和同学王伯祥、顾颉刚、吴宾若等组织了一个诗社,取名为"放社",概取其无所顾忌、畅所欲言之义。他常常组织社友一起吟诗、填词、对对子。同学们都很佩服叶圣陶所作的诗文,于是将他推选为"盟主"。顾颉刚曾说:"(叶圣陶)极喜欢做诗。当时同学里差不多没有一个会作诗的,他屡屡的教导我们,于是中学里就结合了一个诗会,叫作'放社'。但别的人想象和表出,总不能像他那般的深细,作出来的东西总是直率得很,所以我们甘心推他做盟主。"②此后,叶圣陶和王伯祥、俞平伯等好友诗文唱和,评判优劣的习惯,大概出于幼时"放社"社友的交流和学习。这种习惯持续了一生,每有所感即作诗唱和,正如1976年12月13日夜,叶圣陶给俞平伯的信中所附的那首诗所言:"探怀每示数篇诗,远道贻书诗附之。"③

除了结社作诗外,升到五年级,叶圣陶还创办过一种年级小报,类似现在的壁报。他将其取名为《课余》,后改为《课余丽泽》。在上面叶圣陶

---

① 叶圣陶:《叶圣陶集》(第九卷),江苏教育出版社2004年版,第224页。
② 叶圣陶:《叶圣陶集》(第一卷),江苏教育出版社1987年版,第198~199页。
③ 叶圣陶:《叶圣陶集》(第十一卷),江苏教育出版社2004年版,第396页。

常常在上面写一些短论或杂稿,"算是发表文字的开始"①。叶圣陶曾在日记说:"晨到校绝早,书玉忽提倡组织一种专讲科学之印刷物,以发行于校中。余遂取名曰《课余》,因作发刊词一首,其他撰稿者则笙亚、书玉、藩室也。而怀兰专任图画。至课毕共出四张,又画二张。……诸同学皆出纸,定阅几遍学堂。不过如此做来人有益,而己则苦矣,归家时已六句钟。"(1911年5月29日)在这段时间里,叶圣陶和同学们积极征文、写稿,内容涉及哲学、理学、佛学等。小报从1911年5月29日创刊到6月17日停刊,虽然只维持了19天,但开阔了学生们的眼界,丰富了他们的日常生活。

这段时间叶圣陶还阅读了大量欧美作家的小说,尤其是华盛顿·欧文,其文风激发了叶圣陶对文学更大的兴趣,叶圣陶写作之初也对其进行了有意模仿。他时时追念自己读过的那些英文作品对自己的影响:"我写小说,并没有师承,十几岁的时候就喜欢自己瞎摸。如果不读英文,不接触那些用英文写的文学作品,我决不会写什么小说。读了些英文的文学作品,英文没有读通,连浅近的文法都没有搞清楚,可是文学的兴趣引起来了。这是意外的收获。当然,看些翻译作品也有关系。"②

就这样一直到1912年1月28日,学校举行毕业会试后,这批学生正式毕业了。

三、三省吾身与存史意识

我之生也,以甲午九月三十日,以迄昨日,十六周岁矣,而今日为十七岁之第一日。日来于百事之动静变迁,以及师长之朝训夕诲,每清晨卧思,若有所会,而未足心得也;及下床一有他事则强半忘之,虽于肠角搜索,亦难得矣。因思古来贤哲皆有日记,所以记每日所思所得种种,我于是亦效之而作日记,而非敢以贤哲自比也。以今日为十七岁之第一日,故即以今日始。且我过失孔多,己而不察,人或告之,亦志之日记,庶以求不

---

① 叶圣陶:《叶圣陶集》(第九卷),江苏教育出版社2004年版,第224页。
② 叶圣陶:《叶圣陶集》(第十八卷),江苏教育出版社2004年版,第316页。

贰过也。

庚戌十月初一日未记日记前志

这是叶圣陶日记前的一个缘起自述。也就是说从1910年十月初一这一天他开始写日记了。这一写就是一辈子。那年叶圣陶十七岁。每个人记日记的目的不尽相同，胡适一生也记日记，但他主要是为自己作传，所以不免有所保留。叶圣陶记日记是为了省察自己的行为，是为了修身养性，反映在内容上就多为自己的所思所感。也许小序这段文字太庄重了，叶至善在《七十年前的日记》中提到这则自述时说："看小序的意思，写日记是为了修身，似乎应该每天写一篇检讨了，其实并非如此，记的还是学习、生活、工作、交游等。"至少从缘起可见，叶圣陶记日记的最初主要目的是为了自省。我们不妨摘录几条，看看青年叶圣陶的克己自律意识。

公元一九一〇年

十月初三日　天气朗晴，起亦不早。校中以休息故停课。偶翻《芥子园·梅谱》，学涂十数纸。学之已匝月，未能有分寸之得，其质愚欤？

午后至陆氏少坐，走往雅聚，遇校中诸同学，遂共往校中。见有监督条告，云明日续休息一日；且闻十三起将举行临时考试。少停，即归家。

十月初八日　急风有呼啸声，天阴而寒骤酷。衣重棉到校，手犹如冰，鼻为之赤。同学中有醵余入校中体育会者，因亦题名焉。提灯会闻已改期，准于十三四五举行。

散课归家后，见家慈为余制夹裤方就。余嫌其裆大，遂致不悦之色与不悦之言并发于尊长前。如此放肆，实属荒谬。尝记九月间，我夸观前某卖牛肉者之肉佳于家君前，因命购少许归以下酒。是日我买得后不即归，反与友人饮。及归，家君酒已饮罢矣，家君怒之。此等事其过非小，志之以便改之。

及天黑，侍家君饮后，伯南先生来谈有顷而去。

日记中的这个青年人，敏感细致，往往善于从细微小事中发现事件背后的意义。正如叶圣陶说的,"且我过失孔多,己而不察,人或告之,亦志之日记,庶以求不贰过也"。从上则日记中看,母亲为他做了一条裤子,但正当青春年华的叶圣陶不免有爱美之心,"嫌其裆大"而表现出"不悦之色与不悦之言",甚至迁怒家人,对于青年的叶圣陶来说也是情理之中,毕竟他才十七岁。但他在日记中却能够反省自己"如此放肆,实属荒谬"。父亲让他买牛肉,叶圣陶却将买的肉当了下酒菜"与友人饮",如此顽皮,对于年少的叶圣陶来说也很正常。但他同样从这件事中省察到自己行为的不当之处,他严格的自剖精神不得不让人"心有戚戚焉"。学业上出现的问题,叶圣陶也会记录下来,以便警醒自己。

十一月十三日 (夜)阅曾涤笙《求阙斋笔记》,见一则云:"每一作文未下笔之先若有佳境,既下笔则无一是处。由于平时用功浮泛,全无实际故耳。"余每作文初,终思若何布置,若何收笔,于是欣欣下笔。然完篇后,总连自己也不惬意,久而不解其故。今见系用功浮泛之病,遂大悟。盖此语真道着余矣。此后能不从实际上去用功哉。

要不断完善自身的人格修养,并使自己的学业日益精深,反省自律是很重要的方式。古人讲吾日三省吾身。在西方传统社会,日课也是必需的,指的是基督徒每天做礼拜时选读圣经而自为训诫。写日记就成了叶圣陶的每天必做的功课。

日记又是最具生命体温的文字。1911年,辛亥革命爆发,叶圣陶和他的同学们阅读报章了解时局,纵论时事。指点江山、激扬文字中,青年人的热情、冲动,在时过境迁、尘埃落定的今日,依然可触可感。时事动荡的影子投射在了青年叶圣陶的日记里。我们看:

公元一九一一年
二月十七日 微雨。晨到校时尚未上课。下午课毕时阅报,阅毕乃归。夜抄《经学外抄》,继看《英文汉沽》四页,继读渊明、放翁诗。
报纸屡载有俄国将与我宣明交战之电,滇省英兵又步步进来,我国虽有兵，而枪弹统计只可足一句钟之用，奈何！政府只知和平了结，不知彼之如此正以太和平之故。如云不战亦亡，战而败亦亡，则宁作背城之一战，以冀其胜也。况我辈数千年神明裔胄，岂一旦而遽灭迹乎？我同胞中必有所谓英雄在焉。

八月廿一日　晴。晨到校尚早。第四、五课作文，题为《士君子常以转移风气为己任论》，余做了六百馀言，皆系平日胸中之感触，不甚合题也。

课毕后阅报纸，见专电栏中有云：武昌已为革党所据，新军亦起而相应，推黎元洪为首领，则协统也，无耻凶恶之官吏亦杀去无数。此事也，甚为迅速与机密，出其不意，遂以成事。武昌据天下上游，可以直捣金陵，北通燕赵。从此而万恶之政府即以推倒，亦未可知也。自由之魂其返，吾民之气当昌，其在此举矣。望之望之。

既而同企巩至王废基观同学练习足球，复同之至观前，复至陆氏，则独维岩在。知维岩于出月初三、觉先于出月初五，行婚礼矣。维岩挽余届时必来吃喜酒。余应之，谓十多年同窗，岂有婚而不来一贺之理。少坐即归。

练习运动会中各事须用图章，夜间即刻之。及毕，手酸矣。

十一月十一日　知临时大总统已公举定孙君文。君久历欧西，一切文明典制定必了然于胸，此时组织临时政府当能惬我同胞之心也。

十一月十二日　阴。晨起更晚，盖以星期无须到校也。

十一钟时，至陆氏，假其《天铎报》阅之。饭时归，母亲谓企巩及二不识之人曾来寻余。饭已即至校中，止笙亚、书玉在，即偕至王废基观先锋队上操，约有一小时许，仍旧归校阅报焉。

同学有自观前返者，谓有浙军十数人，持剪刀行，途次见有辫者，辄剪去之，被剪者已数十人。愿为辫子作忠臣者多趋避焉，所以顷刻拥挤异常。笙亚云盍一观之乎，即同往。至则已不见所谓强人剪辫者。遇怀兰，俱回至校中，则颉刚适在，与之同道归家。

叶圣陶那代知识分子受传统影响较深，其日记有着强烈的存史意识。这也为日后的人们了解那个时代提供了宝贵的材料。

第二章
教员经历：花落江南正此行

◎

叶圣陶曾说自己的职业不是作家。他说："如果有人问起我的职业，我就告诉他，我当过教员，又当过编辑，当编辑的年月比当教员多得多。"①叶圣陶在《过去随谈》中还说："直到今年，曾经在五所中学三所大学当教员，教的都是国文；这一半是兼职的，正业是书局编辑，连续七年有余了。"应该说构成他职业生涯的身份有两种，一是"教员"，一是"编辑"。而其中他步入社会的第一种职业是教师。

一、"也曾独立暗愁萦"

晨起即至言子庙，则学生已有小半来，见余短小，则相与目余而私议，殆言余之不像教员也。噫嘻，人之以貌取人也！既而丁、钱二君至，新生之来者则多随有家属。儿童之态各殊，而各自多趣；新旧生既尽至，数得百四十人左右，乃分级对孔子行礼。余素主不尊孔，今乃亦对孔一跪而三

---

① 叶圣陶：《叶圣陶集》（第十七卷），江苏教育出版社2004年版，第372页。

叩,势使然也。礼毕,学生对教师作揖毕,令学生相对作揖,表亲爱也。更令学生入课堂。丁、钱二君以本校章程一一讲示。

这是1912年3月6日,叶圣陶去言子庙小学任教第一天的情景。由此记录来看,他对所要教授的儿童充满了爱怜,认为儿童是有趣的。接受过新式教育的他必定对仪式化的尊孔行为不屑一顾,但为了顾全大局,叶圣陶也跟随大家祭拜了孔子。

言子庙小学全称是"苏州中区第三初等小学",位于苏州城的干将坊言子庙,叶圣陶经草桥中学学务科长吴纳士推荐来此任教。这是叶圣陶的第一份工作,一切对于他来说都是新鲜的,学生们朝气蓬勃的精神面貌时时感动着他。为了教好这些孩子,对得起自己拿的这份薪金,他努力钻研教学方法,还经常和其他老师朋友交流教学的心得和经验,渐渐地对教学产生了兴趣。叶圣陶日记曾有这样的记录:"第一时算数,出题练习,向隅者只四五人,似稍有进步矣,为教师者已觉大增兴趣。则学生与教师之精神固互相提携互相竞进者也,其一方面失精神,双方斯俱失之矣。"①

但好景不长,叶圣陶渐渐对教书这份工作产生了倦怠:"第一课讲修身,并未预备,敷衍称述,毫无精意,自任此席以来,此为最不堪矣。笔之以志我过。余上诸课都索无生气,且诸生于规则上时有所犯,致秩序纷乱。以余性躁,戒之不悛,乃成忿怒。强抑其怒,是为大苦,以此任受此职,常如坐针毡,时思引去也。欲去又不得去,奈何!"②按照常理来说,教师在教学过程中有些情绪是可以理解的,但是此种情绪却在很长一段时间伴随着叶圣陶,使他更加厌恶这份工作:"上课竟日,意绪甚恶,见诸学生如见鬼魔,能早一日去此则出地狱矣。顾有所恋恋者,二十番佛之故也。呜呼,衣食之于人,甚矣哉!安得别觅一枝栖,少全天趣耶?课罢即归,对案呆坐,长此不乐,殆将狂矣。"③虽然他的这份工作很不顺心,但是为了养家糊口,他还是坚持了下来。

---

① 叶圣陶:《叶圣陶集》(第十九卷),江苏教育出版社2004年版,第106页。
② 叶圣陶:《叶圣陶集》(第十九卷),江苏教育出版社2004年版,第111~112页。
③ 载《新文学史料》1983年第4期,第187页。

当时，顾颉刚的父亲曾经主动提出要资助叶圣陶上大学，但为了承担家庭的责任，他婉言谢绝了这份好意。亲朋好友都希望他继续深造，面对这些善意和劝说，他并非真的"无动于衷"，只是他有着难言的苦衷。家境拮据的他，维持生计才是首要问题，哪里还有心思再求学深造，更不要说出国留学了。可是面对枯燥的工作环境、枯寂的生活状态，他分明又不甘心于在这个环境中终此一生。除此之外，对当时教育制度的不满、对同事之间虚意"寒暄"的厌烦，更加剧了他精神上的苦闷。

这种想逃脱却又不能的矛盾心情，困扰着初入职场的叶圣陶。好友顾颉刚曾如是说："他的性情原是和小学生聚得下淘的，无奈学生以外的人逼着他失掉了职业上的兴趣……那时候，圣陶精神上苦痛极了；他自己文艺上的才具既不能发展，教育上的意见又不能见诸实行；称他的心，实要丢掉了教师，投身做工匠去。"①

1914 年 7 月 11 日，校方最终以缩减班次为由，将叶圣陶排挤出了言子庙小学。虽然知道自己被排挤出了学校，但他坚持认真地判完了学生的试卷。到学期结束的时候，还亲自到学校勉励学生，虽然无非是那些希望他们"功课无荒，行检无卑"②的话，但他对学生们的那份依依惜别、恋恋不舍之情溢于言表。

别离的场面难免伤感，但生活还得继续。

二、在失业的日子里："读书淑其身"

叶圣陶失业了，这对于一个贫寒的家庭无疑是一个巨大的打击。虽然有传闻说他有希望复职，但叶圣陶对此传言漠然置之，"辞去则辞去矣，男儿岂遂饿死，转辗求复，宁非多事；即果得复职，余意亦颇弗愿更为此生涯。盖余之于教职久持消极主义，今得脱离，正其良会，奚肯复蹈"③。

日后，虽然屡屡有好友亲朋来帮忙介绍工作，但希望一个个都落空

---

① 叶圣陶：《叶圣陶集》（第一卷），江苏教育出版社 1987 年版，第 200～201 页。
② 叶圣陶：《叶圣陶集》（第十九卷），江苏教育出版社 2004 年版，第 122 页。
③ 叶圣陶：《叶圣陶集》（第十九卷），江苏教育出版社 2004 年版，第 124～125 页。

了。他只能先当家庭教师以糊口,但这样的工作也只维持了一个多月。后来,他经友人介绍到苏州农校做抄胥的工作。因为刻写、印刷的工作量太大加之校方的苛刻,他只干了三天就从学校拿回了自己的行李。

(一)卖文为生

无奈家里还是要过日子,面对生活的窘境,叶圣陶开始了卖文为生的道路。叶圣陶在《杂谈我的写作》中说:

我的小学教师位置被人挤掉,在家里闲了半年。其时上海有一种小说杂志叫《礼拜六》,销行很广,我就作了小说去投稿;共有十几篇,每篇都被刊用。

1914年7月18日,《礼拜六》第七期发表了叶圣陶的文言小说《穷愁》,"有意摹仿华盛顿·欧文的笔趣"。这是叶圣陶卖稿的开始。后来《博徒之儿》《贫女泪》《孤宵幻遇记》《某教师》《我心非石》等陆续刊登在《礼拜六》或《新闻报》等杂志上。《礼拜六》是"鸳鸯蝴蝶派"的阵地,而叶圣陶多写平凡的人生故事,揭露社会的黑暗,与那些"才子佳人"小说很不相同。虽然著书为稻粱谋,但叶圣陶还是尽力坚持自己的写作原则:"不作言情体,不打诳语;虽不免装点附会,而要有其本事,庶合于街谈巷议之伦"。顾颉刚的评价,可谓知人之论:"圣陶极不愿拿文艺来敷衍生计。他不肯打诳语,必要有其本事,便可知他的宗旨在写实,不在虚构。和那时盛行的艳情滑稽各派是合不拢来的。"①

(二)青灯有味

这段日子里,他除了写小说赚取稿费外,并没有忽略读书、治学。虽然清楚自己已和大学无缘,但他并没有放弃修德进学,时时反思自己,避免怠惰,"如吾今时之岁月,努力研习实最为得宜,而无有他力感触我,斯朝夕唯余怠惰。如近来之数十日,有何所成就耶,思之真堪愧恧也"②。

---

① 叶圣陶:《叶圣陶集》(第一卷),江苏教育出版社1987年版,第203页。
② 叶圣陶:《叶圣陶集》(第十九卷),江苏教育出版社2004年版,第139~140页。

古人说,独学而无友,则孤陋而寡闻。同龄很多朋友都外出求学,而只有他独处家中读书、写作。然而,他并没有放弃与外界的交流,这一时期他通过书信与朋友沟通、交流、切磋。叶圣陶深知以友辅仁的重要,他和当时在北京大学读书的好友顾颉刚通信交流非常频繁和深入。在众多好友之中,顾颉刚和他最为亲近,他还让顾颉刚给自己推荐书目,制订学习计划。顾颉刚曾勉励叶圣陶:"君既对影灯前,息肩窗下,不必以寂寞自伤,正研索学术自怡天怀之时也。即谓限期久远,胡能拥书长闲,然在此无事之时,亦不必生有事之想。则取第一分所列而肆之,添书所费亦极菲薄,盍听吾言而姑试之。"叶圣陶也为顾颉刚对自己的至诚之情所感动,下定决心"必听其条教,遵其指挥,以之自淑,并以无负其厚意焉"①。

有时候,挫折是一种赐予,孤独是一种馈赠。失业独处的日子,虽非所愿,但却给了叶圣陶潜心读书、自由思考的机会。

三、初来沪上

1915年,叶圣陶经郭绍虞介绍到上海尚公小学当教师。郭绍虞因为要到新成立的书店当编辑,就向校方推荐了叶圣陶,校长也欣然同意了。

这一年的4月6日,叶圣陶告别家人,带着行李箱箧坐十点的火车,经过两个小时的行程,抵达了上海。他的叔父已经在站台等候多时,两人相见后,叔父先陪他去尚公学校报到。也许是走得匆忙,也许是车上人员混杂,当一切安排妥当,打开行箧收拾衣物时,才发现钥匙和钱袋不翼而飞,只得请了一位铜匠开启行囊。这大概是光怪陆离的上海滩给这个青年人的第一份"礼物"。

4月8日,开始正式上课了,学生只有十七人,他们基本上还算温顺听话,所以不需要太费力管教。教授的课程无非国文、地理、习字等,每天过得还算充实。尚公学校是商务印书馆办的实验小学,"凡是商务出版的书籍挂图,制造的标本仪器,尚公都有一份","所谓实验大致有两层意

---

① 叶圣陶:《叶圣陶集》(第十九卷),江苏教育出版社2004年版,第142页。

思,一是试用本馆的各种教学用品,最主要的是教科书。王云五的四角号码检字法,正式使用之前也在尚公试验过。二是实验国外传进来的教学主张和方法,如远足参观旅行、举办游艺会、恳亲会和成绩展览,让学生自己管理图书馆以及商店银行。还出版一种不定期刊物《尚公记》,让教职员交流经验和心得"①。后来,叶圣陶在甪直五高进行的诸种教学改革,可在此间找到端倪。

对于当时的叶圣陶,上海是陌生的,也是新鲜的。彼时的上海,五方杂处,是近代中国商业最发达的大都市,更是近代传媒业最繁荣的地方,聚集了各路文化精英。这种混乱而活跃的文化氛围,给文艺青年提供了更多的发展可能。上海有众多的书局、报章和同人文艺社团,"东社"即是其中之一。"东社社集文艺杂志《东社》,1914年创刊于上海,年刊。创办人郭佛魂(绍虞)、吴冰心、曾泣花、周影竹、黄松庵。东社编辑发行,上海商务印书馆右文社和文明书局联合印刷,为三十开线装本。编辑体例仿《南社》,分文选、诗选、词选三部分。金凌霄在第一集《东社宣言书》中说本刊旨在'秉天地之正气,挟褒贬之至公,以气节为天下倡'。内容主要有三个方面:鼓吹革命,忧国忧民;谈古论今,抨击颓风陋俗;联络友情,增进知识。"②叶圣陶在好友的盛情邀请下加入了"东社",和社友一起编辑社集。加入社团后,他和新结识的朋友倾吐志向,交流学术,抒发抱负,抨击时弊,关注社会的发展和变动,关注《青年杂志》《甲寅》等杂志的更新内容。来到上海,是叶圣陶开眼看世界的真正开端。

新的路,正向前方无尽延伸。

四、甪直——叶圣陶的第二故乡

1977年,晚年叶圣陶曾重访江南古镇甪直,弹指之间,距1922年他离开甪直,已五十五年。并不如烟的往事,浮现眼前,叶圣陶情不自禁地赋诗一首:

---

① 叶圣陶:《叶圣陶集》(第二十六卷),江苏教育出版社2004年版,第33页。
② 商金林:《叶圣陶年谱长编》(第一卷),人民教育出版社2004年版,第194~195页。

> 五十五年复此程,淞波卅六一轮轻。
> 应真古塑重经眼,同学诸生尚记名。
> 斗鸭池看残迹在,眠牛泾忆并肩行。
> "再来再来"沸盈耳,无限殷勤送别情。

"'再来再来'沸盈耳,无限殷勤送别情",再现了叶圣陶当时离开甪直时友人和学生送别的场景。时间又过去了十一年,1988年,叶圣陶去世,他的家人于"十二月八日上午九点半","把骨灰安葬在甪直的墓穴里了,当时天濛濛的,飘了几点雨"①。叶圣陶的"墓建在'生生农场'的旧址,三棵银杏的西南"②,当年的校舍改成了纪念馆,里面陈列着叶圣陶生前各个时期的照片和实物,从中可以想象当年他们的生活情况。

(一)甪直五高的教书生活

甪直的教书经历,在叶圣陶有着非常深刻的记忆。关于叶圣陶从上海商务印书馆尚公小学转任甪直镇吴县县立第五高等小学的过程,他在《〈甪直闲吟图〉题记》中谈及来龙去脉:

> 余到甪直任教于吴县县立第五高等小学校,盖应同学兄吴宾若王伯祥之招。时余在上海商务印书馆所设之尚公学校,二兄书来,谓往时意气相投,共事教育,必所乐愿。余遂辞尚公而就五高,于一九一七年春季开学前与二兄同舟到甪直。宾若任校长,伯祥与余皆任级任教员。二兄在校已几何时,不能详忆,唯至多不逾二年。

甪直是著名的水乡古镇,地处苏州东南,叶圣陶自此"开始领略水乡情趣"。当时学校环境也颇宜人:

---

① 叶至善:《父亲的希望》,中国青年出版社2000年版,第175页。
② 叶至诚:《至诚六种》,人民文学出版社2010年版,第306页。

五高在保圣寺大殿之西南侧,校门前偏左为坍废之天王殿。校之北大殿之西为鲁望祠,与校隔一墙,墙有门,启钥可入。大殿之东北为甪直初等小学校,校舍多于五高,运动场尤宽广。自天王殿南行数十步为山门,石柱尚在。山门外则市街,又数十步而至香花桥。余记其大概,藉见往时保圣寺占地之广。

如今叶圣陶纪念馆,即建于甪直镇吴县县立第五高等小学的旧址上

五高男子部女子部各有一楼,不相连属。楼皆上下二室,男子部楼为四班之课堂。女子部楼为三班之课堂,馀一室。男子部楼逾庭院而东为一敞厅,前不设门窗,两侧为办公室。举行全校大会皆在此敞厅,其时男女学生乃共处一堂。男子部楼与庭院之南有一屋,玻璃北向,五人居之。床皆贴南壁,自西而东,首宾若,次伯祥,次为余,次算学教员孙建平,次体操教员董志尧。书桌临窗,其序与床同。夜间点白瓷罩煤油桌灯二盏,当时已觉颇为明亮矣。

从繁华的大上海又到了静谧的江南古镇,生活又一次有所改变。叶圣陶后来追忆:

每日散学之后,家居本镇之教员各归其家。外来之五人则为共同生活,业务工作,业余闲遣,三餐一宿,皆聚处而不分,今姑回忆而杂记所谓业余闲遣者。夜谈多在室内,值月朗风清,则各携椅坐庭院中。晚餐时偶亦沽酒共酌,发起者作东,佐饮自必闲谈。宾若清谈娓娓,体贴人情入细。凤以善唱歌称,兴到则曼声低唱。伯祥最健谈,多说轶闻掌故。能以扬州方音唱郑板桥《渔樵耕读》道情,又能唱京戏若干出之片段,他人促之不休,则慷慨应承,引吭高歌。由今思之,二兄当时之声容犹宛在耳目间也。

至于星期日或其他假日外出游散，则往往三人行，而孙董二君不与焉。吃茶于万象春。其肆虽简陋，而镇上所谓士绅者颇趋之，临河踞坐，高谈阔论。饮酒于财源店，店在保圣寺山门外。财源为店主之名，其妻善治馔，鱼虾蔬菜皆可口，而索值不昂。有时至殷家听弹词，有时至某公所听昆曲。殷家者镇上之大族，英文教授殷康伯亦草桥同学，其族中常邀苏州说书人之来镇弹唱者每日下午到家说书一回，合族男女共听之。镇上人多嗜昆曲，其闲暇者集于某公所，延曲师教授拍曲，进而至于串演。尝见名曲师沈月泉教演《长生殿·小宴》唐明皇上场时所唱"天淡云闲"一曲，逐字逐句指点，目光如何俯仰顾盼，声情如何悠扬潇洒，可谓剖析入微。宾若之表兄沈伯安亦镇上士绅，于其老屋中筑小书斋，布置自出心裁，窗明几净，书画盆栽皆有雅致。我三人得暇辄往访，到则无所不谈，而伯安尤好谈美，"赏美""伤美"常挂口头。镇外四五里有张陵山，名为山而无石，灌木自生，高树无多。假日晴朗，我三人偶或一往，聊寄游山之意。而各村敬神演草台戏，亦尝往观数次。归来评论所见诸角色，伯祥之兴致最高。

孔子说："志于道，据于德，依于仁，游于艺。"从叶圣陶的追忆，可见友人相得、谈诗论艺的惬意。叶圣陶与志同道合的友人王伯祥、吴宾若等青年教员一起，对学校的教育方式进行了改良与革新。他们自编课本，创办农场、博览室、书店，还建造礼堂、篆刻室、音乐室、戏台等，经常组织学生们远足旅行，他们的教育理想一步步在实践着。那时候的叶圣陶满怀希望，他往往也将自己在甪直的改革情况写信给顾颉刚，欣喜地与好友分享，比如他们办农场、开商店、造戏台，用语体文教授。这些生活体验和工作的感受，后来被叶圣陶将之写进了他的小说《倪焕之》里。据叶圣陶的学生许倬回忆："叶老在五高任教，薪金不多，布衣布鞋，粗茶淡饭，却捐款在四面厅创办利群书店和博览室……叶老还把自己购买的中外名著、南社诗人的诗集，以及《新青年》《新潮》等刊物，陈列在博览室，经常到博览室指导我们吟诵诗文，教育我们要博学多闻。叶老先生还在博览室的四壁开辟了诗文、书画专栏,英文通讯专栏,督促我们写生练笔。"①

当然,叶圣陶等一些青年教师的热情实验,有时候也会遇到挫折,也会有困扰。当时学校想将附近的一块坟场开辟为农场,以教授学生们园艺,这个想法遭到了当地一些人的反对。他们鼓动乡人不来参加学校的恳亲会,以给学校施压。叶圣陶及黄隶青等这些朝气蓬勃的青年人,认为反对者"有的是列代传下来的老例,有的是阅历得来的成见!凡是老例和成见以为不必过问的,他们再也不去多事。倘若有一件事与老例和成见相反,他们就要拼命地力争,比什么都起劲",所以这些教育改革推行者,也并不气馁。

根据在角直学校的种种见闻和体验,1921年7月10日,叶圣陶创作了独幕剧《恳亲会》(刊《小说月报》第十二卷第七号,署名叶绍钧),此剧就取材于角直五高的真实生活。洪深在《〈中国新文学大系·戏剧集〉导言》中说:"叶绍钧的《恳亲会》,我最近复读了一遍,仍然能使得我感动;也许我们都受过封建的顽固的成见的冷落和打击吧——在现代的中国,我们常常得和人家打架,去贡献给他们一点好东西的!这个剧本中几个教员,写得真是太热诚了,太真实了。"这种"改革者"和"被改革者"的矛盾与鲁迅所表现的"启蒙者"和"被启蒙者"之间的隔膜是如此相似。

叶圣陶在角直教书时期,他的妻子胡墨林还在苏州。1918年4月24日在苏州城里一家私营的产科医院里,叶圣陶和胡墨林的第一个孩子出生了。一家人都很欢喜,由于孩子长得像叶圣陶的妻子胡墨林,叶圣陶给孩子起了个小名叫"小墨"。"小墨"就是叶至善。当时最兴奋的莫过于孩子的祖父叶钟济老先生,他四十七岁才有了儿子叶圣陶,自己如今又抱上了孙子,所以当叶至善出生后,他对孙子的喜爱之情可想而知。当时年过七十的叶钟济牙齿差不多都掉光了,晚上经常用蒸猪脑下酒,他很疼爱这个孙子,经常吩咐说:"买猪脑就带条脊筋,一起蒸了喂给小墨吃。"晚上,他就将孙子放在他的腿上,左臂搂着孙子,用筷子将脊筋弄成小段,顾不上自己喝酒,很耐心地喂给孙子吃。叶钟济逢人就炫耀自己的孙子,还

---

① 商金林:《叶圣陶年谱长编》(第一卷),人民教育出版社2004年10月,第209~210页。

将孙子一周岁的照片拿到茶馆去向他的朋友们显摆。

1919年5月,叶圣陶的父亲去世了。到了7月,叶圣陶带着母亲、妻子和刚满周岁的至善,搬到甪直,伯祥让出所赁房屋的楼下三间给叶圣陶他们一家人住,住处离五高大约只三里地,有两条路可到,比较方便,这样他们一家人就暂时在甪直安定下来。

(二)"几如兄弟的交情"

前面提到叶圣陶是王伯祥和吴宾若邀请来的,他们三个人在甪直最为相得。关于三个青年人之间的关系,叶圣陶后来曾追忆:

一九〇七年春,苏州公立中学校(即以后共称为草桥中学者)创办招生,宾若伯祥与余皆考取入学。入学之后又加甄别,其学业较优者为二年级,二兄与焉。迨一九一〇年终,二兄毕五年之业,而以实际修业未足五年,不能取得"举人"资格,须留校补修一年乃见。故二兄与余同于一九一一年终毕业,其时清廷已覆,自无所谓"举人"资格矣。一九一二年,宾若任初等小学校校长,其校在阊门附近。伯祥就苏州宪兵营事,类似今之所谓秘书者。余任干将坊言子庙初等小学级任教员。宾若改任五高校长不记在何年,唯记其在甪直即与伯祥偕。

他们本来就是草桥中学的同学,现在到了甪直才又聚在了一起。三个人在甪直朝夕相处,他们的友情越发深厚了。可是叶圣陶一家刚在甪直安定没多久,一件不幸的事发生了。

原来,吴宾若回昆山家省亲,本来说两天即返校。可是到了第三天还没有回来。等到叶圣陶和王伯祥从邮差手中接过信后得知,吴宾若下车时,因车还没停稳当,失足陷入月台与车身之间,导致下身被轧,生命危在旦夕。这个消息对于吴宾若的两个好友来说,无疑是晴天霹雳。叶圣陶在《好友宾若君》中记下了他们探视吴宾若时的心情和情景:

又次日,我们买舟到苏探视。原是怀着寒怯的心情的,到望见福音医院低低的围墙时,全身仿佛被束缚了,不相信等会儿会有登岸跨进门去的勇气。"但愿是梦里吧!"这样无聊地想。

真同梦里一样,恍惚地登岸,恍惚地进医院的门。繁密的绿叶遮蔽了下射的阳光,细沙路阴森森的,树以外飘来礼拜堂里唱颂祷诗的沉静而捎带悲哀的声音,一缕哀酸直透心胸,我流泪了。

……

宾若君盖在红色的被单之下,这个想是医院里特别预备来混淆可怕的血迹,以减轻视疾者的忧惧的吧。但是我们明知这里掩盖着半截糜烂了的身体,虽用红色,又有什么用呢?他的脸色纯乎灰白,眼睛时时张开,头发乱结像衰草。他神志还清,抬起眼来望着我们,说:"你们来看我了,谢谢。我的毛病……学校……唷……唷……"一阵剧痛打断了他的话。

除了"你放心养病,一切都有我们在"这样虚空的安慰语,还有什么可说的?不知怎样的,两条腿就把我们载出这间病室,与直躺着的宾若君分别了。伤心呵,这就是永远永远的分别,我竟不曾仔细地多看他一眼。

一周后,吴宾若离开了人世,留下了宾若夫人和还未成年的孩子。这以后由沈伯安继任了五高的校长。风华正茂的甪直"三剑客",如今只剩下了叶圣陶和王伯祥。王、叶之间的友谊更是延续一生。叶圣陶的儿子叶至善、叶至诚都曾说过:"王先生是我父亲过从最密、相处最久的朋友。我们一家子和王先生一家子都熟。"①"王先生跟我父亲是老朋友,俩人一同念中学,一同当教员,一同做编辑工作;直到耄耋之年还亲密无间,休戚与共;连两家的子女辈也以姐妹兄弟相呼。"②

在叶至诚的印象中,王伯祥是位"表面

1912年1月29日,自左到右:顾颉刚、叶圣陶、王伯祥

---

① 叶至诚:《至诚六种》,人民文学出版社2010年版,第99页。
② 叶至善:《父亲的希望》,中国青年出版社2000年版,第201页。

上愤世嫉俗,骨子里古道热肠的长者。说到痛恨的现象,他咬牙切齿,横眉怒目,拍案顿足,模样煞是可怕,其实善良无比,遭到不平的际遇,惯于逆来顺受,绝无半点'造反派的脾气'"①。1939年,伯祥先生五十岁的时候,叶圣陶还作了一首诗为他祝寿,并回忆了两人青春同学少年的书生意气:

时复朋好集,呼酒便开筵,酒酣未颜酡,辩难涌如泉。童心吾犹有,略喜持论偏,新说务獭祭,幻想类云旋。君凤尚雅正,闻之弗许焉,邹叟岂好辩,唯恐谬种传,舌底波澜翻,脉偾喷唾涎。吾故弄狡狯,诱敌一控弦。弹发未必中,君阵势益坚,慷慨抵顽敌,意气凌云烟,目光烂岩电,威棱生两颧。旁观皆屏息,友情虑难全,谁知一笑罢,芥蒂互无牵。

当然,指点江山中,两人经常就某个问题发生激烈的争吵,但完全对事不对人,丝毫不会影响二人的感情。民国至情至性的文人之间的交游总是令人神往。

后来二人先后离开甪直,到商务印书馆工作,他们还是同事。"五卅"惨案发生后,他们募款集资,办起了《公理日报》,明确提出反帝的口号。20世纪30年代,叶圣陶和王伯祥又先后到了开明书店。抗战爆发后八年半的日子是两位挚友分别最长的日子,当时叶圣陶到了四川,王伯祥留在了上海。两人就靠书信互通音信,并且王伯祥还成了叶圣陶和其他人通信的转递者。抗战胜利后,叶圣陶一家人出川,才得以和王伯祥再次相聚。新中国成立后,两人经常喝酒聊天、谈天说地。在"反右""文革"的日子里,"各人头上一片天",谁都不能给谁实际的帮助,只能默默地互相祈祷。他们之间的友情随着时光的流逝却愈发深厚了。

让我们把历史镜头再转回到当时的甪直。

1921年的夏天。甪直镇的埠头。随着汽笛发出到站的长鸣声,汽轮停泊,一个满嘴髭须、脸色干枯而黝黑的青年男子走出站。他穿着满是泥污的黑布衣服,"一手拿一个轻巧的铺盖,一手提一只新的竹丝篮,中间满

---

① 叶至诚:《至诚六种》,人民文学出版社2010年版,第100页。

盛着枇杷香蕉等果品"匆忙地走下船来。

"你——玉诺?"叶圣陶抢先过去握着男子的胳膊,男子将目光锁定在问话人的脸上,端详了一会儿,赶紧腾出手来紧紧地握着叶圣陶的手说:"你——圣陶!"随即,两人相视而笑。

这个风尘仆仆的男子就是徐玉诺。

徐玉诺(1894—1958),河南鲁山人,又名言信,笔名红蠖,"五四"时期著名诗人、作家。1920年到1924年间是徐玉诺文学创作的爆发期,作品陆续登载于《小说月刊》《晨报》副刊、《诗》等。他被誉为"替社会鸣不平,为平民叫苦的人"。

徐玉诺此次本来是从河南到杭州的。因中途经过甪直,特地来看望叶圣陶。这次徐玉诺在甪直住了三天,"那正是新苗透出不容易描绘的绿,云物清丽,溪水涨满"的时候。北方的诗人看惯了"中原的旷野,骤然见到江南的田畴,格外觉得新鲜有趣。他独自赤着脚,跨进水齐到膝盖的稻田,抚摩溪上的竹树,采访农家的小女孩,憩坐在临门的小石桥阑干上,偃卧在开着野花的坟墓上"①。

徐玉诺是个本真的诗人。叶圣陶还为他的诗歌作了长篇评论《玉诺的诗》(收入《叶圣陶集》第五卷时题名为《记徐玉诺》),称他的诗有"奇妙的表现力、微妙的思想、绘画般的技术和吸引人的格调":"他描写景物的诗,与其说是描写,不如说是他自己与自然融化的诗,都有奇妙的表现力……他常常有奇妙的句子花一般怒放在他的诗篇里,不在于别的,在于他有特别灵敏的感觉。他并不是故意做作,感觉到这样,就这样写下来了。不仅是写景物的诗,他所有的诗都如此。他并不把写诗当一回事,像猎人搜寻野兽那样。在感觉强烈,情绪兴奋的时候,他不期然而然地写了;写出来的,我们叫它做诗。"试看他写的一首诗:

没有恐怖——没有哭声——
因为处女们和母亲早已被践踏得像一束乱稻草一般死在火焰中了。

---

① 叶圣陶:《叶圣陶集》(第五卷),江苏教育出版社1988年版,第57页。

只有热血的喷泼,喝血者之狂叫,建筑的毁灭,岩石的崩坏,枪声,马声……轰轰烈烈的杂乱的声音碎裂着。

没有黑夜和白昼——

只有弥满天空的黑烟红火,翻反的

尘土焦灰流淌着。

我们浑醉,东倒西歪的挣扎着……我们的脚下是死的放着热烈蒸汽的朋友,兄弟姊妹的身首;呼吸的是含着焚烧亲人的香气;我们喝的是母亲的血……

——没有诗,只要快要酸化的心底跳动——

徐玉诺这首诗的名字是"火灾",其实叶圣陶也有篇小说题目就叫"火灾"。

那么这两篇《火灾》有什么联系吗?答案是肯定的。徐玉诺经常向叶圣陶讲到自己家乡土匪猖獗,打家劫舍的丑恶暴行。叶圣陶对此气愤不已,他同情那里正在受苦的人们。后来叶圣陶情难自控,以徐玉诺的生活为蓝本写下了小说《火灾》,主人公"言信君"明显带有徐玉诺的影子。当叶圣陶把《火灾》寄给徐玉诺后,徐玉诺很受感动,随即写了一首诗,即上面列的那首《火灾》,以此来答谢友人心有戚戚焉的相知。

嘤其鸣兮,求其友声,以文会友,以友辅仁。叶圣陶与徐玉诺的友谊,是一种与利益、物质无关的心灵相通的交流。这种友谊,何其珍贵。徐玉诺去世较早,1958年,他病逝于开封。后来,当八十多岁的叶圣陶听说徐玉诺后人生活窘迫的消息后,还专门过问,希望当地政府能落实政策,妥善安排他们的生活。

(三)加入《新潮社》

让我们再将镜头从江南古镇甪直,转到那个时候的北京。

1918年的岁末,在北京大学红楼图书馆里,有一批学生正在热切筹划他们新的计划。12月13日的《北京大学日刊》上,《新潮杂志社启事》正式推出。启事宣称:"同人等集合同趣组成一月刊杂志,定名曰《新潮》。专以介绍西洋近代思潮,批评中国现代学术上、社会上各问题为职司。不取庸言，不为无主义之文辞。成立方始，切待匡正，同学诸君如肯赐以指教，最为欢迎！"

新潮杂志社首批社员21人。这些新派学生的名字后来在中国现代史上都闻名遐迩，如傅斯年、罗家伦、顾颉刚、俞平伯、康白情等人。终于，这些青年人在他们的老师如胡适、陈独秀、周作人等《新青年》同人的鼓励和支持下，在1919年1月1日推出了《新潮》杂志。"新潮"，在他们是取"文艺复兴"的意思，所以刊物的英文名字就是"Renaissance"。可以说，《新潮》是《新青年》直接影响下最早的文学刊物，是"'五四'前夕，在青年读者中影响仅次于《新青年》的一个综合性刊物，也是全国第一次出现的由学生自己主编、出版的刊物"①。

《新潮》创刊号的作者中就出现了叶绍钧的名字。虽然远在江南小镇，但叶圣陶一直密切关注着新文化的动态。1919年，叶圣陶加入了新潮社。他们应和着新文学的潮流奋力前行，积极宣传新思想，从事新文艺的创作。在《新潮》创刊号上，叶圣陶和王伯祥联合发表了《对于小学作文教授之意见》一文。该文认为废除文言文，写作白话文是大势所趋，尖锐地指出了文言文写作的弊端："我国文字之难习，言文之异致实为其主因，方为文之际，初则搜索材料，编次先后，其所思考固与口说一致；然欲笔之于纸，则需译为文言。于是乎手之所写即非心之所思。其间多译之手续殊为辛苦。"并乐观地预言了白话文取代文言文的前景："欲去此障碍，唯有直书口说，当前固尚难能，而将来终当期其达到。"

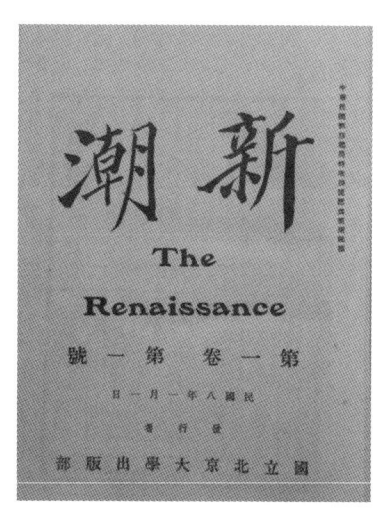

《新潮》创刊号，1919年1月1日

叶圣陶不只是在理论上倡导白话文，还积极在文学创作中去实践这

---

① 张香还：《叶圣陶和他的世界》，上海教育出版社1995年版，第74页。

一主张。《新潮》月刊的第一卷第三号上刊登了叶圣陶创作的白话短篇小说《这也是一个人》①。这篇小说在当时产生了很大的影响。顾颉刚曾说："民国七年间,《新青年》杂志提倡国语文学极有力量。但那时新体小说只有译文,没有创作。圣陶禁不住了,当《新潮》杂志出版时,他就草了《一生》一篇寄去,随后又陆续做了好几篇。可喜《新潮》里从事创作的,还有汪辑斋、俞平伯诸君,一期总有二三篇,和圣陶的文字竟造成了创作的风气。"②

《这也是一个人》不仅在语言革新方面"造了风气",在思想方面也反映了新时代的进步。小说通过塑造一个饱受封建思想迫害的劳动妇女的形象,控诉了当时的社会制度,提出了"妇女解放"的主题。这部小说的主人公"伊"代表了当时劳动妇女低下的社会地位和悲惨的命运。"伊"出生于贫苦的农家,从小就帮父母干活,没有享受过优裕的生活,简单得如同"一个动物"。她长到15岁嫁了人,生了一个孩子。孩子不到半岁就死了,为此,公婆很不满,对她冷嘲热讽。丈夫是个赌徒,更不管她的死活,还说"要是在赌场里百战百胜,便死十个儿子也不关他的事"这样的混帐话。她不能忍受这种非人的折磨,有一天终于逃到城里当佣人。可是没过多久,她的公婆找上了门,最终她只能屈服。后来,丈夫也死了,公婆则将她卖到一户人家,得了二十千钱。当时妇女的身价就值"二十千钱",身为女人,多么可悲!小说最后写道:"伊的父亲,公公,婆婆,都以为这个办法是应当的,他们心里原有个成例:田不种了,便卖耕牛。""伊是一条牛——一样地不该有自己的主见——如今用不着了,便该卖掉。把伊的身价充丈夫的殓费,便是伊最后的义务。"不仅公婆有这个"成例",令人扼腕的是,她的父亲也这么认为,这样,这个女子在这个世界上孤立无援!

鲁迅面对"人吃人"的社会,曾发出"救救孩子"的呼喊。在弱肉强食的现实中,妇女和儿童一样,无疑面临的也是"被吃"的命运。受到五四

---

① 署名叶绍钧,收入短篇集《隔膜》时改名为《一生》,收入《叶圣陶集》第一卷时名为《这也是一个人》。
② 叶圣陶:《叶圣陶集》(第一卷),江苏教育出版社1987年版,第205页。

思潮洗礼的叶圣陶按捺不住内心的激愤,发出了"救救妇女"的呼声。无论是呼吁"救救孩子",还是呐喊"救救妇女",都是在争取人之作为人的权利。所以,鲁迅看到叶圣陶这篇小说时,曾给新潮编辑部的信中说,《新潮》里叶圣陶的《这也是一个人》等作品"都是好的",他们"这样下去,创作很有点希望。"

包括叶圣陶在内的新潮社成员的创作,得到了鲁迅充分的肯定。十余年后,鲁迅在《中国新文学大系·小说二集·导言》中又对新潮社有所评价:"自然,技术是幼稚的,往往留存着旧小说上的写法和情调;而且平铺直叙,一泻无余;或者过于巧合,在一刹时中,在一个人上,会聚集了一切难堪的不幸。然而又有种共同前进的趋向,是这时的作者们,没有一个以为小说是脱俗的文学,除了为艺术之外,一无所为的。他们每作一篇,都是'有所为'而发,是在用改革社会的器械——虽然也没有终极的目标。"他还特别注意到,"叶绍钧却有更远大的发展"。事实上,确实如此,仅就新文学创作的创作而言,叶圣陶确乎比俞平伯、罗家伦、王敬熙、杨振声等新潮同仁走得更远。

五、从中国公学到杭州一师

(一)上海公学的风潮

吴宾若不幸遇难后,沈伯安继任了五高的校长。不多久,王伯祥收到了集美大学的聘书,离开了角直。在学期快结束的时候,叶圣陶也收到了上海吴淞中国公学中学部的聘书,代理校长张东荪和中学部主任舒新城邀请他去教国文。叶圣陶和邀请者本来并不熟识,但因他在当时报刊上发表了很多作品,逐渐产生影响。正如叶圣陶自己说的那样:"这是近来的风气,以为在报刊上经常发表文章的人一定会教国文,就把聘书寄来了。"①当时在五高志同道合的人都纷纷离开,友人寥落,叶圣陶于是接受了聘书,到吴淞口"听海潮"去了。

---

① 叶圣陶:《叶圣陶集》(第二十六卷),江苏教育出版社2004年版,第60页。

在中国公学,叶圣陶认识了朱自清、刘延陵、陈望道等人。在开学不到一个月的时间里,学校闹起了风潮。胡适针对这次风潮曾说过:"内容甚复杂;而旧人把持学校,攻击新人,自是一个重要原因。"①上海公学的旧派教员不认同张东荪和舒新城的改革,煽动学生闹事,于是连被邀请来的八位新教员(叶圣陶、常乃德、朱自清、刘延陵、许敦谷、吴有训、陈兼善、刘建阳)也受到了攻击。10月21日,由叶圣陶领衔,八位教员一起在《时事新报》上发表了《中国公学中学部教员宣告这次风潮之因原始末》的联合声明,试图澄清事情的原委,随后这些新教员就各奔东西了。

叶圣陶本是"一个极和易的人,轻易看不见他的怒色。……他的和易出于天性,并非阅历世故,矫揉造作而成。他对于世间妥协的精神是极厌恨的"②。在上海公学的一个月里,朱自清说只看到他发过一次怒,"那便是对于风潮妥协论者的蔑视"。由此可见,叶圣陶温和的性格中也有刚烈的一面,作为书生,他更有坚持底线和原则的固执与决绝。

(二)击桨联床共曦月

风潮过后,朱自清回到了他原来执教的浙江第一师范学校。11月,浙江一师又托朱自清邀请叶圣陶到那里担任国文教师。在上海公学时,叶圣陶就和朱自清相交甚好,没想到却被可恶的风潮所打断。此次得知又可以和朱自清共事,两人可以泛舟西湖时,叶圣陶按捺不住内心的激动,第二天就动身了。

叶圣陶是颇有性情和趣味的人。到了浙江一师,叶圣陶把自己的屋子当作朱自清和他两个人的卧室,将朱自清的那间当成书房。此后,两人基本上形影不离,一起游湖、喝酒,一起预备功课、切磋学问,晚上则睡在一个房间里,常常秉烛而谈。那是一段令人愉悦的时光。朱自清在《赠圣陶》这首诗中记下了曾经的日子:

平生游旧各短长,君谦而光狷者行。

---

① 《新文学史料》(第五辑),人民文学出版社1979年版,第284页。
② 刘增人,冯光廉:《叶圣陶研究资料》,北京十月文艺出版社1988年版,第134页。

> 我始识君歇浦旁,羡君卓尔盛文章。
> 讷讷向人锋敛铓,亲炙乃窥中所藏。
> 小无町畦大知方,不茹柔亦不吐刚。
> 西湖风冷庸何伤,水色山光足彷徉。
> 归来一室对短床,上下古今与翱翔。

以上是这首诗的一部分,这几句话回忆了他们白天泛舟西湖、观赏水光山色,晚上回到居室,又古今中外恣肆汪洋地纵论。

一个除夕的夜晚,他们二人谈兴正浓,突然间朱自清看了看时间,说他作成了一首小诗:

> 除夜的两支摇摇的白烛光里,
> 我眼睁睁瞅着
> 一九二一年轻轻地踅过去了。

多么俏皮,多么精致的一首小诗!新的一年就在除夕的烛光中"踅过去了",既体现了诗人的无奈之感,也有时代的历史沧桑感,这首诗给叶圣陶留下了深刻的印象,直到年老时他还常忆及此番情景。

1921年12月31日叶圣陶(左立者)和朱自清(右坐者)、俞平伯(右立者)、许昂若(左坐者)摄于杭州

熟识叶圣陶的朋友都知道他是一个少言寡语的人,他喜欢听别人说,自己较少发表意见。而他偏偏能和朱自清推心置腹地交谈,可能两个

人真的有诸多契合之处。后来叶圣陶在《记佩弦来沪》中还颇为怀念"前此晤谈曾经得到的愉悦"。那种"愉悦"的得来"不在所谈的材料精微或重大,不在究极到底而得到结论(对这些固然也会感到愉悦,但不是我意所存),而在抒发的随意如闲云之自在,印证的密合如呼吸之相通……不比议事开会,即使没法解决,也总要勉强作个结论,又不比登台演说,虽明知牵强附会,也总要勉强把它编成章节"。好朋友之间就是这样"能说多少,要说多少,以及愿意怎样说,完全在自己手里,丝毫不受外力牵掣"。在这时候不会有"名誉的心、利益的心"甚至是"顾忌欺诈"的心,"只为着标出内心而说话,说其所不得不说",叶圣陶将此过程中的"愉悦"比喻成"艺术家制作艺术品时所感到的甘味"。

在那个美好的境界中"对谈的人",可以说"彼此'如见其肺肝然'的。一个说了这一面又一个推阐到那一面,一个说如此如此,又一个从反面证明决不如彼如彼,这见得心与心正起共鸣,合为妙响"。这对于交谈双方"是何等的愉悦!即使一个说如此,有一个说不然,一个说我意云尔,又一个殊觉未必,因为没有名誉利益等等的心思在里头作祟,所以羞愤之情是不会起的,驳诘到妙处,只觉得共同找到圣境似的,愉悦也是共同的"①。叶圣陶不厌其烦地形容那种因交谈而得到的愉悦感和舒适感。可见,他的内心是多么希望找到志同道合、无话不谈的人啊!

后来叶圣陶曾写下了《和佩弦》《采桑子——偕佩弦登望江楼》《次韵答佩弦见赠之作》《送佩弦之昆明》等许多诗词,见证了他们之间深厚的友情。在抗日战争期间,叶圣陶和朱自清合作完成了《精读指导举隅》《略读指导举隅》《国文教学》的编纂。1948年,叶圣陶邀请朱自清、吕叔湘等人编写《开明文言读本》第二册。没想到,疾病夺取了朱自清的生命,那一年,朱自清51岁。为此,叶圣陶悲痛欲绝,自责明知朱自清身体虚弱还邀请他参加新课本的编辑工作,当即写下了《佩弦的死讯》。即便这样还是不能排遣他的内心的悲痛,他后来又陆续写了《朱佩弦先生》《谈佩弦的一首诗》《佩弦周年祭》等文追念好友知音。在编辑整理和出

---

① 叶圣陶:《叶圣陶集》(第五卷),江苏教育出版社2004年版,第206~207页。

版《朱自清全集》这件事上，叶圣陶倾注了极大的心力。1974年，俞平伯信中回忆起朱自清除夕之夜作的那首新诗，叶圣陶按捺不住内心的伤感，挥笔写成《兰陵王》以悼念亡友。

1974年岁尽前四日，平伯兄惠书言："瞬将改岁发新，黎旦烛下作此书，忆及佩弦在杭第一师范所作新诗耳。"佩弦之逝已二十馀年，览此感逾邻笛，顿然念之不可遏，必欲托之于辞以志永怀，连宵眠损，勉成此阕。复与平伯兄反复商讨，屡承启发，始获定稿。伤逝之同悲，论文之深谊，于此交错，良可记也。

猛悲切。

怀往纷纭电掣。

西湖路、曾见恳招，击桨联床共曦月。

相逢屡间阔，常惜、深谈易歇。

明灯坐、杯劝互殷，君辄沉沉醉凝睫。

离愁自堪譬。

便讲舍多勤，瀛海遥涉，

鸿鱼犹与传书札。

乍八表尘坌，石流腾涌，蓉城重复罄欬接。

是何等欣悦！

凄绝。

怕言说。

记同访江楼，凭眺天末，

今生到此成永别。

念挟病修稿，拒粮题帖。

斯人先谢，世运转，未暂瞥。①

这首词写得真可谓情深意切！"高山流水，知音难觅！"

---

① 叶圣陶：《叶圣陶集》（第八卷），江苏教育出版社2004年版，第361~362页。

在浙江一师，叶圣陶依然笔耕不辍。这个时候，他还开始了童话创作，"他小说的材料是旧日的储积；童话的材料有时却是片刻的感兴"①。叶圣陶正处于创作的盛期，"文思泉涌"用在这个时候的叶圣陶身上毫不为过。比如有一天的早上他听到了工厂汽笛的声音，就立刻构思出了《稻草人》中的《大喉咙》这篇童话。

　　1922年2月，叶圣陶应北大校长蔡元培和中文系主任马裕藻的聘请，到北大担任预科讲师。3月底，他将讲义大纲和学生的作业等处理妥当后回到苏州陪待产的妻子。4月份，女儿降生，取名叶至美。或许是冥冥中命运的安排，叶至美出生的日子和叶至善一样，竟然都在4月24日。8月，叶圣陶应邀到上海神州女校执教。1923年获准半年假，9月到福州协和大学讲新文学。以上就是叶圣陶在《过去随谈》中说的教师经历。

---

① 刘增人，冯光廉：《叶圣陶研究资料》，知识产权出版社2010年版，第106页。

第三章 编辑事业:"满夸壮游今遂得"

一、商务印书馆时期

叶圣陶正式的编辑生涯可以说是从商务印书馆开始的。商务印书馆的工作让他积累了丰富的编辑经验,为他以后在开明书店的工作打下了基础。从此他与编辑结下了不解之缘。

商务印书馆初创于1897年,逐渐成为近现代中国出版业的巨擘。特别是在张元济、夏瑞芳等的辛苦经营下,商务印书馆发展成为近代中国极具影响力的出版机构。随着实力的增长,商务开展了除出版外的多种经营,比如编写教科书、工具书,翻译西方名著,出版杂志等,规模和业务不断扩张。商务当时汇聚了大批出版精英,可谓人才荟萃、名家辈出。张元济、茅盾、周建人、胡愈之、王云五、郑振铎、叶圣陶、蒋梦麟、竺可桢、黄宾虹、陈云、袁翰青、陈翰伯、陈原……这些大师巨匠都与商务关系密切。叶至善在《父亲长长的一生》中谈到当时的商务印书馆:"商务编辑部有三百来人,好几十位是出了名的大学者大教授,也有不少学历很低甚至没有学历,进了商务几乎从头学起,在实干中锻炼出来的,我知道的就有沈雁冰、杨贤江、胡愈之、章雪村、徐调孚等几位先生,他们都是我父亲的好朋友。"所以,叶圣陶曾说:"稍后创办的几家出版业如中华、世界、大东、开明,骨干大多是从商务出来的;还有许多印刷厂装订厂,情形也大多相同。可以这样说,商务为我国的出版事业,从各方面培养了大批技术力量。"①

叶圣陶进商务印书馆的时间是1923年,他在朱经农的介绍下到商务编译所的国文部工作。当时他工作的编译所在一个叫"涵芬楼"的洋楼上。他们在二楼的一间大屋子里工作,屋子中间有过道,隔扇将屋子隔成了好多间,每间一个部门。

"涵芬楼"是商务印书馆的藏书楼。1904年,张元济主持商务印书馆的编务。当时因为购置了珍籍善本,需要专门管理,于是有了"涵芬楼",取"含善本书香、知识芬芳"之意。随着出版事业的发展,商务在1924年还兴建一座五层混凝土大厦,定名为"东方图书馆",并对外开放,起到了开启民智的作用。东方图书馆藏书数量曾一度超过国立北平图书馆,俨然成为中国最大的图书馆。令人扼腕的是,1932年攻打上海的日军向商务印书馆投下六枚炸弹,并对其连日炮轰,东方图书馆连同商务印书馆的印刷厂和尚志小学化作一堆废墟。这不仅是商务印书馆之劫,更是中国文化之劫。

叶圣陶所在的国文部,每四张书桌为一组。他和沈雁冰、丁晓先等为一组,"除了编辑教科书,还编《学生国学小丛书》"②。叶圣陶每天只需上六个小时的班,比当时工人早一个小时下班,所以他经常看完一场电影才回家吃晚饭。在商务印书馆,叶圣陶主要负责编辑出版教科书。他和顾颉刚一起编了六册《新学制初中国语教科书》。《编辑大意》中提到,"本书的选辑,以具有真见解、真感情、真艺术、不违反时代精神,而又适合于学生的领受为标准。至于高深的学术文,以非初中学生能力所胜,概不加入",从中也可见他们以"学生为本位"的教育理念。此外,叶圣陶还很重视传统文学与文化,他编了系列传统文学名著,如《〈荀子〉选注》《〈札

---

① 叶圣陶:《叶圣陶集》(第十七卷),江苏教育出版社2004年版,第374页。
② 叶圣陶:《叶圣陶集》(第二十六卷),江苏教育出版社2004年版,第74页。

记〉选注》《苏新词选注》《〈传习录〉点注》《周姜词选注》等。

除了教科书的编辑外,在商务印书馆期间叶圣陶曾接替郑振铎主编《小说月报》,还主编过《妇女杂志》。这两种刊物在他主编期间得到了长足的进步和发展。

(一)接编《小说月报》

众所周知,1921年沈雁冰担任了《小说月报》的主编。沈雁冰甫一上任,就对其进行了大刀阔斧的改革,开辟了论评、研究、译丛、创作、特载、杂载等栏目。从此《小说月报》开始成为发表"为人生"的文学作品的重要阵地。除了鲁迅、郑振铎、叶圣陶、胡愈之等人的理论文章外,冰心、王统照、许地山、庐隐等人的短篇小说以及朱自清、徐玉诺、朱湘等人的新诗都曾在《小说月报》刊登。可以说,新诗、小说等栏目的开辟和"为人生"的文学作品的发表,大大推动了新文学的创作。

其实,《小说月报》于1910年8月29日就在上海创刊了。刚开始由恽铁樵、王莼农担任主编。当时刊物的撰稿人大都是鸳鸯蝴蝶派文人,主要刊登文言章回小说、旧体诗词及用文言翻译的西洋小说和剧本等。当时,趣味格调不高的游戏消遣之作正在很多刊物上大行其道。随着新文学的蓬勃发展,《小说月报》越来越受到新青年们的抨击,一些新刊物不断出现,这些因素倒逼《小说月报》不得不走改革的道路。由此,沈雁冰出任了《小说月报》的主编,才有了革新后的《小说月报》。

1923年郑振铎开始接编《小说月报》,"他基本继承了茅盾的编辑宗旨,重评论和西学译介,旨在指导新文学发展,同时有所创新","他主张以现代的眼光系统地研究中国传统文学,发掘其现代价值,为新文学的发展提供强大动力。在主张全面西化的风云变幻的20世纪20年代,郑振铎大胆提出继承传统,是需要胆识和眼光的"①。确实是这样,他在这一年的十三卷增辟的"整理国故与新文学运动"栏目,对新文学的发展产生了影响,到这时《小说月报》已经发展成为当时中国规模最大、影响最广

---

① 叶炜:《叶圣陶家族的文脉传奇——编辑学视野下的叶氏四代》,人民出版社2011年版,第77~78页。

的新文学刊物。

1927年,政局恶化,郑振铎搭乘法国邮轮出国避难。于是,叶圣陶担起了主编《小说月报》的重任。叶圣陶在《记我编〈小说月报〉》中回忆:"振铎兄是五月下旬动身的,我从商务印书馆编译所的国文部调到'《小说月报》社'大约就是那个时候。期刊的编辑者是跑在时间前头的。振铎兄动身之前已经把第六号编定了,还给以后几期准备了一部分稿子。所以从第七号起虽然由我接编,格局跟以前并没有明显的不同。"①

由于叶圣陶的作家身份,他主编《小说月报》期间,将七月号编成了《创作号》,还在六月号中对于那些他认为的"好像可观的创作"做了预告,其中有小说也有散文,比如鲁彦的《柚子》、胡也频的《牧场上》、朱自清的《荷塘月色》等。为了弥补《创作号》只有作品没有评论的缺憾,叶圣陶还亲自撰写评论,如《读〈柚子〉》《完成》《毫不》《法度》等。面对当时创作的相对冷清局面,叶圣陶还在创刊号的"编后记"《最后一页》中呼吁大家提起笔来:

颇有人这样说,生活的本身就是诗,就是艺术。现在这时代到底是个什么时代,有胡适先生同几位外国朋友各表意见,尚无定论,但总之是个不寻常的时代,当无疑义。在这个不寻常的时代生活,大概尤其是诗的艺术的吧。如果把它写下来,岂不是非常之好的东西。然而这类东西还少见。读者已经渴望好久了。因此在这里向作者们要求:提起你的笔来,写这个不寻常的时代里的生活。

到郑振铎从欧洲回到上海,继续编辑《小说月报》已经是1929年5月间了。所以大致算来,叶圣陶从1927年的十八卷第七号接编《小说月报》到1929年的二十卷第六号交给郑振铎,在两年的时间里一共编了二十四期,为《小说月报》的持续发展做出了很大的贡献。

(二)"一生的责任编辑"

翻阅那两年的《小说月报》,我们看到了许多此前没有在这个杂志上

---

① 叶圣陶:《叶圣陶集》(第十七卷),江苏教育出版社2004年版,第389页。

出现过的新作者。当然这些人的名字对于现在的我们来说都耳熟能详,比如丁玲、巴金、戴望舒等。可当时他们还属于文坛新秀。他们在《小说月报》上脱颖而出,离不开叶圣陶的慧眼识珠。日后,他们曾屡屡提起叶圣陶的提携,感谢叶圣陶帮他们走上文学的道路。对此,叶圣陶却看得很淡然,他认为,"他们的名字能在读者的心里生根,由于他们开始就认真,以后又不懈地努力,怎么能归功于我呢?我只是仔细阅读来稿,站在读者的立场上或取或舍而已。如果稿子可取,又感到有些可以弥补的不足之处,就坦率地提出来跟作者商量。这些是所有的编辑员都能做到的"①。

正是叶圣陶抱着这样一种对作者和读者都要负责任的态度,才从众多作品中发现了这些优秀之作。叶圣陶也没有忘记同事和朋友的功绩,曾专门声明:"那两年的编辑工作是徐调孚兄跟我一同做的。从一九二四年起,调孚兄就协助振铎兄编辑《小说月报》,他比我熟练得多。直到一九三一年年底《小说月报》停刊,他才离开商务印书馆,到开明书店工作,解放以后仍然干编辑这一行。他勤勤恳恳为读者服务了一辈子,我是永远忘不了的。"②

提到"茅盾",大家都知道他的原名叫沈雁冰,而且对他的小说也耳熟能详。比如"《蚀》三部曲"(《幻灭》《动摇》《追求》),以及《多收了三五斗》《霜叶红似二月花》《子夜》等。但是,在20世纪20年代末期之前,他主要的身份却是文艺理论家、翻译家,在期刊上发表的理论批评文章也都署名为"沈雁冰"。从他的第一部小说《幻灭》开始,"茅盾"这个名字才出现于文坛。而《幻灭》正是经叶圣陶的手发表在《小说月报》1927年九月号上的。那一年,国共第一次合作破裂,曾参加广州南方革命政府的沈雁冰,由于特殊身份面临通缉,不得不一路流亡,到处躲藏。由于亲身参与和目睹了大革命的勃兴与迅速失败,政治的波诡云谲,给文弱敏感的沈雁冰以极大的刺激。在这段日子里沈雁冰内心异常焦灼和苦闷,于是他开始了《幻灭》的写作。他写完前半部就给叶圣陶看,当时叶圣陶很欣赏,决定立刻发稿,刊登在9月号上,并催促他赶快写下半部。

---

① 叶圣陶:《叶圣陶集》(第十七卷),江苏教育出版社,第390页。
② 叶圣陶:《叶圣陶集》(第十七卷),江苏教育出版社,第390页。

沈雁冰在第一部分的原稿上署名"矛盾",叶圣陶知道沈雁冰起这个笔名是有深意的,可是,众所周知《百家姓》中没有"矛"姓,化名的痕迹太明显。为了避免麻烦,叶圣陶就把"矛"字改成了"茅"字,算是姓茅名盾。自此之后,"茅盾"的名字开始在文坛频频出现,甚至于有些人忽略掉了他的本名。当时,叶圣陶还专门为这部小说写了广告语,盛赞其意义:

本书为一部中篇小说。是一幅现代青年的描写。

书中主人公静女士是一位多愁善感的幽静温柔的女子。向善的焦灼与幻灭的苦闷,织成了她颠沛的生涯。她希望在恋爱中得到安慰,结果是失望。她又转而想在服务社会上得到慰藉,结果是更大的失望。

国民革命的高潮,曾卷了她去,然而她依旧回到了原路。革命时代青年的心理感应,在此书中有一个不客气的分析。全书共男女十二三,时代背景为一九二七年秋——正是中国历史上一个极不平常的时代。

叶圣陶以简练朴素而准确的话,为《幻灭》点睛。

叶圣陶对于来稿特别认真和负责,一些作品即便是当时没有名气的作者写的,只要是优秀的,就会大胆采用。丁玲初入文坛,就与叶圣陶的慧眼识珠有关。当时她的处女作《梦珂》即得到了叶圣陶的赏识和称赞,被刊登在了《小说月报》的头条。此后,丁玲的《莎菲女士的日记》,以及《暑假中》《阿毛姑娘》也都陆续刊登在了《小说月报》的醒目位置。这也大大激发了她在文学创作上的热情和自信。

丁玲多次回忆叶圣陶对她的提携和帮助,她说当初要不是叶圣陶的提携,"她可能不会走上文学这条道路"。叶圣陶后来却说:"我不同意这句话,走上文学道路是她自己的选择,也是她自己努力的结果。""可是我理解,她并无埋怨的意思,只是表明她虽经受了非同寻常的折磨,却毫不反悔,而且打算在这条路上继续走下去。"[①]我们知道,丁玲后来的一生和政治发生着种种纠葛,可谓"剪不断,理还乱"。历次政治风波给她带来

---

① 叶圣陶:《叶圣陶集》(第七卷),江苏教育出版社2004年版,第344页。

的灾难,在很大程度上源于她曾经被国民党囚禁的经历,以及她在文学作品中所体现的对个体和女性的深切关注。1986年丁玲去世了,这样一位在文坛赫赫有名的女作家经历过的挫折太多:丈夫胡也频的遇难、自己的被迫入狱、严密的政治审查,以及"延安整风""反右""文革",等等。所以当一切都成为过眼烟云、风平浪静后,同样经历过历史沧桑的叶圣陶在悼念丁玲时所说的"非同寻常的折磨",实有所指。

1979年丁玲从山西迁回北京后,她又去拜访了叶圣陶,这次劫后重逢距离上次见面已隔二十年。见到丁玲后,叶圣陶"又惊又喜",而丁玲"人当然老了,鬓边有了白发,还是热情,健谈"。对于此次造访,叶圣陶写下了一首《六幺令》赠丁玲:

启关狂喜,不记何年别。
相看旧时容态,执手无言说。
塞北山西久旅,所患唯消渴。
不须愁绝。
兔毫在握,赓续前书尚心热。
回思时越半纪,一语弥深切。
那日文字因缘,注定今生辙。
更忆钱塘午夜,共赏潮头雪。
景云投辖。
当时儿女,今亦盈颠见华发。

"当时儿女,今亦盈颠见华发"是说叶圣陶一家在上海景云里居住时,丁玲常来拜访,那时候叶圣陶的孩子都还小;而这次来时,叶圣陶的大儿子叶至善都61岁了,不免满头华发,时间的流逝、岁月的磨蚀,是多么无情。

巴金也是被叶圣陶发现的众多新星中的一颗。在旅居法国巴黎期间,巴金《灭亡》创作完成后,就将稿子寄给了国内的好友索非,并托他印几百册。叶圣陶看到稿件后当即决定从1929年1月号起在《小说月报》

上连载。叶圣陶还在第 20 卷的《内容预告》中做了这样的介绍:"这是一位青年作家的处女作,写一个蕴藏着伟大精神的少年的活动与灭亡。"①《灭亡》可以看作是巴金的成名作。

所以,后来巴金也曾表达过和丁玲类似的心情:"倘使叶圣老不曾发现我的作品,我可能不会走上文学的道路,做不了作家。"他的心声,几乎可以说是被叶圣陶扶植的新人的共同感受:"作为编辑,他发表了不少新作者的处女作,鼓励新人怀着勇气和信心进入文坛。编辑的成绩不在于发表名人的作品,而在于发现新的作家,推荐新的创作。我感激叶圣老,因为他给我指出了一条宽广的路,他始终是一位不声不响的向导。"②叶圣陶不仅只是发表青年作家的作品,而且还持续关注和帮扶他们,鼓励他们在创作道路上越走越远。巴金说过,"他不是白白地把我送进了'文坛',他以身作则,给我指出为文为人的道路,我们接触的时间不多,他也很少给我写信,但是在紧要关头,他对我非常关心,他的形象也是对我的支持和鼓励。我的文集开始发行的时候,我写了一封信感谢他"③。

"文革"结束后,巴金到北京时,就常去探望叶圣陶。当时叶圣陶的听力逐渐减退,他们的交谈虽然有困难,但他们的心情,一定是欣喜的,经历了 1949 年以后三十年间的种种历史,他们也有着许许多多共同的感慨。叶圣陶还让人为他们摄影留念,照片洗出后,将照片寄给巴金以作纪念。1984 年,90 岁高龄的叶圣陶亲自写了一首诗,对巴金托吴泰昌送花的问候表示了答谢:

巴金闻我居病房,选赠鲜花烦泰昌。
苍兰马蹄莲共橐,插瓶红妆兼素妆。
对花感深何日忘?道谢莫表中心藏。
知君五月飞扶桑,敬颂此行乐且康。
笔会群彦聚一堂,寿君八十尚南强。

---

① 叶圣陶:《叶圣陶集》(第十八卷),江苏教育出版社 2004 年版,第 25~26 页。
② 巴金:《致〈十月〉》,见《编辑杂谈》(第二集),北京出版社 1983 年版,第 212 页。
③ 巴金:《致〈十月〉》,见《编辑杂谈》(第二集),北京出版社 1983 年版,第 213 页。

归来将降京机场,迎候高轩蓬门旁。①

巴金后来跟别人谈起叶圣陶时总说:"'这是我的责任编辑啊!'我充满了自豪的感觉。我甚至觉得他不单是我的第一本小说的责任编辑,他是我一生的责任编辑。"②从这几句话中可以看出叶圣陶在巴金心目中的地位。

1978年摄于叶圣陶庭院海棠树旁,左为叶圣陶,右为巴金

除了巴金、丁玲两位外,叶圣陶主编《小说月报》期间奖掖、扶持过的新人不胜枚举。比如,戴望舒之所以能获得"雨巷诗人"的美称也离不开叶圣陶。当叶圣陶从来稿中读到戴望舒的《雨巷》时,他很欣赏,还亲自给戴望舒写了一封信,称赞这首诗"替新诗底音节开了一个新的纪元",充分肯定了诗的内容和形式在新诗发展史上的价值。另外,如施蛰存的处女作《娟子》、老舍的小说《赵子曰》、茅盾的《鲁迅论》等发表的背后,都有着叶圣陶的身影。

(三)"女子人格问题"

除了担任《小说月报》的主编外,叶圣陶还编辑过《妇女杂志》。此杂志在他主编期间也办得有声有色。

《妇女杂志》创刊于1915年,为商务印书馆四大刊物之一(其他三种分别是《小说月报》《教育杂志》《东方杂志》)。《妇女杂志》的第一位主编是王莼农,他是个典型的旧式文人。后来的主编章锡琛曾锐意革新,在《妇女杂志》上增加《新性道德号》,刊发有关性道德的文章,但这些文章中的激进观点遭到了一些批驳和反对,引发了内部矛盾,最后商务印书馆总编辑王云五为了平息风波,辞退了章锡琛。接下来的主编是杜就田,其

---

① 叶圣陶:《叶圣陶集》(第八卷),江苏教育出版社2004年版,第484页。
② 巴金:《致〈十月〉》,见《编辑杂谈》(第二集),人民文学出版社1983年版,第213页。

间的《妇女杂志》不温不火。

后来,重任落到了叶圣陶肩上。叶圣陶一方面有明确的女性观和人性观,另一方面又懂得运用改革的策略和技巧,所以《妇女杂志》在他手上有了起色。

叶圣陶早在五四时期就非常关注现代社会存在的"妇女问题"。他在1919年发表于《新潮》杂志的《女子人格问题》中就曾指出:"女子为事实所迫,自己的本能和理性渐渐退化,男子乘此机会,根据着自己的'迷信'和'自私心',把诱惑主义骗女子,把势力主义来欺女子。女子受惯了欺骗,只觉得自己地位当然如此,他人也觉她当然如此,于是专在'事实所迫'的范围里寻生活。因果循环,无有休歇,女子的人格遂丧失了。"

叶圣陶还提出了解决的方法:首先,"女子自身应知道自己是个'人',所以要把能力充分发展,做凡是'人'当做的事;又应知道'人'但服从真理,那荒谬的'名分'等伪道德,便该唾弃,破坏"。其次,"又要把社会上的经济制度从根本上改革一番"。最终,叶圣陶明确地指出,女性的解放,根本上还是一个"人"平等问题:"男女大家应该有个共同的概念:我们'人',个个是进化历程中一个队员;个个要做到独立健全的地步;个个应当享光明,高洁,自由的幸福。"①

1920年他发表于《妇女评论》的《评女子参政运动》,呼吁女子应该有独立的社会地位,有参政的权利和义务。这说明,叶圣陶始终是站在立人、启蒙的五四新文化立场上观照妇女问题的。具体到《妇女杂志》的革新,叶圣陶采取了一系列有效措施。"首先调整和扩大了作者的队伍。他邀请了一大批有进步有思想的文化人为《妇女杂志》写稿。"②比如陈望道、金仲华等就一些有关妇女的热点问题展开了讨论,活跃了氛围。叶圣陶还在《妇女杂志》上开设了《妇女和文学》专号,并注意和读者的沟通互动,开辟了读者专栏。《妇女杂志》风行一时,影响很大。

胡适说过类似的话,要看一个社会文明的程度,只需要看三个方面:一是看如何对待妇女,二是看如何对待孩子,三是看人们怎么打发闲暇时

---

① 叶圣陶:《叶圣陶集》(第五卷),江苏教育出版社2004年版,第9~10页。
② 张香还:《叶圣陶和他的世界》,上海教育出版社1995年版,第226页。

间。对妇女、儿童这些弱势人群和个体的看法,不仅能检验一个国家的文明程度,也可反映出一个人的思想和意识。叶圣陶有着很强的平民意识,历来关注社会底层那些最弱势的群体,比如妇女和儿童。他也非常关注儿童,除了在一些理论文章中(比如《文艺谈》《对改进儿童文学创作的希望》等)外,他还躬耕实践,创作了一大批的儿童文学,比如《稻草人》《古代英雄的石像》等。

商务印书馆对《小说月报》的许多不合理的规定使同人们越来越不满。1931年,叶圣陶毅然从商务印书馆辞职,到开明书店去工作了。

(四)《十三经索引》与"家庭手工业"

在商务印书馆期间,叶圣陶还做了一件惠及学界的重要工作,即编《十三经索引》。"索引"属于目录之学,作为治学门径,历来为学界所重。索引,是检寻图书资料的一种工具,即将文献中具有检索意义的事项(可以是人名、地名、词语、概念,或其他事项)按照一定方式有序编排起来,以供检索的工具书。具体说来就是将书刊中的内容或项目分类摘录,标明页数,按一定次序排列,附在一书之后,或单独编印成册,以便读者查阅。而"十三经"是传统经典,包括:《周易》《尚书》《诗经》《周礼》《仪礼》《礼记》《春秋左传》《春秋公羊传》《春秋谷梁传》《论语》《孝经》《尔雅》《孟子》。

叶圣陶在《〈十三经索引〉自序》中说:"十八年秋,幼儿至诚既三周岁,余妻墨林免于哺乳提抱之役,谋有所事,藉遣长昼,余遂定意作此《十三经索引》。以工馀自任断句,墨林与余母则剪贴编排,而铮子内姑母及吴天然女士王潆华女士亦时来相助;历一年有半而书成。寒夜一灯,指僵若失,夏炎罢扇,汗湿衣衫,顾皆为之弗倦。友人戏谓此家庭手工业也。由今追维,其味弥旨。"叶圣陶所编《十三经索引》以世界书局缩影印嘉庆阮刻本《十三经注疏》为底本,用来查考和检索十三经经文中所有文句的出处。

开始着手《十三经索引》这项庞大繁琐的工作时,叶圣陶还在商务印书馆当编辑。事务繁忙的他为何想到编这样一本书呢?叶圣陶从1923年开始到商务当编辑,在工作过程中,他发现编辑的工作大都是"采录注释",非常烦琐。虽然这种工作看起来没什么技术含量,但也并不是那么简单和容易的事儿,"第言注释,一语弗悉其源,则摊书寻检,目光驰骤于纸面,如牧人之侦亡畜,久乃得之,其矣甚愆",可见这是个极耗功夫的事。叶圣陶自小学习四书五经,但是在工作中,"寻检之劳仍未可节",极为不便。他和同仁们说到这些时,大家都有同感,认为应该有这样一类供索引查考的书,于是他立志将这种书编出来。

编《十三经索引》是个大工程,叶圣陶不得不集全家的力量整理汇编。难怪这样的编书过程被称为"家庭手工业"。虽然历来编书从不属于"手工业"的范畴,但从叶圣陶编书程序来看,确乎如此。当时他的大儿子叶至善已经十一岁半了,所以整个成书过程他都是亲历者。叶至善回忆这件事时说过,除了"断句"的工作只能由叶圣陶来做外,其他的大家都可以做了:"就是剪成条,一句一条,

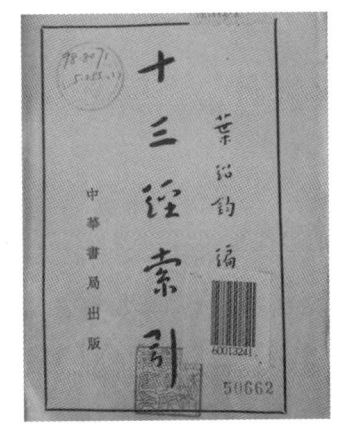

叶圣陶编《十三经索引》

转行的得用糨糊接上。剪完一篇,和简称的印章一起,用旧报纸包一包,用墨笔大字标明简称。下一步是把剪成的纸条贴在卡片上,用红印泥在纸条下面盖上简称的章。卡片上有个圆孔,都穿在一根细麻线上,最后穿上写在旧报纸上的简称,麻线两头挽在一起打个结,就再也跑不掉了。再下一步,是给各条的头一个字批上四角号码,依号码的从小到大,把所有的字条顺一遍,头一个字相同的字条,也就归在一起了;再重新按头一个字笔画从少到多,把所有的字条排列成序。……字条的次序排定了,还得挨次贴在裁成长条的旧报纸上,全张的报纸摊开了横向裁成四长条。最后一道工序又得父亲自己动手了,把贴满卡片的长条报纸装订成册,有一百来册吧;于是从头至尾,逐页逐条看一遍。字条相同的,只留第一条;其余的用墨笔涂去字条,留下后边的篇目简称;如果简称中的第一个字也相同,只留下最先见的一条,后面各条的简称第一字也涂去。"①这就是大家

---

① 叶圣陶:《叶圣陶集》(第二十六卷),江苏教育出版社2004年版,第120~122页。

劳动的整个过程,"说起来啰唆,其实也很机械;就是得聚精会神,一点马虎不得"。

这样看来,"家庭手工业"的称号名副其实。"家庭手工业"的编书方式也可以说是一个创举。编书过程是非常烦琐的,经历酷暑,又得挨过严寒,而他的家人却投入了无限的热情,齐心协力来做这件事,这不能不让人为之动容。正是在叶圣陶家人的支持和合作下,这本书才顺利地编出来。

之后,由于战乱的困扰,叶圣陶一时忘记了这本书的出版。直到1932年"一·二八"之役后,他们到原来居住的景云里才想起了《十三经索引》的原稿还落在楼上。幸运的是,景云里虽经炮火,而木箱中的《十三经索引》却完好无损。当时叶圣陶已经在开明工作,在开明同仁的劝说下将书交给了开明书店。1934年,《十三经索引》终于出版了。

二、"开明夙有风"

前面提到了叶圣陶和商务主编王云五意见的不合,所以他应章锡琛的邀请到了开明,同去开明的还有他的妻子胡墨林,这样他们又可以一起上下班,仿佛回到了他们在甪直一起早出晚归的日子。

章锡琛曾在商务担任编辑,主编过《妇女杂志》,后来他的改革措施受守旧派反对,被迫离开。1926年他在上海创办了开明书店,当时众多知名学者汇集于此,组成了一支实力雄厚的编辑队伍,包括夏丏尊、叶圣陶、顾均正、唐锡光、赵景深、丰子恺、王伯祥、徐调孚、傅彬然、宋云彬、金仲华、贾祖璋、周予同、郭绍虞、王统照、陈乃乾、周振甫等。

开明在创业之初,是一个同人团体。叶圣陶在《开明书店二十周年》里说:"开明书店是一些同志的结合体。这所谓同志,并不是信奉什么主义,在主义方面的同志,也不是参加什么党派,在党派方面的同志。只是说我们这些人在意趣上互相理解,在感情上彼此融洽,大家愿意认认真真做点儿事,不求名,不图利,却不敢忽略对于社会的贡献。是这么样的同志:这些同志都能够读些书,写些文字,又懂得些校对印刷等技术方面的事,于是相约开起书店来,于是开明书店成立了。"①开明的同事可谓志同道合,大家目的很简单,就是为了认真做事,争取对社会有所贡献,叶圣陶喜欢在这样的环境中工作。

开明书店之所以取名"开明",这表明书店同人的一种共同理想。开明书店同人认为:"在今后的我国,在今后的世界,个人必须做个全新的人。怎么叫作全新,说起来可以有很多话,但是'开明'两个字也可以包括了。开是开通,明是明白。"而相反:"侵略人家,欺侮人家,妨碍人家的自由,剥夺人家的幸福,就是不开通,不明白。这样的人无论如何要不得,由他治理一地的事,便是一地的祸患,由他治理一国的事,便是一国的甚至世界的灾难。协和人家,帮助人家,尊重人家的自由,顾全人家的幸福,就是开通,明白。这样的人遍于一地,便是一地的康乐,遍于一国,便是一国的荣华:现在人们自己勉励的,就是做这样的人——开明的人。"②

可以看出,他们不是要把书店仅仅办成一个商业的赚钱的公司,而是要办成一个实践启蒙、立人的新文化阵地。

开明书店刚创办时,和当时实力雄厚的商务、中华等大牌出版社的实力相差很远,要想与后者同台竞争,开明得办得有特色才行,所以有针对性地出版刊物或书籍,以减小书店的资本压力。叶圣陶说到过当时开明书店的做法和服务群体(主要服务对象是中等教育程度的学生):"书店有各种各样的做法。兼收并蓄,无所不包,是一种做法。规定范围,不出限度,是一种做法。漫无标的,唯利是图,又是一种做法。我们以为前一种需要大力量,不但财力要大,知力也要大,我们担当不了。后一种呢,与我们的意趣不相容,当然不取。与我们相宜的只有中间一种,就是规定范围的做法。我们把我们的读者群规定为中等教育程度的青年,出版一些书刊,绝大部分是存心奉献给他们的。这与我们的学识修养和教育见解都有关系。"③开明书店主要围绕着中学生,为他们编写课本、出版刊物。

首先是教科书的编纂。叶圣陶参与编纂的教科书有《开明古文选类

---

① 叶圣陶:《叶圣陶集》(第六卷),江苏教育出版社2004年版,第228页。
② 叶圣陶:《叶圣陶集》(第十八卷),江苏教育出版社2004年版,第159页。
③ 叶圣陶:《叶圣陶集》(第六卷),江苏教育出版社2004年版,第228页。

编》《开明国语课本》《开明新编国文课本》《开明新编高级国文读本》《国文八百课》《开明文言读本》《大学国文》等。这些课本讲究人文性和科学性,针对学生在不同年龄阶段的心理特点和接受能力选取课文,发挥课文的启蒙教育作用。

为了培养学生听、说、读、写的能力,提高学生们的国文水平,他们出版了一些课外读物和辅导类读物,比如叶圣陶和夏丏尊合著的《文心》《阅读与写作》《文章讲话》,以及叶圣陶编的《文章例话》等。

其中,《文心》最有特点。《文心》是用故事体裁写的,故事的时间是1931年初秋到1934年夏天,取材于初中学生的生活,写到的几个学生出身于职员家庭和教员家庭。因为阅读与写作的方法和目的是通过讲故事的形式体现出来,所以很容易被读者所接受。陈望道和朱自清分别为这本书作序,大加赞赏,认为"这是一部空前的书"。

《文心》最早由开明书店于1934年出版,此书出版后大受欢迎,多次再版。这部书主要针对当时语文教学中的种种问题提出解决方法。夏丏尊和叶圣陶都当过国文教师,所以对当时语文教学中存在的问题有切身了解。当时语文教学中存在着教学目的不明确、教学方法机械呆板,学生不能将所学的知识和现实生活联系起来,理论和实践相分离,教学只注重理论方法的灌输而忽略了训练等的问题。《文心》的编写为解决教学中的这些弊病提供了出路和方法。

陈望道说:"通体把关于国文的抽象的知识和青年日常可以遇到的具体的事情熔成了一片。写得又生动,又周到,又深入浅出。"[①]朱自清评价:"书中将读法与作法打成一片,而又能近取譬,切实易行。不但指点方法,并且着重训练;徒法不能自行,没有训练,怎么好的方法也是白说。书中将教学也打成一片,师生亲切的合作才可达到教学的目的。……再则本书是一篇故事,故事的穿插,一些不缺少;自然比那些论文式纲举目张的著作容易教人记住——换句话说,收效自然大些。"[②]他们的这些说法并不是好友之间的恭维,而是实事求是的评说。在当时的国文教育中,还

---

① 叶圣陶等:《文心》,中国青年出版社1983年版,序言第1页。
② 叶圣陶等:《文心》,中国青年出版社1983年版,序言第3~4页。

没有哪一部书的形式和内容结合得如此完美。夏丏尊和叶圣陶是在充分考虑到读者（学生）心理和生理特点的基础上，为着最大限度地发挥此工具书的作用来整理和编写的，凝聚着他们的心血。这种颇具独创性的写法，受到普遍欢迎，影响很大，也造成了一时的风气。比如20世纪40年代田仲济先生曾出版过《新型文艺教程》，其写法风格与《文心》颇有一脉相承的关系。

除了出版教科书和课外辅导书外，开明还创办期刊杂志，比如《开明少年》《中学生》等。尤其是《中学生》的创办在当时引起了巨大的关注。

《中学生》杂志创刊于1930年1月1日，夏丏尊担任主编。当时的中学生数量很多，但是除学校以外，还没有专门的杂志来关注他们的需求、他们的发展状况和未来前途。为此，开明书店创办了《中学生》杂志。《〈中学生〉发刊词》表达了要办这份杂志的初衷："替中学生诸君补校课的不足；供给多方的趣味与知识；指导前途；解答疑问；且作便利的发表机关。"①为了勉励学生，《中学生》还先后设立了"中学生劝学奖学金"制度、"中学生劝学贷金"制度。前者奖励那些优异的学子，后者帮助那些无力支持学业的学生。开明同人把编杂志当成教化、育人工作的重要方式。所以，叶圣陶曾明确说："我们做的工作就是老师们的工作。我们跟老师一样，待人接物都得以身作则，我们要诚恳地以平等的态度对待我们的读者，给他们必要的条件，让他们成长为有益于社会的人。"②多么朴实、多么诚挚的话。十年树木，百年树人。当我们感慨时下中小学教育的诸多问题时，我们不能不回溯历史，向这批开明同人致敬。

《中学生》杂志后来由叶圣陶主编。为了不辜负学生读者对杂志的期望，叶圣陶时时勉励自己"力谋精进"。到1932年，在充实原有栏目（"问题讨论会""文艺竞赛会""美术竞赛会"）的基础上，增添了栏目"卷头言""各科书籍介绍""气象月话""读者通信"等。其中"卷头言"的设立很有特色。"卷头言"就是写在每期前面的短篇评论，力求做到文字精炼，大概千字光景，"每期刊三四篇"，主要是"谈论学术上，思想上，生活

---

① 商金林：《叶圣陶年谱长编》（第一卷），人民教育出版社2004年版，第422页。
② 叶圣陶：《叶圣陶集》（第十七卷），江苏教育出版社2004年版，第401页。

上的种种问题；这里不预备有独断的教训，只处于读者的密友的地位，恳切地说一些衷肠话"①。这些栏目的添加大大丰富了《中学生》的内容。

1937抗日战争爆发，《中学生》被迫停刊。叶圣陶一直有复刊《中学生》的念头，但他的计划却屡屡被战乱打断。在战乱中叶圣陶和一家人过着流亡生活。后来到了四川暂居住在乐山，叶圣陶对当年的愿望仍然念兹在兹。当时许多的文化出版界人士都汇聚到了桂林，开明故人都有重新办起《中学生》的愿望，于是大家积极商量并行动起来。1939年，《中学生》战时半月刊终于在桂林复刊了，刊物仍然以开明的名义出刊。因为战争期间时局动荡，所以改为了"半月刊"。大家一致同意叶圣陶担任社长，远在乐山的叶圣陶欣然同意了主持《中学生》的事务。至此，他终于能够继续实践自己的育人理念了。

从开明书店创办开始，这群志同道合的文化人，齐心协力，脚踏实地，形成了一种清新的"开明风"。开明书店成立二十周年时，叶圣陶赋诗《题开明二十周年纪念碑》，对"开明人"和"开明风"做了阐发：

> 书林张一军，及今二十岁。
> 欣兹初度辰，镂金联同辈。
> 开明夙有风，思不出其位。
> 朴实而无华，求进弗欲锐。
> 唯愿文教敷，遑顾心力瘁。
> 此风永发扬，厥绩宜炳蔚。
> 以是交勉焉，各致功一篑。
> 堂堂开明人，俯仰两无愧。

诗基调昂扬，有着以出版为志业的信心与执着。"朴实而无华，求进弗欲锐""堂堂开明人，俯仰两无愧"，道出了"开明风"的开明同人的心愿。大家共同签名，将这首诗刻铸在了铜碑之上。

---

① 商金林：《叶圣陶年谱长编》（第一卷），人民教育出版社2004年版，第452页。

1946年,叶圣陶还为开明书店写了一部社歌,名字就叫《开明风》①:

开明风,
开明风,
好处在稳重,
所惜太从容;
处常绰有馀,
应变有时穷。
我们要互助,合作,加强阵容,
敏捷,活泼,增进事功。
开明风,开明风,
我们要创造新的开明风。

这首《明社社歌》通俗易懂,其中,"所惜太从容""应变有时穷"是对"开明风"不足之处的反思,"好处在稳重""处常绰有馀"则看到了"开明风"值得发扬的地方。

叶圣陶在《值得干下去的事业》中认为,"好处在稳重"是开明得到大家认可的关键。他评价说,开明同人认认真真地处理一切事务,认认真真地编印各种书籍;固然不忽略营业,尤其不忽略书业与文化的关系,服务上编辑上都特别着眼在文化:这就是我们的稳重之点。由此可见,稳重与进取,作为开明的两翼,通过"认认真真"的态度体现。"认真"的态度可以说是"开明风"的灵魂,在此精神内核的支撑下,才能将一切事务处理好。其实,"认真"不仅是开明成功的原因,而且是一切事情成功的关键。

"认认真真",是一种工作态度,也是做人的态度,为文的态度,更是一种诚笃敦厚、富于建设性的文化取向。刘岚山说:"开明书店同人所以能够这样不外两点:一即参加开明书店工作人员,大都以开明书店的事业为个人终身事业。"②笔者以为最为关键的是他们的人格底色和行事方式

---

① 叶圣陶:《叶圣陶集》(第八卷),江苏教育出版社2004年版,第115页。
② 刘增人、冯光廉:《叶圣陶研究资料》,北京十月文艺出版社1988年版,第149页。

本来如此,他们的认真态度其实是他们的本色使然,而且开明书店的氛围也正契合了他们内在的质素,所以开明才能逐渐成为出版界的佼佼者。

  1946年在开明书店创立二十周年纪念会上,叶圣陶代表开明同人做答谢词,重申了"开明风",并对"开明风"做了系统总结。叶圣陶在会上说:"讲到开明同人的作风,有四句话可做代表:是'有所爱',爱真理,爱一切公认为正当的道理。反过来是'有所恨',因为无恨则爱不坚,恨的是反真理。再则是'有所为,有所不为',合乎真理的才做,反乎真理的就不做。"①1986年在开明书店创办六十周年纪念会上,叶圣陶再一次提及"有所为,有所不为":"有所为,就是出书出刊物,一定要考虑如何有益于读者;有所不为,明知对读者没有好处甚至有害的东西,我们一定不出。这样做,现在叫做考虑到社会效益。我们决不为了追求经济效益而不顾社会效益,我们决不肯辜负读者。"②

  其实"有所为,有所不为"不仅仅是"开明风"的重要特质,而且也是叶圣陶为人处世的准则。叶圣陶在1943年五十岁寿辰时写了《答复朋友们》,用来答谢朋友们对他的祝福,其中说道:"一个人本当深入生活的底里,懂得好恶,辨得是非,坚持有所为有所不为,实践如何尽职如何尽伦,不然就是白活一场;对于这一层,我现在似乎认识得更明白,愿意在往后的小半截路上加紧补习,补习有没有成效,看我的努力如何。"叶圣陶一生都在践行这个原则,坚持"有所为有所不为"的立场。乱世之中,有此坚守,确乎更不容易。

---

① 叶圣陶:《叶圣陶集》(第六卷),江苏教育出版社2004年版,第251页。
② 叶圣陶:《叶圣陶集》(第十七卷),江苏教育出版社2004年版,第401页。

第四章 "犹记春风初见日,入时装束最清华"

◎

一、中了头彩

人生在世,除了事业、工作之外,还有家庭和个人生活。让我们将镜头再转到叶圣陶的婚姻生活。前面多次提到,王伯祥是叶圣陶"几如兄弟"的好友,其实王伯祥还是叶圣陶的媒人。叶圣陶曾这样回忆:

伯翁于余又有极关重要一事,余与墨林为婚实缘伯翁。一九一一年顷,伯翁识计硕民先生,常共茗叙,余偶亦同坐。硕民先生归,与其岳母及妻姊胡铮子夫人道及余,谓宜可与其内侄女墨林议婚。家庭间询谋佥同,铮子夫人深爱其侄女,尤表赞可,遂请伯翁来访我父,进媒妁之言,我父允之。议既定,双方交换庚帖及像片,皆由伯翁转送。一九一六年夏结婚之日,余与墨林始觌面焉。苟余不因伯翁识硕民先生,自必议婚他家,于是余之婚后生活及所生子女将全异,而余此时亦未必如此时之余,然则其关系岂非重要也欤。(《〈甪直闲吟图〉题记》)

这段话简略交代了叶圣陶和胡墨林相识的渊源。1912年正月,王伯祥、顾颉刚和叶圣陶去吃他们的朋友的喜酒,顾颉刚作了副长联,叶圣陶填了首《贺新郎》,然后两人"去裱糊店挑了装裱现成的一个立轴一副对联",顾颉刚用楷书写上叶圣陶作的词,叶圣陶则用小篆写上顾颉刚集的长联,亲自送到了新人的府上。因为胡墨林的二姑母看到了墙上的立轴和对联,得知叶圣陶还没有婚配,所以决定两家议亲。

1912年订婚时的胡墨林

胡墨林,字翰仙,浙江杭州人。祖上是开古玩店的,在太平军时期生意很发达。到胡墨林祖父的时候,他不想让后辈再干这种营生,过世前就把古董店交给徒弟经营,让胡墨林的父亲走仕途。可是她的父亲不爱读书,经常和一些酒肉朋友胡混。胡墨林的母亲生下她

1916年8月12日叶圣陶与胡墨林喜结良缘

后就过世了。父亲续了弦,这位后母脾气又不好。于是,思想开明、受过新式教育的二姑母就将小墨林带走,自己抚养。后来姑母让胡墨林念了师范。毕业后,胡墨林和姑母一起到了苏州。

1916年8月12日,叶圣陶和胡墨林结了婚。

1949年之前,战争频仍,不断迁徙流亡是叶圣陶一家人的常态。苏州、杭州、上海、重庆、乐山、成都、武汉等多个地方都留下过他们的足迹,他们在流亡逃难的过程中吃的苦头可想而知。尽管日子过得很艰苦,但胡墨林从来没有抱怨过,一直在背后默默地支持着叶圣陶,努力维持着这个家。叶至诚在《追念母亲》中回忆了当时生活的情景,特别提到母亲为家庭的操劳:

我们在重庆那时候,家里没有"锅台",用一只烧煤球的小炉子,无非改成"成天围着炉子转"罢了。从一早生煤炉、烧开水、煮粥开始,到夜来做好晚饭、烧好洗脚水、熄火结束,每天在炉子周围,必定有几番忙碌,心急手快的母亲始终担任着主角。

1938年秋,叶圣陶接受武汉大学的邀请去教基本国文,他们一家人迁居到了乐山。战乱年代,他们日子过得很拮据,胡墨林操持家务之余,还和满子(叶至善的妻子)一起织毛线衣赚钱贴补家用。抗战期间,有一张叶圣陶和胡墨林的双人照片是在成都新西门外罗家碾由友人照的。照片中,两个人都面容憔悴,颧骨突出,比他们的实际年龄苍老许多。这张照片真实记录下了他们生活境遇的窘迫。

胡墨林非常关注孩子们的成长和学习。当孩子们跟父亲学写作时,她还自告奋勇为他们誊写稿件。在家庭中她任劳任怨地照顾孩子和老人,辛苦地操持着这个家。即便在艰苦的日子里,有亲朋好友远道而来时,她一定是最忙碌的一个,热情地款待那些来客。逢到过年过节,又会做许多美味可口的菜肴来。其实,受过新式教育的胡墨林很有专长和才华。1942年到1949年她在开明书店工作。新中国成立后,任职于人民文学出版社的她,"对待工作,细心负责,绝不马虎;和同事相处,又热忱待人,关系极好"[①]。

家是温暖的港湾。对于叶家来说,这个港湾的领航员就是胡墨林。

二、有点"落伍"的婚姻观

叶圣陶屡屡说自己的婚姻是"打彩票"式的,但幸运的是他中了头彩。在《过去随谈》中,叶圣陶写道:

我与妻结婚是由人家作媒的,结婚以前没有会过面,也不曾通过信。

---

① 叶至诚:《至诚六种》,人民文学出版社2010年版,第323页。

结婚以后两情颇投和，那时大家当教员，分散在两地，一来一往的信在半途中碰头，写信等信成为盘踞心窝的两件大事。但现在十四年了，依然很爱好。对方怎样的好是彼此都说不出的，只觉得很合适，更合适的情形不能想象，如是而已。

这样打彩票式的婚姻当然很危险的，我与妻能够爱好也只是偶然；迷信一点儿说，全凭西湖白云庵那位月下老人。但是我得到一种便宜，不曾为求偶而眠思梦想，神魂颠倒；不曾沉溺于恋爱里头，备尝酸甜苦辣各种滋味。图得这种便宜而去冒打彩票式的结婚的险，值得不值得固然难断言；至少，青春期的许多心力和时间是挪移了过来，可以对付别的事了。

叶圣陶认为自己中了"头彩"，刚好两人情投意合，省去了恋爱的时间和精力，这种婚姻的结合，确实没有少男少女们想象的那样浪漫。冷静与理智的叶圣陶，似乎对于"恋爱至上主义"持保留态度。接下来他又说：

现在一般人不愿冒打彩票式的结婚的险是显然的，先恋爱后结婚成为普遍的信念。我不菲薄这种信念，它的流行也有所谓的"必然"。我只想说那些恋爱至上主义者，他们得意时谈心，写信，作诗，看电影，游名胜，失意时伤心，流泪，作诗（充满了惊叹号），说人间最不幸的只有他们，甚至想投黄浦江；像这样把整个生命交给恋爱，未免可议。这种恋爱只配资本家的公子"名门"的小姐去玩的。他们享用的是他们的父亲祖先剥削得来的钱，他们在社会上的地位在未入母腹时早就安排停当，他们看世界非常太平，没有一点儿问题；闲暇到这样地步却也有点儿难受，他们于是就恋爱这个题目，弄出一些悲欢哀乐来，总算在他们空白的生活录上写下了几行。如果不是闲暇到这样的青年男女也想学步，那惟有障碍自己的进路，减损自己的力量而已。

人类不灭，恋爱也永存。但是恋爱各色各样。像公子小姐们玩的恋爱，让它"没落"吧！

叶圣陶持此观念,在一定程度上,与他早年的家庭影响不能不说毫无关系。在《儿子的订婚》中,他又说:

> 交际是广交甲、乙、丙、丁乃至庚、辛、壬、癸,这不过是朋友的相与。恋爱是一枝内发的箭,什么时候射出去是不自知的。一朝射出去而对方接受了,方才谈得到结婚。这种说法颇为一部分青年男女所喜爱。但是,我国知识男女共同做一种事业的很少,所谓交际,差不多只限于饮食游戏那些事……谨愿的人因而往往向隅,而浮滑的人才是交际场中的骄子。我们曾经看见许多青年男女瞩望着交际场,苦于无由投身进去,而青春已渐渐地离开他们,他们于是忧伤,颓丧,歇斯底里。这是很痛苦的。再说一部分青年心目中的恋爱境界,差不多是一幅美丽而朦胧的图画。那是诗词和小说教给他们的,此外电影也是有力的启示。这美丽而朦胧的图画实在只是瞬间的感觉,如果憧憬着这个,认为终极的目的,那么恋爱成功以后,一转眼就将惊诧于完全不是那么一回事,这时候是很无聊的。

叶圣陶的婚恋观,应该放在那个时代背景中去看。他的这种观念与其"为人生"的文艺观念密切相关。叶圣陶出身普通平民家庭,在这种家庭中形成了一种平民心态,无论对文艺,还是人生,都不会陷入那种纯粹浪漫主义的幻想中。

三、生命不能承受之"痛"

1957年,胡墨林身患癌症医治无效而过早离开了人世。这对叶圣陶无疑是一个致命的打击。那一天,他在日记中写道:"1957年3月2日,永不忘此悲痛之日。"胡墨林去世的当晚,叶圣陶满怀悲痛写下一首《扬州慢》,"略叙偕墨同游踪迹",诗成,伤怀不已:

> 山翠联肩,湖光并影,游踪初印杭州。怅江声岸火,记惜别通州。惯来去、淞波卅六,篷窗双倚,甪里苏州。蓦胡尘扶纷扑,西趋廑寄渝州。

丹崖碧巘,共登临、差喜嘉州。又买棹还乡,歇风宿雨,东出夔州。乐赞旧邦新命,图南复北道青州。坐南山冬旭,终缘仍在杭州。

这首词前三句写的是婚后两人同游杭州的经历,杭州是胡墨林的家乡,他们还去了白云庵右手边的月下老人祠,求了张签,签条上写的是"维熊维罴,男子之祥",果然第二年胡墨林生下了叶至善。后两句是说叶圣陶送胡墨林到南通,因其在南通教书,假期才能回苏州。又写他们来往于苏州和甪直之间的日子。"蓇胡尘扶老西征,廛寄渝州"到"又买棹回乡,歇风宿雨,东出夔州",写了他们在重庆、嘉州的日子,以及从夔州乘坐木船回上海的经历。后面两句则是写1949年初,叶圣陶和妻子离开上海转道香港和好友一起北上商议建国事宜的经历。最后两句则是1954年他们的杭州之行,这也是最后一次一起出游,"终缘"果然"仍在杭州"。

过了两天,叶圣陶难抑痛苦,写下一首《墨亡》:

同命四十载,此别乃无期。
永劫君孤往,馀年我独支。
出门唯怅怅,入室故迟迟。
历历良非梦,犹希梦醒时。

3月18日,叶圣陶填了《鹧鸪天》一词:

暝色无端侵小斋,是耶非耶起徘徊。迟归行附三轮至,暂别将驰一简回。

徒设想,更伤怀。往时相候候终来。如今已作西山士,暮暮朝朝有独哀。

在北京西山福田公墓,有一块墓碑,上面刻着叶圣陶用篆体写就的"吾妻胡墨林墓"几个字。碑文是正楷书五绝:"人情实太好,与我大有缘;一切皆可舍,人情良难捐。"真实地写出了胡墨林的为人,也写出了叶圣陶对她最深沉的爱。后面小字附记的是："墨以一九五七年三月二日谢世，先十日为余说此意。呜呼！心系人间，骨归泉壤。用铭其墓，来者鉴之。"

命运就是这样无情，日子刚安定下来不久，胡墨林就撒手人寰，留给叶圣陶老人的，是无法言说的痛。以后每年到了胡墨林忌日这一天，叶圣陶总会在日记中记下："墨逝世若干年矣。"1987 年末，他最后一次生病住院前，还特地关照他的孩子们，到了"母亲的忌日，你们无论哪一个去坟上看看吧……我就不去了"。此情此景，怎会不让人感伤。1973 年，叶圣陶梦中竟梦到胡墨林好久没写信给他了，醒后觉得怅然若失，赋《从未》一首：

从未寄书回，梦中常疑猜：
何因竟决绝，弃我如遗迹？
而我亦太痴，胡为不先施？
邮址何从写？电话何号码？
念此怅百端，醒时始恍然：
原来是永别，万古阻消息。

第五章 「光明的曙色与世界接吻」

◎

一、文学研究会的一员

1921年,文学研究会在北京中央公园正式成立,发起人有周作人、耿济之、郑振铎、王统照、沈雁冰、蒋百里、叶圣陶、郭绍虞、孙伏园、许地山、瞿世英、朱希祖等十二人。这是新文学史上的一件大事,一个影响深远的新文学团体从此诞生了。

叶圣陶名列十二个发起人之一。他在1982年的《〈王统照文集〉跋》中说:"一九二一年初文学研究会成立,十二位发起人中有我,其他十一位中,我只认识郭绍虞,是幼年的熟朋友……是振铎写信来邀我作发起人的,其时才通过两三回信,没见过面。"郑振铎因为在《新潮》月刊上看到了叶圣陶的小说才与他结识,并开始书信往来。叶圣陶说过:"文学研究会的成立,可以说主要是振铎兄的功绩。我参加文学研究会,为发起人之一,完全是受他的鼓动,好几位其他成员也跟我相同。有时候我曾经这样想,如果没有振铎兄这样一个核心人物,这一批只会动笔而不善处事的青年中年人,未必能结合成这个文学团体。"①确实,郑振铎在文学研究会的成立中发挥了巨大作用。比如,沈雁冰革新的《小说月报》,郑振铎就投入了相当大的心血,革新号在创作部分推出的七个短篇就是他组的稿。

说到这儿,不得不提到一张1921年3月摄于上海半淞园的照片。照片上四个人,坐着的两位分别是郑振铎和沈雁冰,站在左边的是沈泽民,站在右边的是叶圣陶。叶圣陶穿着长袍短褂,反背着双手,面带微笑,一派儒雅气质。这张照片是从何

同游半淞园

而来的呢?1921年沈雁冰邀请叶圣陶到上海和他见面,共商文学研究会的工作。叶圣陶从角直出发,到沈雁冰在上海的鸿兴坊寓所访问。这次会面,沈给叶圣陶的"第一个印象就是他的精密和广博"②。在他家里叶圣陶还结识了沈泽民,"一位强毅英挺的青年"③。当时,正赶上郑振铎从京来沪,于是他们四个人一同游览了半淞园,留下了这张珍贵的照片。

叶圣陶在《略谈雁冰兄的文学工作中》还提到了沈雁冰的"精密和广博",他还说过沈雁冰"写《子夜》是兼具文艺家写作品与科学家写论文的精神的。近来他写《霜叶红似二月花》与《走上岗位》,想来仍然这样"。此后"兼具文艺家写作品与科学家写论文的精神"似乎成为茅盾的定评。

沈雁冰去世后,叶圣陶写了《赋别四绝挽雁冰兄》:

联席涵芬楼上日,不辞而别省何之。
广州武汉无书至,正是风雷迅猛时。
悄然送别浦江滨,且寄扶桑小隐身。

---

① 叶圣陶:《叶圣陶集》(第七卷),江苏教育出版社2004年版,第293~294页。
② 叶圣陶:《叶圣陶集》(第六卷),江苏教育出版社1989年版,第140页。
③ 叶圣陶:《叶圣陶集》(第六卷),江苏教育出版社1989年版,第140页。

刊稿传书宁老母,两家亲若一家人。
应邀初作赤都游,饯别深宵醉未休。
最喜获尝先睹快,见闻录稿校从头。
几回暂别重相见,今日何堪永别悲?
往事如尘难悉忆,但言赋别寄哀思。

这首诗歌将他们之间交往的日子和经历一一写了下来,"联席涵芬楼上日"即指他们在商务印书馆国文部共事的那段日子。"且寄扶桑小隐身"就是在沈雁冰被国民党通缉期间,隐居在上海景云里的日子。虽然叶圣陶并不是和每一位文学研究会成员都熟识,但他们一心为新文艺的发展壮大而努力的方向是一致的。

二、"着眼于人生,托命于文艺"

1921年3月5日到6月5日,叶圣陶陆续在孙伏园任编辑的《晨报副刊》上连载有关文艺问题的文章四十则。《晨报副刊》为"五四"时期著名的"四大副刊"之一,前身为北京《晨钟报》和《晨报》第7版,最初由研究系的汤化龙、梁启超创办。后来李大钊曾任编辑主任。在李大钊的倡导下副刊主要宣传马克思主义思想,介绍俄国革命。自1921年孙伏园接手主编后,《晨报副刊》改变了李大钊那种宣传和激进的风格,在启蒙的立场的基础上,以文艺为主体,以趣味为格调。鲁迅、周作人、郁达夫、王统照、林语堂、徐志摩、冰心等作家都在这个刊物上发表文章,一时风行,影响甚大,促进了新文学的繁荣和发展。

叶圣陶也是受孙伏园之约而为该刊撰稿的。叶至善回忆过叶圣陶写作《文艺谈》的情况:"他约我父亲每天供他千把字的一段稿子,采取杂感的形式,阐发'文学是人生的表现和批评'的主张,兼及作品的功能和创作的要素;尽可能想到哪里就写到哪里,别拘谨。如此约稿算得宽松了,千把字也不算多,只须第二天上午小火轮起锚之前付邮。父亲白天得上课,吃过晚饭才能动笔,夜工常常赶到十二点过后。"叶圣陶的妻子胡墨林担心他身体吃不消,可是没想到倒是她自己担心出一场病来,叶圣陶1921年3月写的《小病》就是改编此事而来:"伊"在病中还担心"我"太过劳累,不让"我"去"改小说","伊"在不清醒的状态时说:"你苦极了,这么深夜,还手不停地写。"这正是叶圣陶长久以来勤奋写作的状态。

他在这四十则《文艺谈》中提出了诸多有关文学方面的见解,到现在看来依然有价值。他从"文学为人生"立场出发,论说了他的文艺观点。他认为"文艺的目的在表现人生,所以凡是对人生有所感触着而且深切地触着的,都可以为创作文艺品的材料",对于保留这些"美妙的思想言语","文艺家有不可推诿的责任"。他进一步指出剪裁的重要:"所谓保留,不是照样记录,像照相法保留物像的意思",而"要取一个完善的方式保留下来,才可以一毫不减损它的效力"。文艺家应"将所得的材料加以剪裁、增损、修饰种种功夫,所谓艺术的制炼,使那些里面含有自己的灵魂,一面却仍不失原来的精神。那些材料这么一来,已固定在一个最完善的方式里,加入了普遍和永久的性质,在文艺界里就有了位置了"。

叶圣陶特别强调文学创作的立场的重要性。他说文艺家"决不是一切的忠仆和书记官,他也不是冷淡的傀儡似的一个能作文的人,只随意记些所见所闻以为消遣","文艺家有他的修养,所以有他的世界观和人生观,有他的'自我'","文艺家之能事在以'自我'为中心而役使一切。一切供我以材料,引我之感兴"。他认为文艺家的从事创作是"无所为而为"的,并不是要供人欣赏,但他同时又指出,"若欲说他有所为,本来也可以,但他所为的是最深广的人生"。对于文艺的态度,叶圣陶认为,文艺家应当有"高雅宏大的襟怀",只知"着眼于人生,托命于文艺,不知其他"。基于此,叶圣陶尖锐地批评了当时文艺创作存在的一些不良倾向,一些人"希望于小说的,只在一个有趣的故事而已。无论其思想如何悖谬,描写如何不自然,他们都不以为意,或者竟看不出,以为我们和它本是悬隔的,我们只求它有趣,有趣了,我们就满足了。所以配这部分人的胃口的只有玩物的作品"。这些人对于诗的态度更是一个错误,他们认为"诗是含有隐遁、愁叹等消极性质的",所以"他们自己不如意,怨抑,又是怯懦,无可奈何,借着合于他们眼光的诗吟咏一回,便算借酒浇愁的妙计"。叶圣陶不希望这部分人从此这样下去,"祈祷他们慢慢地练习起来,修养起来"。

《文艺谈》中,叶圣陶还对"儿童文学"的问题有深入思考。叶圣陶有丰富的从教经验,对于儿童的心理和需求比较了解,当看到时下课本中所选的作品大都是些"古典主义的,传道统的,或是山林隐逸、叹老嗟贫的文艺品",叶圣陶热烈呼吁"为最可爱的后来者想,为将来的世界着想,赶紧创作适于儿童的文艺品"。为此他提出了两个关键问题:"应当将眼光放远一程;对准儿童内发的感情而为之响应,使益丰富而纯美。"叶圣陶认为如果要培养儿童良好的习惯,"最重要的是顺应他们的心情,在起居饮食嬉游说笑各方面造成良好的环境,使他们潜移默化",他认为"最不该的是采取消极的办法加以阻止",所以"真的儿童文艺决不该含有神怪和教训的质素",取而代之的应当是"感情"。"教训对于儿童,冷酷而疏远;感情对于儿童,却有共鸣似的作用。所以谆谆告语不如使之自化。"由此,文艺家需要做的是体察儿童的特质,并加以"艺术的制炼",这样写成的作品才能"深入儿童的心"。

叶圣陶更强调作家的自身修养:"'诚'这个字是无论什么事业的必具条件。"文艺作品的好坏在很大程度上取决于作者态度的"真诚"与否,所以说"要创造我们希望的真文艺品,没有范本可临,没有捷径可走,唯一的办法乃在自己的修养,磨炼到一个'诚'字"。"我们应以全生命浸渍在文艺里,我们应以浓厚的感情倾注于文艺所欲表现的人生。"因为"每一篇作品无不呈露作者之态度,或是真诚,或是玩戏,或是恳挚,或是冷薄——自己显明,望而可知","文艺决不是供人家消遣的东西,你要供人消遣,便是你对于文艺态度不真诚的表示,便是你的人生观尚未能与地平线相齐,你的作品就要不得"。

叶圣陶在这四十则《文艺谈》中谈论了文艺诸多方面的问题,涉及广泛,切中时弊。除了内容方面的丰富和驳杂外,作者的语言也体现出平易质朴的特点,并不像一般文学理论那样艰深晦涩。叶圣陶做到了论说通俗易懂,例证也取日常生活中人们所熟识的材料,"动之以情,晓之以理",在其耐心的解说下,文艺理论的问题也就水落石出了。叶圣陶的这四十则《文艺谈》,虽然没有形成一个完整的体系,但其中提到的诸多问题为现代文学批评的发展也产生了积极影响。

三、创办第一本新诗刊物《诗》

五四新文学运动之初,白话新诗可以说是最先体现新文学的理论主张,并在创作上取得实绩的。白话新诗开始在文坛形成气候,胡适首开风气,郭沫若继之总其大成,独树一帜。胡适的《尝试集》、郭沫若的《女神》可谓当时新诗的典范之作。康白情、刘半农、周作人、沈尹默、俞平伯等人都尝试过新诗的创作,俞平伯和康白情还分别出版了《冬夜》和《草儿》。新诗在喧哗和争议中成长着。当时虽然许多人热切地尝试着白话新诗,但并没有一个刊载新诗的专门刊物,这些诗大都零散地发表在《新潮》《文学旬刊》《小说月报》《晨报副刊》《时事新报·学灯》等刊物上。

1922年1月15日,叶圣陶与刘延陵、朱自清、俞平伯一起创办了月刊《诗》,专门发表白话新诗。无疑,这是新诗史上浓墨重彩的一笔,值得大书特书。《诗》的出现,其意义首先在于中国文学史上第一本新诗刊物诞生了。1921年10月,叶圣陶和刘延陵、朱自清等人就开始筹划创办《诗》了。他们还在《时事新报·学灯》发表了《〈诗〉的出版的预告(一)》,以欢快、热情的语言诗意地呼唤《诗》的诞生:

旧诗的骸骨已被人扛着向张着口的坟墓去了,
产生了三年的新诗还未曾能向人说话呢。
但是有指导人们的潜力的,谁能如这个可爱的婴儿呀?
奉着安慰人生的使命的,谁又能如这个婴儿的美丽呀?
我们拟造这个名为《诗》的小乐园做他的歌舞养育之场,
疼他爱他的人们快尽他们的力来捐些糖食花果呀!

他们在《预告〈二〉》中则明确宣告:《诗》月刊将由中华书局发行,内容拟有"一诗,二译诗,三论文,四传记,五诗评,六诗坛消息,七通讯"。

从中大体也能看出《诗》月刊创办之初的内容、宗旨和方向。

在《诗》月刊第一卷第四号上,有一则《读者赐览》的声明,声明提到:"现因本刊创办人都是文学研究会的会员,故大家协议,将本刊作为文学研究会定期出版物之一。"于是《诗》和改革后的《小说月报》一起成为文学研究会的重要阵地,《诗》月刊的作者群体也较为稳固。应该说,该刊发表的诗作、诗论,为初期白话新诗史留下了无法磨灭的微痕,为初创期的新诗人的凝聚和鼓舞起到了助推作用。

《诗》月刊,创刊号

如果我们回顾那个时期,就会知道,当时传统的旧诗的势力还很强大,影响最广,而新诗如同一个刚出生的"婴儿",所以为了新诗更好地成长,就需多多供养新鲜的"糖食花果"。为此,叶圣陶《在骸骨之迷恋》中抨击了那些对"骸骨"的迷恋:"塚墓里的骸骨曾经有过生命。但是骸骨不是生命。那些从前的生命或者留下一些精神给后人。可是后人必须认清,那是从前时代的精神,可以供我们参考,供我们研究,但决不是我们的精神,去珍重塚墓里的骸骨。"①在叶圣陶看来,时代在发展,诗也应当有所"变迁和创新",那些旧诗之所以成为骸骨,成为阻碍进步的障碍物的重要原因就是"一、用死文字,二、格律严重的拘束",所以写作新诗,就应该从逃脱这两个束缚开始,不但要用白话文字书写,还要打破格律的规制,写出自由活泼的诗歌。这一思路,正与胡适等的新诗理论相呼应。

叶圣陶接着开始探索如何建设新诗。他在《诗的泉源》一文中,探讨了"生活"和"诗的泉源"的关系,提出"生活是一切的泉源,也就是诗的泉源"。"空虚的生活是个干涸的泉源,也可以说不成泉源,哪里会流出诗的泉来?""唯有充实的生活是汨汨不尽的泉源。有了源,就有泉水了。所以充实的生活就是诗。"那些生活充实的人"写出来没有不真实不恳切

---

① 叶圣陶:《叶圣陶集》(第九卷),江苏教育出版社2004年版,第82~83页。

的,决没有虚伪浮浅的弊病。丰盈澄澈的泉源自然流出清泉"。所以"好诗"就是那些"描写工作,就表出厚实的力量;发抒烦闷,就成为切至的悲声;赞美则满含春意;诅咒则力显深痛;情感是深浓热烈的;思虑是周博正确的";"好诗的成立不在乎写出的人被称为'诗人',也不在乎写出的人有了这写的努力,而在乎他有充实的生活的泉源啊"。

《诗》月刊从1922年1月创刊,到1923年5月停刊,维持了不到一年半的时间。在这段时间里,《诗》月刊投稿地点屡屡随着叶圣陶居所的搬迁而变动。这一历史细节,可见叶圣陶在刊物的主持和编校上所投入的心血和精力。任钧在《新诗话》中说过:"《诗》这杂志,据笔者所知,是中国新诗社。……实际上负编辑责任的,为刘延陵、叶绍钧二氏。"当时的参与者俞平伯也说过类似的话:"(《诗》月刊)实际上负责编辑责任的是叶圣陶和刘延陵。这个杂志办得很有生气……"①由此,我们可以看到叶圣陶在办刊过程中所发挥的关键作用。

在初期的新诗坛,还有一件事情颇值得一提。1922年6月,上海商务印书馆推出了一本新诗合集,名为《雪朝》。作者分别是朱自清、周作人、俞平伯、徐玉诺、郭绍虞、叶绍钧、刘延陵、郑振铎八位。《雪朝》的出版,可以看作是文学研究会新诗人的一次集体亮相,引人注目。《雪朝》中的第六辑收录的便是叶圣陶的新诗十五首。

《雪朝》由周作人题名,郑振铎撰序。郑振铎在《〈雪朝〉短序》中认为,由于诗歌是表达情绪的工具,而情绪又容易被"诗歌的声韵格律及其他种种形式"所束缚,所以为了写好诗歌,必须打破此束缚或减小原来的强度。郑振铎还重申了他们写作的原则,即"真率"和"质朴","有什么话便说什么话,不隐匿,也不虚冒",只把他们"心里所感到的坦白无饰地表现出来"。最后他说:"虽然我们八个人在此所发表的诗,自己知道是很不成熟的,但总算是我们'真率'的情绪的表现;虽不能表现时代的精神,但也可以说是各个人的人格和个性的反映。"这篇短序从总体上概括了这些成员共同的写作宗旨和意趣,同时也点出了他们各自不同的特点。

---

① 俞平伯:《五四忆往——谈〈诗〉杂志》,载《文学知识》1959年第5号。

第六章 "同仇敌忾非身外,莫道书生无所施"

◎

一、"五月三十一日急雨中"

1925年5月15日,上海日本纱厂资本家枪杀了工人顾正红,激起全市民众的愤怒。5月30日,在租界内声援工人的两千多上海学生,被英国巡捕拘捕了一百多人,民族主义的情绪被触发,随后有近万名群众聚集在上海南京路的巡捕房前,要求释放被捕学生。混乱中,英国巡捕开枪射击,当场死伤数十人。这就是历史上的"五卅运动"。惨案发生后,叶圣陶的民族主义情绪也被点燃,他气愤不已,决定不再沉默了。

(一)"心心融和为大心,手手紧持成坚障"

叶圣陶于5月31日就走到了上海的南京路上,愤怒激荡着他。他最终没能按捺住郁积内心的怒火,写下了著名的《五月三十一日急雨中》:

从车上跨下,急雨如恶魔的乱箭,立刻打湿了我的衣衫。满腔的愤怒,头颅似乎戴着紧紧的铁箍。我走,我奋疾地走。

路人少极了，店铺里仿佛也很少见人影。哪里去了！哪里去了！怕听昨天那样的排枪声，怕吃昨天那样的急射弹，所以如小鼠如蜗牛般蜷伏在家里，躲藏在柜底下么？这有什么用！你蜷伏，你躲枪，枪声会来找你的耳朵，子弹会来找你的肉体：你看有什么用？

猛兽似的张着巨眼的汽车冲驰而过，泥水溅污我的衣服，也溅及我的项颈。我满腔的愤怒。

……

我舔着嘴唇咽下去，把所看见的听见的一齐咽下去，如同咽一块粗糙的石头，一块烧红的铁。我满腔的愤怒。

……

他们的脸使我感到惊异。我从来没有见到过这么郁怒的脸，有如雷电之将作。青年的清秀的颜色退隐了，换上了北地壮士的苍劲。

……

我跨出布匹庄。"中国人不会齐心呀！如果齐心，吓，怕什么！"听到这句带有尖刺的话，我回头去看。

是一个三十左右的男子，粗布的短衫露着胸，苍暗的肤色标记他是在露天出卖劳力的。他的眼睛里放射出英雄的光。

……

微笑的魔影，漂亮的魔影，惶恐的魔影，我诅咒你们！你们灭绝！你们消亡！永远不存一丝儿痕迹于这块土上！

有淌在路上的血，有严肃的郁怒的脸，有露胸朋友那样的意思，"咱们一伙"，有救，一定有救，——岂但有救而已。

我满腔的愤怒，再有露胸的朋友那样的话在路上吧？我向前走去。

依然是满街恶魔的乱箭似的急雨。

节奏峻急、铿锵，我们至今依然能感受到当时作者内心的激荡和愤怒。残酷的现实将叶圣陶的诗心点燃起来，这诗一般的语言就是明证。他愤恨、他郁闷、他狂热、他呼喊、他失望，失望于那些只敢在鼻子里轻轻"嗤"一声的人，痛恨那些"如鼠的觳觫的眼睛，如兔的颤动的嘴唇，含在喉际,欲吐又不敢吐的是一声'怕……'"的人。但他并没有放弃希望,那个露胸的男子不就觉醒了吗?反抗吧,大家一起来改变这民族屈辱的现状吧。他看到了希望。

后来,叶至善曾回忆说:"一九二五年过去了,不是轻轻地踅过去的。父亲怕我忘记,那年秋天牵着我到南京路老闸捕房门口,叫我记住惨案就发生在这里。还在捕房对面的水泥墙上,寻找当时留下的比我的食指还粗的弹孔。"[1]当时的叶至善仅七周岁,竟然记得如此清晰,足以见得"五卅"惨案在当时引起的巨大震动。

之后叶圣陶相继写了有关五卅惨案的诗作《太平之歌》《五月三十日》。1926年,叶圣陶又写了《五月》《我们忏悔来的!》等来纪念惨案中的死难者。这几首诗是叶圣陶奋激之情的余绪,不同于叶圣陶平实温和的诗风,字里行间透露着他愤慨的心情,叫出了"反抗绝望"的声音。其中《五月三十日》当具代表性:

快枪,奴隶手里的快枪,
向密集的群众开放!
群众有的是什么?
有的是空空的手,
有的是沸腾的心——
要把民族的命运向同胞们讲。
可是,快枪,
奴隶手里的快枪,
就准对密集的群众开放,
如急雨,如飞蝗;
倒的倒了,伤的伤了,
鲜红的血淌在租界的大马路上!
是五月三十日,

---

[1] 叶圣陶:《叶圣陶集》(第二十六卷),江苏教育出版社2004年版,第85页。

是五月三十日，
牢牢记着不要忘！
牢牢记着不要忘！
这一天，公理人道那些美名儿，
被玷污得黑暗无光。
这一天，兽性涨成漫天雾，
恶魔开那残惨的宴飨。
谁是牺牲呢？
你看，
倒的倒了，伤的伤了，
鲜红的血淌在租界的大马路上！
他们说，"没有什么，
不过打死了几只小鸡，何妨？"
他们说，"驱散群众，
最好的办法就是开枪！"
我听见了，
我们听见了。
欷歔么？
流泪么？
不，决不，
唯有懦怯的弱者才会这样。
同胞，我们彼此是唯有的伴当！
同胞，我们彼此是唯有的伴当！
大家拿出一颗心来，
大家牵起两只手来，
我们不孤单呀，
我们气方壮！
心心融合为大心，
手手紧持成坚障，

要扑灭那恶魔的猖狂,

要洗濯出公理人道固有的辉光,

——为这个,便临对仇敌的快枪,

也没有什么恐慌。

我们记着,五月三十日,

我们的同胞吃了奴隶手里的子弹。

倒的倒了,伤的伤了,

鲜红的血淌在租界的大马路上。

"奴隶手中的快枪"开向密集的群众,他们手无寸铁,任凭枪弹扫射,最终"倒的倒了,伤的伤了,鲜红的血淌在租界的大马路上"。国人耻辱的一天,"这一天,公理人道那些美名儿,被玷污得黑暗无光。这一天,兽性涨成漫天雾,恶魔开那残惨的宴飨"。"兽性""恶魔"这些词语从一向温文尔雅的叶圣陶口中说出,表明他的心情何其愤怒。

"五卅惨案"发生后,民族的激愤和诗人的气质,合在一起,激发出了叶圣陶前所未有的高亢声音。

(二)为公理而战斗

民族主义的口号,是近现代中国最易凝聚民众的黏合剂。"五卅惨案"发生,民众群情激愤,上海沉浸在热烈的民族主义的氛围里。到处是高声演讲的声音,台下的人围了一圈又一圈,他们有的满含热泪,有的怒目圆睁,有的热情回应。墙上贴满了标语和漫画。那漫画"有写实的,如日本工头挥着大棒打工人顾正洪(红),英国巡捕向演讲的学生开枪;有象征性的,如一只老鹰在啄人,老鹰身上插着米字旗,一只穿高齿木屐的大脚踩在工人身上"。还有一些集资募捐的人,扛着粗毛竹筒,或者将竹筒固定在电线杆上,将得来的资金捐献给工人。"那些天铁栏杆和铁栅门上趴满了报童,闹嚷嚷的像蜜蜂闹分房似的。一会儿,一叠又一叠的报纸从报童头上递出来了。报童们分着了报纸就分头跑开。'《公理日报》,

刚刚出版！''《公理日报》，一只铜板！'好像满街都是他们的叫卖声。"①

在这种热烈的、激昂的民族主义氛围中，知识分子也不可能无动于衷，不可能再固守平静的书桌。我们看到，《公理日报》创刊了。这份报纸虽然短命（1925年6月2日创刊，6月24日停刊），但其汇聚了当时几位著名的知识分子，其创办人主要有郑振铎、胡愈之、叶圣陶、沈雁冰等。当时的编辑部设在宝山路宝兴西里9号郑振铎的家里。《公理日报》的报头由叶圣陶撰写，下署"上海学术团体对外联合会主编"。这些学术团体包括：文学研究会、少年中国学会、中华学艺社、太平洋杂志社、孤军杂志社、醒狮周报社、上海世界语学会、妇女问题研究会、中国科学社上海社友会、学术研究会、上海通信图书馆、中华农学会十二个。

在这段日子里，叶圣陶经常整夜不归家，和大家一起通宵达旦地编《公理日报》。叶圣陶共在《公理日报》上发表了九篇署名"秉丞"的文章，分别是《虞洽卿是"调人"》《有交涉，无调停！》《华队公会的供状》《不要遗漏了"收回租界"》《援助罢工工人》《日报公会不答复》《再告报界与金融界》《总商会的条件？》《无耻的总商会！！！》。这些篇章措辞激烈，不容辩驳，一反叶圣陶一贯温和质朴的文风。

阿英认为叶圣陶开始由"从封建的重心移到反帝国主义的重心，从激昂的反抗到相对的肉搏，从对现状的不满到愤怒的抨击，从个人主义的观点，到反个人主义的立场"②。尽管这些文章言辞激烈，激情四射，与叶圣陶一贯的文风有着明显的差异，但笔者并不完全认同阿英曾经的评价。在笔者看来，叶圣陶的愤怒并没有离开"五四"启蒙主义的个体立场。他的愤怒和不平，恰恰是受到了弱者被无辜摧残杀害的现实的刺激。面对残杀，叶圣陶之所以如此愤怒和敏感，其实正说明他对弱小个体的同情，正是他不忍之心在起作用。所以，在这个意义上，叶圣陶此时的激烈和呐喊，与五四新文化运动时期他对底层人生存书写的冷峻，在更深层面上都是基于其关注个体、同情弱者的一贯立场。

6月24日，《公理日报》夭折了。停刊的原因，首先是经费的不足，原

---

① 叶圣陶：《叶圣陶集》（第二十六卷），江苏教育出版社2004年版，第79~80页。
② 阿英：《阿英全集》（第四卷），安徽教育出版社2003年版，第298~299页。

来捐助的商人们开始拒绝捐助;在印刷方面也出了问题,迫于官方的压力,刊物无人承印;"对外联合会"的内部政见也出现了分歧。几位创刊人在最后的《本报同人特别启事》中特别表示:"本报虽然只发行了二十多天,但已赢得了数万读者的热烈同情。我们受了许多热心的民众的鼓励,觉得我们的工作万不能就此终止。所以我们还想继续做大规模的筹备,预备在将来建立中国健全的言论机关的基础。我们打算筹集资本十万或数十万,组织大规模的日报,为中国言论界开一个创例。"

二、"心忧天下"的焦灼和忧虑

1926年1月20日,叶圣陶和丁晓先、王伯祥等自筹经费创办了《苏州评论》,通讯处设在了上海香山路仁馀里二十八号叶圣陶家中。他们在创刊号上发表了《告读者诸君》:

本刊为十数同志之结合,目的在谋苏州社会之革新。同人预拟之计划,欲先从舆论方面入手,藉以唤起群众组织团体,以与盘踞苏州社会之恶势力相奋斗。唯同人之才力有限,思虑难周,所望吾乡人有志革新者,不分彼此,咸来合作,或供给材料,或资助经费,或指示方略,或广为传布,以造成一坚强有力革新苏州之大联合,未始非苏州前途一线之生机也,是所切盼。

在《苏州评论》的第一期上,他们发表了《我们的意思》。这篇文章提出:"我们要认识苏州,要用我们的眼睛耳朵,去看,去听;要用我们的身体心灵,去经历,去体验:这才会认识它的真实相,恰如其量,不多也不少。"而现在所认识的苏州又是什么样子呢?"苏州确曾是文明的一块地方,可惜它衰老了,从前的文明跟着它的盛年一同过去。现在有的是古旧的僵化的遗迹,仅足供人怀念而已。它也会改装作青年的面目,要想把衰颓的气氛赶走,但是热忱不够,终于露出了它的弓背和皱额来……"很明显,在他们眼中苏州在走向败落,但他们不想放弃自己的家乡,要"给它想法,给它将护","使它回春,使它光华",并且他们认为"不忘情于本土和有志于四方根本上并不冲突"。他们说：

> 我们觉得现成有的报刊太可怜了！他们有许多的顾忌，有许多的拘束，为权势，为利益，几乎不能说心头的话，仅能说嘴边的话，那自然也未便刊载我们心头的话。自己办报刊就什么障碍也没有，要怎样说就怎样说，心头与笔头如一，我们所想的与人家了解的如一，直捷爽快。我们办这个《苏州评论》就为着这一点意思。

《苏州评论》上刊发的文章的风格，一方面继承了《公理日报》的文风，另一方面又体现了作者谆谆教诲的耐心，文风更加老练和犀利。"五卅"惨案虽然只过去了一年，但中国这个善忘的民族却早已消磨掉了心中的愤慨。苏州也不例外，到处都是"敷衍"，到处都是"虚应故事"而已，但是"五卅"这件事绝非能够轻易被忘记和遮蔽，它是"几十年来中国人民生活凋敝，精神痛苦，受足内压外侵后的一点儿挣扎的呼声，这意义是确定不移的"，"所以'五卅'事件虽发生于上海，而全国人民应当一致声援；'五卅'流血，虽已事过境迁，而我们当永远继续此种精神。……我们所希望于同乡父老兄姊的不过这一点儿，就是认识'五卅'运动的意义。"同时，还要注重地方事业和民众的切身利益，即"团结地方上的各界民众，共谋地方事业之改进"①，这也是"五卅"周年纪念的教训之一。

叶圣陶他们在《苏州评论》的《本刊欢迎索阅》中说："本刊为发行上之必要，虽在封面刊有定价，但实际并不注意于此项收入。凡爱读本刊者，只消通函本刊通信处，略附邮资，便可照寄。如愿代为推广者，尤为欢迎，请将需要份数开示，略附邮资，即可遵照办理。"然而这种非商业的行为，却被人认为是抓住了"把柄"。这些人污蔑他们办此刊物是为了"拿钱"，是收了"广州的宣传费"，是"为某派张目"。为此，叶圣陶极为不满，他连续在《苏州评论》的第五、第六期，发表了《腐烂了的玷污了的》和《"我们"与"绅士"》两篇文章，指责那些造谣诬蔑者的"眼光比泥底下的

---

① 叶圣陶：《叶圣陶集》（第五卷），江苏教育出版社2004年版，第228页。

地鼠还要细,他们的志概比泥潭里的猪还要渺茫"。叶圣陶他们并没有因此放弃,"我们都是青年,不造谣言,不以小人之心度人,自以为比那些东西淳朴得多,而且还不屑与那些东西相比";同时,"我们觉得我们的力量太微弱了,只能出一张评论;我们又觉得我们的诚意太单薄了,并不能感化那些东西,却暴露了他们的丑恶。我们实在非常的不自满,我们口口声声说改善苏州,而苏州还是个萎靡破烂的苏州"①。叶圣陶在《"我们"与"绅士"》中更加翔实、有力地阐释了谣言的不可信,他们与绅士阶级不同,并不是为了迎合某派以图谋私利。叶圣陶说:"我们结社,我们纠合同志,在别人看来自然也成一派。但是这个派与绅士之某派某派的性质根本不同,所以不得与他们等列齐观。他们的立脚点是特殊阶级,我们的立脚点是一个小市民,一个苏州的市民。"而且叶圣陶看清楚了绅士们的嘴脸,并认清"贤人政治是反社会的,已不适于人类思想既经解放到社会本位的现代",所以"从市民这方面,决不该希望'其心无他'的绅士出来,把大家的担子都挑了去,让大家躲在一旁专待他赏赐福利。市民只该及早觉悟,地方的事非市民起来图谋不可,于是真个起来,用自己的力量,求得地方与自己的种种福利"。从叶圣陶那凌厉的文风中我们也能体会到当时他"心忧天下"的焦灼和忧虑。

三、创造《光明》,诅咒黑暗

1926年1月17日,中国济难会上海市总会成立。5月,中国济难会委托叶圣陶编辑济难会的宣传刊物《光明》半月刊。刊名来源于法国小说家巴比塞联合世界著名著作家、艺术家组织的团体"光明"。6月5日《光明》正式创刊,创刊号刊登了萧朴生的《光明底创造》、杨贤江的《中国"光明"运动的开端》、叶圣陶的《莫遗忘》、胡愈之的《光明运动》等。

叶圣陶在《莫遗忘》中针对那些为人类的解放事业、为大众的根本利益,抛头颅、洒热血的人却被人们轻易遗忘的现象,呼吁大家"莫遗忘,莫

---

① 叶圣陶:《叶圣陶集》(第五卷),江苏教育出版社2004年版,第247~248页。

遗忘了被圈禁在人世阴暗幽秘的部分的人们！"他在《编辑余言》中说道："这个叫作《光明》的刊物，不啻是我们团结起来的宣言，同时也无妨作为我们团结起来的盟誓。"并说："萧朴生先生说：'人们并不努力创造光明，人们有什么权利诅咒黑暗？'这是意味深长的一句话。我们的同伴啊，抛弃了我们的悲叹颓丧与一切消极，我们开始从杨杏佛先生指出的两条路上努力创造光明吧！"沈雁冰在《光明》半月刊第3期上发表了《光明运动与中国济难会》，他说："'中国济难会'是一个救'济'受'难'者的机关，是要救济一切从事解放运动而受困难的人。……是一种特殊的'慈善团体'，专为了社会上特殊的受难人而设的。"由此可见，他们创办的"济难会"与进行的"光明运动"的联系。无论从《光明》的发刊辞还是其中刊登的文章上，我们分明能体察到《光明》半月刊的宗旨及它在当时所发挥的作用。只可惜《光明》半月刊只出了六期就宣布停刊了。

1927年2月，针对"著作权的商品化"对社会发展的阻碍作用，郑振铎、叶圣陶、胡愈之、丁晓先等发起成立了"上海著作人公会"。叶圣陶分别写了《上海著作人公会缘起》和《启事》。《启事》说："本会宗旨，在谋增进著作人之福利，及促进出版物之改良，已于本年二月十六日正式成立。通信处暂设上海宝山路三德里A十六号。"《上海著作人公会缘起》说："在这样的情形之下，我们觉得著作人应当组织一个团体，协力来谋改革。为自身，也是为文化。所以发起上海著作人公会。"他们成立这个公会是为了阻止"著作权的商品化"进程，争取著作人的合法权益和地位，而且只有这样才能保证出版物的质量，促进社会和文化的发展。

叶圣陶本是平易质朴、心态平和的人，但面对当时社会的动荡和黑暗，叶圣陶不能平静了，他和志同道合的人选择以笔代枪来讨伐不公，密切关注着中国的社会现实。从《公理日报》到《光明》半月刊，从《苏州评论》到"上海著作权公会"，他们以满腔的热情为弱者而摇旗呐喊，不停地写，不停地呼告，为公理而战，为光明而战。

四、和鲁迅"相濡以沫"的友谊

应该说，比起当时很多作家来说，叶圣陶和鲁迅会面的时间是比较晚的,但他们之间还是有着同声相应的联系的。1919年叶圣陶加入了鲁迅所关注和支持的"新潮社",在《新潮》杂志上发表作品。他的小说《这也是一个人》得到了鲁迅的肯定。1919年4月16日,鲁迅在致傅斯年的信中还专门点出:"《新潮》里的《这也是一个人》《雪夜》《是爱情还是苦痛》(起首有点小毛病),都是好的。上海的小说家梦里也没想到过。这样下去创作很有点希望。"

直到七年后的1926年8月30日,叶圣陶才第一次和鲁迅见面了。鲁迅从北京南下途经上海时,应郑振铎邀请,到中洋茶楼访问文学研究会的朋友。晚上他们又到消闲别墅吃晚饭,当时叶圣陶全程陪同。鲁迅在日记中写道:"下午得郑振铎柬招饮,与三弟至中洋茶楼饮茗,晚至消闲别墅夜饭,座中有刘大白、夏丏尊、陈望道、沈雁冰、郑振铎、胡愈之、朱自清、叶圣陶、王伯祥、周予同、章雪村、刘勋宇、刘叔琴及三弟。"

1927年10月,鲁迅由广东移居上海,最初住在共和旅店。其间,叶圣陶正主编《小说月报》,他经手刊发了沈雁冰的《鲁迅论》,一方面重申了鲁迅是新文学的代表与旗帜,另一方面也表示对鲁迅的热烈欢迎之意。鲁迅到了上海之后,他与叶圣陶之间往还就渐渐多了起来。10月8日,叶圣陶和茅盾将鲁迅安排到了景云里第二弄的西端最末一家23号居住,和叶圣陶家是前后邻居。在1928年茅盾避居日本的时候,叶圣陶还曾代表茅盾将他的新作品《幻灭》送给了鲁迅,后来又把自己的《倪焕之》两册赠送鲁迅和许广平。后来鲁迅离开了景云里,叶圣陶和鲁迅还时常见面,或互通书信。在1930年鲁迅五十生辰的时候,叶圣陶参加了庆祝活动。1931年,鲁迅将自己翻译的《毁灭》送给叶圣陶,并附信说:"聊印数书,以贻同气,所谓'相濡以沫',殊可哀也。"这几句话深深打动了叶圣陶。"相濡以沫"这四个字所透露的情谊,叶圣陶一直不能忘怀。

后来叶圣陶和鲁迅等一起参加进步团体,参与各种活动。如,1933年1月叶圣陶加入了中国民权保障同盟。1936年10月,叶圣陶与鲁迅、茅盾、郭沫若等人联合发表《文艺界同人为团结御侮与言论自由宣言》。

1936年10月19日,鲁迅病逝。次日上午叶圣陶与夏丏尊赶到万国殡仪馆。10月22日,叶圣陶参加了鲁迅的葬礼,与郁达夫、郑振铎、王统照、夏丏尊、许钦文、萧乾、沙汀等一起为鲁迅先生执绋。

此后,叶圣陶强抑悲痛,写了《鲁迅先生的精神》(《生活周刊》1936年11月1日)一文。在这篇文章中叶圣陶说,"他伟大,他坚强。中华民族将来真个得到解放,必然由于人人有他那样的精神","与其说是鲁迅先生的精神不死,不如说鲁迅先生的精神正在发荣滋长,广播到大众的心里"。叶圣陶认为这种精神的繁荣和传播是"中华民族解放终于能够成功的凭证"。叶圣陶在《学习鲁迅先生的真诚态度》(《中学生》1936年12月1日)这篇文章中进一步指出:"鲁迅先生的精神是目前每一个中国青年所应该学习的,学习从哪里着手呢?要答复这一个问题,顶好追迹一下鲁迅先生那种精神所以产生的根源。对于这,自然可以有多方面的解释,但我们觉得顶重要的一点,该是他所具有的对任何事物都十分真诚的态度。"他呼吁:"每一个青年都得担负着一份解放中国危难的责任,同时大家应该学习鲁迅先生所具有的对任何事情都十分真诚的态度。"

撰文之外,叶圣陶寄情于诗,作《挽鲁迅先生》:

星陨山颓万众悲,感人岂独在文辞。
暧姝凤恨时流态,刚介真堪后死师。
岩电烂然无不照,遗容穆若见深慈。
相濡以沫沫成海,试听如潮继志词。

"相濡以沫沫成海",就是由鲁迅给叶圣陶的书信中说的"所谓'相濡以沫',殊可哀也"而来的。1946年鲁迅逝世十周年时,叶圣陶了参加纪念会,并做发言,后来发言被报纸记者整理发表。当叶圣陶看到报纸记载的情况和他要表达的意思不符时,又对此写了一篇《"相濡以沫"》。文章中叶圣陶详细阐释了自己对"相濡以沫"这句话中所体现的鲁迅思想和精神的理解。叶圣陶认为懂得这句话就要从这句话外的时代背景入手,当时的社会是什么样的,大家的境遇又是怎样的,当时鲁迅所处的环境"正是一片干地,没有一滴水",而大家也是一样,所以鲁迅用这句话慰藉别人。叶圣陶认为鲁迅之所以伟大,"就在于他奉行'相濡以沫'的信念"。"二十多册的《鲁迅全集》是他的口沫,新近出版的《鲁迅全集补遗》是他的口沫,由他校印的木刻画以及《海上述林》等书是他的口沫,尤其重要的,那明辨是非的态度,坚决斗争的精神,待人接物的诚恳与认真,全是他的口沫。与他接触的人见他的为人,读他的文字,也各各吐出他们的口沫,相信他,学习他,和他在一起"①,为此叶圣陶号召大家:"走鲁迅先生的道路!""学习鲁迅先生的精神!"大家都来吐口沫,然后,口沫汇成大海,叶圣陶相信这样的时代已经来临。

叶圣陶对鲁迅的态度从来不曾改变,他不仅在文坛上大力弘扬鲁迅的精神,而且还将其渗透到语文教学中。为此还和苏雪林发生过论争。当时叶圣陶受陈西滢的邀请到武大教国文。当时苏雪林也在此任教。一日,他们商定国文常识考题时,叶圣陶认为应该将"鲁迅的文坛地位如何;他的著作以何者最有名"等作为考题。听到这些意见后,苏雪林忍不住说:"鲁迅不过是左派有心塑造出来的偶像,国立大学提到他的名字似乎不宜。"可是叶圣陶坚持己见,苏雪林不觉"愤然情见乎辞",谦谦君子的叶圣陶,竟也忍不住"怫然情见乎色"②。我们知道,鲁迅生前曾与陈西滢有过激烈的笔战,而叶圣陶正是应时任武汉大学文学院院长陈西滢的聘请而来此教书的,思及这一背景,我们可以看出叶圣陶耿介的一面。

后来叶圣陶还一直关注着《鲁迅全集》的出版,审阅编辑鲁迅著作的注释稿,为此视力严重下降。他在《略述我的健康状况》中说:"我的眼睛坏到如此地步,跟人民文学出版社一九七六年交来的鲁迅著作'征求意见本'多少有些关系,这种本子我看了十本光景。……'征求意见本'注释特别多,字小,行间密,油墨淡,对于我的视力不甚相宜。但是我除了每篇的'题解'声明不看(因为我不赞同每篇有那样的题解),所有的注释全都仔细看过,而且提了不少意见。直到视力实在吃不消了,才停止不看。"

① 叶圣陶:《叶圣陶集》(第六卷),江苏教育出版社2004年版,第252~253页。
② 刘增人,冯光廉:《叶圣陶研究资料》,知识产权出版社2010年版,第125页。

第七章 "汉水蜀山行路远,江烟峦瘴寄尘孤"

◎

1937年7月7日,"卢沟桥事变"爆发,日本悍然发动了全面侵华战争。7月底北平、天津相继失陷,面对民族的危机,叶圣陶非常忧虑,他曾填一首《鹧鸪天》表达同仇敌忾的心情。

不定阴晴落叶飞,小红花自媚疏离。颇惊宿鸟依枝久,亦讶行云出岫迟。吟止酒,写新词,寻消问息费然疑。同仇敌忾非身外,莫道书生无所施。

8月13日,日军大规模进攻上海,随后16日,开明书店也毁于炮火。接着苏州也频频告危。9月21日,叶圣陶举家迁往杭州,不得不离开苏州青石弄新造的四间小屋。这四间小屋"讲究虽说不上,但是还清爽,屋前种着十几棵树木,四时不断地有花叶可玩"。虽然他很喜欢这种刚安定下来的生活,可是"抗战要本钱,本钱就是各个人的牺牲"。离家流亡的这种牺牲,虽然算不上积极意义的牺牲,但是"消极意义的牺牲也并非无关紧要","能够做消极意义的牺牲,也算在抗战这一桩大事业上出了一份本钱,是心安理得的事"。

到了杭州,他将家人安顿在绍兴胡墨林姑母的好朋友施姑太太家里,又把满子和她的三个孩子托人送到了白马湖夏丏尊家里。在杭州时,叶圣陶还跟上海的几位朋友联系,打算继续在杭州出版《中学生》,如果顺利就将上海的编辑发行部迁过来。可是叶圣陶的设想失败了。开明书店在杭州打不开出路,后来只得商量内迁,去汉口想办法。于是,叶圣陶让一家人到南昌,然后他从汉口到南昌去接他们,可是由于中途出了一些小差错,胡墨林他们没能及时赶往南昌。在南昌等待家人的叶圣陶焦急万分。他在11月20日给友人的信中提到:"以家母之高年,墨林之弱体,而令冒寒冲风,拥挤于长途之客车中,念之真欲陨涕。今日傍晚,拟随旅馆接客人往车站迎候。如今晚接不到,明日再往。或他们挤不上车,明日仍接不到,则他们之困顿,弟心之烦愁,将不堪设想矣。"①

到21日叶圣陶还是没等到家人,又无法联系,忧心如焚的他只能在凛冽的西北风中徘徊于南昌街市,他在一封信中表达了这种焦虑:"弟不能离家人,尤不能离墨林,何时重聚,殊不可知。万一有三长两短,我生已矣。"②叶圣陶当时的心境也许是抗战中离乱人的普遍心境。因为一直没有等到,叶圣陶只得先行回到了汉口。后来家人又乘船到汉口,终于一家人重得团聚了。

可是开明书店内迁的计划却没能如期进行,奉调到汉口的几位同人被就地遣散,自谋出路了。面对如此收场,叶圣陶不免怅然苦笑。

一、一个艰难的抉择

面对当时的窘境,叶圣陶和家人商量后决定西行入川。叶圣陶的表外甥刘仰之当时在商务印书馆重庆分店当经理。虽然因为战乱,计划屡屡失败,但叶圣陶对于编辑出版事业的热情依然不减。在1937年12月24日给王伯祥的信中,他说:"出版之业,实未途穷,唯是我店,机构所限,

---

① 叶圣陶:《叶圣陶集》(第二十四卷),江苏教育出版社2004年版,第107页。
② 叶圣陶:《叶圣陶集》(第二十四卷),江苏教育出版社2004年版,第109页。

处常有馀,应变则难,困守而外,殊乏他术。尝为空想,姑妄言之。设能入川,张一小肆,贩卖书册,间印数籍,夫妻子女,并为店伙,既以糊口,亦遣有涯。顾问之选,首为我甥,李君诵邺,并可请益。此想实现,亦新趣也,未知前途,究何如耳。"从1937年12月26日起,他们开始了西行之旅。叶圣陶带着一家老小登上了轮船,四天后到达宜昌。在宜昌,叶圣陶作了三首诗,描述他的所见所闻所感:

宜昌日日啖川橘,聊作椒盘荐岁新。
战讯忽传收杭富,悲辛交并愿他真。

对岸山如金字塔,泊江轮作旅人家。
故宫古物兵工械,并逐迁流顿水涯。

下游到客日盈千,逆旅麇居待入川,
种种方音如鼎沸,俱言上水苦无船。①

这三首小诗将当时入川途中的情景展现出来,其中的流亡苦楚,生活于和平年代的人们恐怕很难理解和体会。

当时滞留在宜昌等船的人达三万之多,并且不断有新的人加入等待的队伍,幸亏陆佩萱认识民生公司宜昌经理李肇基,答应想办法,最后叶圣陶才拿到了七张票。叶圣陶在给朋友的信中提到了此事,"李本教育界中人,办学十余年,于开明所出书籍深为爱好,一谈之下,立刻允诺,谓四日五日内必有办法。及四日,李即招往购票,系统舱票,每张廿五元,有固定铺位。"②而当时民生公司总共只有十八张票可以支配,他们得其七,确实是很幸运的。这样,他们一家人于1938年1月5日登上了"民族轮",叶圣陶有诗记录三峡途中的感受:

---

① 叶圣陶:《叶圣陶集》(第八卷),江苏教育出版社2004年版,第142页。
② 叶圣陶:《叶圣陶集》(第二十四卷),江苏教育出版社2004年版,第114~115页。

犹嫌郦注落言诠,三峡岂容文字传。
一事此行微憾惜,冬晴未睹万重泉。

尽日看山如读画,宋元工笔绝精奇,
纤毫点染具深味,何数倪迂小品为。

故乡且付梦魂间,不扫妖氛誓不还。
偶与同舟作豪语,全家来看蜀中山。①

二、"经年流寓全家瘦"

1月9日轮船到达重庆。叶圣陶一家人暂住在外甥刘仰之家里,后来他们又转租了洗人先生在西三街九号租定的两间三层的屋子。屋里他们不用重新置办家具,用的是原来房客留下来的。叶圣陶在给友人的信中说:"布置之后,居然楚楚,自离苏以后,半年内无此宽舒也。"②可见饱受流离之苦的叶圣陶多么希望稳定下来,即使是暂寓他地,依然觉得很满足了。叶圣陶还在玻璃窗上贴上薄桑皮纸以隔绝外景,见到路上有卖红梅("太平花")的,也买来一枝,放在盛油的瓦罐中装点屋子。这些装饰和细节虽然不怎么起眼,但我们可以看出叶圣陶对生活的热爱和对生活情趣的追求。

也许叶圣陶对于未来的美好前景期望过高了,来到重庆后,他才明白之前的设想很难实现。他在给好友夏丏尊的信中说:"为文殊无心思,且何处可得笔润耶?或思老着面皮登台作教,而现任教员失业者且繁多,复何容我插足其间。前言设一小书摊,以老板而兼伙计,藉谋微利;但一经探问,此路不通,前言只成戏言而已。思之思之,殊无曙光,虽不致忧郁成疾,究未免怅怅无欢。"③叶圣陶又一次陷入了失业的困境,暗自慨叹谋生

---

① 叶圣陶:《叶圣陶集》(第八卷),江苏教育出版社2004年版,第143页。
② 叶圣陶:《叶圣陶集》(第二十四卷),江苏教育出版社2004年版,第117页。
③ 叶圣陶:《叶圣陶集》(第二十四卷),江苏教育出版社2004年版,第117页。

不易。

叶圣陶没有当书摊老板的命,可终究还是和"教书运"有缘。

1938年2月,他应老友周勖人的邀请到巴蜀小学教课,教初中两个班的国文课,一共六个半天,还要改六七十本作文。一般叶圣陶每天八点出门,十二点回来,来回都是挤公交。那六七十本作文就得花去三个半天。虽然很烦琐劳累,但毕竟"有事则心有所寄,比枯坐无聊总胜十倍"。

接着,叶圣陶又被国立中央戏剧学校的校长余上沅拉去教写作练习,每周两个小时。在那里他还结识了任该校教务长的曹禺。后来,复旦的陈子展、伍蠡甫又来邀请叶圣陶到那里教课。当时复旦在北碚,距离叶圣陶的家有半日的行程。叶圣陶本已不愿再担任大学教员,他在给友人的信中提及自己不想去的原因有二:"一因于此数者仅有零星之知解,无系统之研究,不足以教人,二则重庆北碚来去不便,殊不能每星期跑一趟也。"即便这样,陈子展他们并不放弃,说只需要每两周去一次即可。邀请者如此诚意,叶圣陶只得答应。

当时的复旦,"总办公处假一道观,供奉禹王。殿前天井即大会堂,戏台为演讲台。教室则假一小学校之教室,学生宿所则村人之余屋也。走往教室上课,小路上时时遇小猪。简陋荒凉,殆难描状"①。这就是内迁至此的复旦大学的校园环境。当时选叶圣陶课的人中,现代文习作四人,修辞学五人。学校规定,即便只有一个人选课,也得开班。抗战时期,办学条件极为艰苦,学生流失也很严重。面对当时学校的状况,叶圣陶感慨道:"统计中国文学系全系,亦不过数十人耳。如此大学教育,其最大意义为养活几个教员。"这不过是叶圣陶一时的愤慨之语,他有感于当时大学教育的衰颓之势,而又不愿只拿薪金而不培养学生,于是发出了如此感叹。

叶圣陶所说的现状,从另一方面也反映了当年那些教育者对教育事业的执着和坚守,从而保证了文化的承袭和发展。虽然国难当头,但是当时的大学依然在艰苦的条件下坚守本位。最有代表性的,当属国立西南

---

① 叶圣陶:《叶圣陶集》(第二十四卷),江苏教育出版社2004年版,第135页。

联合大学(简称西南联大),它由当时的国立北京大学、国立清华大学、私立南开大学共同组成。从 1938 年成立到 1946 年宣布复校的整整八年间,西南联大汇聚了一大批知名学者和教师,包括陈寅恪、赵元任、梁思成、金岳霖、王力、朱自清、沈从文、闻一多、钱锺书、吴宓、穆旦等。在此期间,西南联大培养了大批高质量的毕业生,比如邓稼先、汪曾祺、何其芳、李长之等。由此,中国的教育事业才没有因为国难而被阻断。

战乱流亡,使得叶圣陶一家在重庆的生活很不平静。重庆历来蚊虫众多,夏季更是肠胃传染病流行的季节。八月,他们一家人中至诚、满子、胡墨林先后得了痢疾,胡墨林的身体刚有点好转,至善又腹痛难忍。西医说是伤寒,只能保养,当时全家人的心都凉了,请教了几位西医都如此说。在这二十天里,大家替至善担惊受怕,轮流看护,没昼没夜,都瘦了一圈。此次他们共受了三次大吓:"一是第一候时,小墨腹痛甚剧。二是第二候时腹泻不止。三是元善介绍了一位西医来(第二候末),开了一片退热药,服后大汗,两小时方停止,体温突低,脉搏微弱,手足俱冷,人也昏迷不醒。"叶圣陶对这三次惊恐的感受真可以说是刻骨铭心,在给友人的信中说"现在回思,犹有余悸"。

于是胡墨林主张看中医,当时正好听说南京来的名医张简斋医术高超,于是叶圣陶将他请来为至善看病。果然到"第三候"之末日,"病人体温已如平常,神色亦见佳,唯全身瘦甚,有如灾民"。在重庆生活的这段日子,"除满子外,无人不瘦",除叶圣陶外,"无人不病",但叶圣陶也是"两颧高起,双臂骨出,有如东华"。"东华"又称"东华帝君"或"帝君",号"东华紫府少阳君"。来历或与古代东木公有关。东木公又称东王公,号元阳父扶桑大帝,与西王母相对。《神异经》称东王公居东荒山大石室,皓发,人形鸟面而虎尾。叶圣陶形容自己"有如东华",何其凄惶,难怪他发出了"经年流寓全家瘦"的感慨。

三、"生涯类隐沦"

1938 年 10 月,叶圣陶应陈源的邀请决定到武汉大学任教。叶圣陶在给友人的信中说:此次去"不为学问,不为文化,为薪水耳",时值逃难时刻,一切的工作都是为了生存下去,况且叶圣陶还有一大家子人需要养活。当时至善的身体恢复得差不多了,但是上学还是有点勉强,所以决定停学一年养病。叶圣陶听别人说"乐山甚似苏州",到了"那边或许有如在故乡之乐乎"。虽然洗翁叮嘱他谨慎搬迁,但他已经"抱到处为家之想,而家中几个人也都无爱于重庆",所以决定全家迁往乐山。

叶圣陶一家在10月22日的下午四点登上轮船,29日到达乐山。此次乐山之行,叶圣陶写下了《自重庆之乐山》,对未来不可知的怅惘之情油然而生。

> 渝州十月今当别,烟影轮声又一番。
> 南望可怜焦粤土,西行直欲尽江源。
> 秋阴漠漠思无际,暮雨潇潇天不言。
> 来日未知复何似,蔗青橘赭此山村。

(一)仿佛回到了"中古"

他们到了乐山,先住在商务印书馆成都分店嘉定分栈的余屋。据叶至善说,这幢房子原来是一家当铺,而叶至诚却觉得应该是一家油铺,"专做四川特产桐油这项买卖",而且"以批发为主,零售为次"①。不管这座房子最初的用途为何,毕竟主屋的结构设计非常别致,"四四方方的一座用上好木材造的走马楼;上下两层的'口'字中间,架起个四面都是玻

抗战时期的乐山小城

---

① 叶至诚:《至诚六种》,人民文学出版社2010年版,第257页。

璃窗的亭子。紧贴走马楼四周,厚厚实实的砖墙高出屋脊。进出口只有两个,都是钉着铁片的双扇大门;一个在左墙,稍靠前,外边是临街的店堂,住着分栈主任黄幼卿先生和老刘师傅俩;另一个在后墙正中,开出门去是个有天井的小院落"①。走马楼上堆放着历年积压下来的滞销书,其中有许多的世界名著,比如《傲慢与偏见》《德伯家的苔丝》《统治者》等。这些书吸引了至善、至美和满子,他们经常在这里玩耍看书,至诚则对旧邮包纸上的民国初期甚至大清帝国的邮票发生了兴趣。

叶圣陶在给友人的信中提到乐山物价低廉,生活便宜,他们一家人晚上用油灯,虽然这里有电灯,但"电料太贵,只得返于古式生活,与竹器白木器相称"。乐山的街道是柏油路。"有街树,不甚修剪。无上坡下坡之麻烦。无汽车奔驰,仅有少数人力车往来,闲步甚安静"②,而且街道两边的房屋一律是中式房屋,有平房,也有楼房,但并没有奢侈豪华的西式别墅,这些房子有的作为店面,有的单纯住人。乐山稍嫌闭塞,此地没有地方报,一般是民教机关收听无线广播,然后将重要的消息写到黑板上,供大家阅览。

叶圣陶初至乐山,填了首《鹧鸪天·初至乐山》,真实地再现了当时的生活状态:

忽讶生涯类隐沦,青衣江畔著吟身。
更锣灯蕊如中古,翠巘丹崖为近邻。
搔短发,顿长颦。雁声一度一酸辛。
会看雪沍冰坚后,烂漫花开有好春。

叶圣陶一家人在乐山过的日子称得上"隐士"的生活,晚上还能听到打更的锣声,点燃的油灯忽亮忽暗,仿佛回到了中古时代。

在乐山还有一件事情须提及,那就是满子和至善的婚事。满子是夏丏尊的幼女。夏丏尊是著名的教育家、散文家、出版家、翻译家,其女满子

---

① 叶圣陶:《叶圣陶集》(第二十六卷),江苏教育出版社2004年版,第195页。
② 叶圣陶:《叶圣陶集》(第二十四卷),江苏教育出版社2004年版,第173页。

与叶圣陶之子叶至善的婚事自是门当户对。"门当户对,所得的是'类聚',独木因此成林,有树林才能形成或影响一地的'气候'。一个文学家族通过家族内部文学活动以及与当地的文学交流,确立其身份,建立其影响,从而形成一个较为具体的场域;而联姻可以将数个类似的场域联系在一起,并经由文学活动的整合与促进,从而形成较为明确的文学群体或文学流派";不应忽视的是,"文学女性出嫁,带出父母家的家教;此种家教与夫君家的家教汇合,或互补或强化,形成家学传承的新推动力量"①。虽然满子并没有从事过文学创作,但在德行品质、性情气质、为人处世上皆受到父亲的影响。

早在1934年满子和至善就已经订了婚。夏丏尊和叶圣陶都住在上海虹口华德路汾安坊三号,两家人分别住二楼和一楼,朝夕相处的生活使两家孩子成了玩伴。当时徐调孚的夫人觉得两个孩子的性情很契合,就提议叶、夏两家结为亲家。两家人在征求孩子们的意见后就给他们婚订了。叶圣陶之前考虑到逃难之际,恐有不便,又想到结婚后必然会加添小孩,这对于满子肯定是一个负担,所以耽搁下来。但经朋友们的提醒,而他们一家在乐山相对来说也稳定了些,于是叶圣陶决定为至善和满子举办婚礼。

(二)乐山一劫

1939年8月,叶圣陶应邀到成都讲习所讲授国文,没想到他才离开没多久,乐山就遭到了敌机的轰炸。叶圣陶闻此消息"大惊恐,心绪麻乱","悔不该来此","我家向来不逃,母亲、墨、满子、二官、三官伏居家中,不知如何惊恐,万一受伤或有更大之不幸,我将何以为生!""自抗战以来,余之心绪以前年往南昌接眷不着时最为难过,今日则尤甚矣。"虽然大家都安慰着说没事,但"余亦饮亦食,然恍惚如梦,与诸人别,似不殊平时"。他忧心如焚,想马上回家,"星期一之课决不复上,明日非回去不可"。叶圣陶本想用别人的汽车,但车坏了,打电话也没有结果,只得等待,"四人愁容相对,欷歔不绝,身在此间,不知家中人生死存亡如何也"。

---

① 徐雁平:《清代世家与文学传承》,生活·读书·新知三联书店2012年版,第61~62页。

那天夜里,叶圣陶勉强就睡,但"仅睡熟一小时耳",终于挨到天亮,雇得一辆汽车回乐山。当得知一家人安全后,他那颗悬着的心才真正落下来了。①

日军轰炸乐山是在8月19日那天。十一点发了空袭警报,外面有许多人在逃空袭。当然也有不打算躲避的,他们闲散在街头,一口口抽着旱烟,有的还一下下地摇着蒲扇。叶圣陶一家人向来不逃,大家听到警报后还和往常一样,以为一会儿就没事了。即使听到飞机在空中的盘旋声,他们也没有起警惕之心,依然照常吃饭,还劝慰老太太(叶圣陶的母亲)说:"不会来的,多半是上成都","他们又不是傻瓜,到乐山来做什么,是炸大佛,还是炸'蛮洞'?!""别担心,包你再过三分就解除。"可是这次他们却估计错了,不一会儿,数架轰炸机发出的隆隆声越来越近,"卜卜卜卜",机枪开始扫射,当时屋子里的东西都被震得七零八落,大家只是蒙了一脸的灰尘,所幸没有一个受伤。突然胡墨林惊叫着:"火!火!"原来她无意中摸到了一块碎瓦片,非常烫手,抬头一望,看见屋顶已经着了火,闪着熊熊的火焰。大家赶紧逃出屋子,前门被火封死了,他们又赶快跑到后门,可是后门死活打不开,砍刀砍下去,依然没什么反应,甚至连菜刀都用上了,门还是打不开。正在大家马上就要绝望的时候,叶至善灵机一动,想出了逃生的好办法,他看到"大门的木枢跟它插进的石窝之间,大约有三寸多距离,要大家一齐用力,把左边那扇大门抬高,使木枢的下端脱离石窝,再把门向左边推;果然在左右两扇门之间,出现了一斜条可以挤出一个人去的缝隙"②。这样大家才得以逃生,叶至善最后出去时,他回屋看到叶圣陶常用的澄泥砚在地上,就捡起来带走了。此次他们逃生多亏了叶至善,叶圣陶后来日记中写道:"诸人此次得生,可谓机缘巧合。苟小墨不在家,无领导之人,必不得出。"

此次遭难,除了带出几件衣服外,家里的东西几乎全遭轰毁,所有日用物品都得重新置办。后来,叶圣陶在城外张公桥雪地头租了三间房子,"各分为两,得小卧室四间,客堂一间,书房一间","房子朝东,前面有长

---

① 叶圣陶:《叶圣陶集》(第十九卷),江苏教育出版社2004年版,第195~196页。
② 叶圣陶:《叶圣陶集》(第二十六卷),江苏教育出版社2004年版,第204页。

约丈许之一块空地,四周以竹篱围之。篱外为菜圃,圃外一水,曰竹公溪。循溪左行一二十步,即闻流水声。屋后即小山,上有杂树,有藤蔓,自书房外窥,石壁上绿色浓淡相间,可称幽居"。叶圣陶很喜欢这几间房子,觉得可以在这里安居下来,"今虽入秋,在此犹弥望皆绿,及于来春,庭前开些花朵,更足乐矣"①。

经此磨难,叶圣陶并没有改变乐观的心态,对未来的生活依然充满了希望:"粗陶碗,毛竹筷子,一样可以吃饭;土布衣衫穿在身上,也没有什么不舒服;三间面对田野的矮屋,比以前多了好些阳光和清新的空气。轰炸改变了我什么呢? 到现在事隔半年了,在曾经是闹市区的瓦砾堆上,又筑起了白木土墙的房屋,各种店铺都开出来了。"②

四、任教武大与"恒言之役"

叶圣陶此次来乐山,很大程度上是为了方便他在武汉大学教书。抗战爆发后,武大内迁至乐山。"武大的房屋系嘉定府之文庙,大成殿改为图书馆,两庑改为十四个教室。注册课、会计课居二门旁从前悬挂钟鼓处",比重庆的中央大学和复旦大学宽敞很多。当时叶圣陶担任一年级两个班的国文课,每班三个课时,二年级一个班的作文两个课时,一共是八课时。叶圣陶对于当时自己所取的报酬之高深感愧意:"大学教师任课如是其少,而取酬高出一般水准,实同劫掠。"反思自己"何劳而受此也!"③民国时期,

1938年武汉大学西迁乐山后的校门

---

① 叶圣陶:《叶圣陶集》(第二十四卷),江苏教育出版社2004年版,第222页。
② 叶圣陶:《叶圣陶集》(第六卷),江苏教育出版社2004年版,第17页。
③ 叶圣陶:《叶圣陶集》(第二十四卷),江苏教育出版社2004年版,第175页。

大学教授的薪水普遍较高,政府对此投入较大,抗战期间待遇薪水与战前相比已经有所下滑,在当时的社会中教授的待遇仍维持较高水准。

来到武大后,他发现学校的学习环境很好,学习氛围很浓。他在给友人们的信中说:"校中风习素称良好,主者以安心读书为标榜,今来嘉之学生均曾署决不游心外骛之志愿书。以故入其校门,空气恬静,如不知神州有惊天动地之血战也者。如此教育,于现状究否适应,亦疑问也。"①学生的主要任务就是学习知识和文化,这本无可厚非,但也应该顾及当时整个社会的大背景和中华民族的命运。一味鼓动学生举行运动或是盲目充当牺牲品当然是徒劳之举,但是矫枉过正之后的"两耳不闻窗外事,一心只读圣贤书"恐怕也不能真正地解决问题,也许试图寻找到两者的平衡点才是应该思考的问题。由此也可见出叶圣陶在抗战期间的济世情怀。

甫来武汉大学,文学院院长陈源非常信任叶圣陶。叶圣陶在给友人的信中提及:"陈通伯君以为弟有什么卓识,推弟为之领导。"当时的同事苏雪林在《叶绍钧的作品及其为人》中曾回忆说:"民国二十七年,武汉大学迁至四川乐山县,文学院长陈通伯先生,立意要把全校基本国文课程好好整顿一下。素知叶氏对国文教学极有研究,知他此时到了大后方重庆,一时尚未找到适当的职业,遂卑辞厚礼,聘请他来武大任教。请他选择教材,订定方针,领导全校基本国文教师工作。那时国文系主任是刘博平先生,叶氏则俨然成了一个没有名义的国文主任,不过他的权限止于基本国文罢了。""叶氏做事非常负责,也非常细心,到校以后,果然不负陈院长的委托,把他多年国文教学经验一概贡献出来。"

或许因为叶圣陶的认真、较真,所以他对一般的大学教学,就颇有失望的情绪:"大学殆是一骗局,师生互骗,学校与社会互骗。大学之最有意义者二事:一为赡养许多教师;二为发出许多文凭。教师得赡养,可以不饿死;文凭在手,可以填履历:如是而已。"直指学校预设的骗局。叶圣陶看透了这其中的把戏,他"以作小说人之眼光观种种现状",觉得很有趣味。"若连续任教师三年,当能作一小说,以大学为对象,令教育专家爽然

① 叶圣陶:《叶圣陶集》(第二十四卷),江苏教育出版社2004年版,第176页。

自失也"。叶圣陶反思"自己亦骗局中之一员",他向朋友说:"弟何所知乎?而人以为有所知,同业与我商谈,学生就我问业。当斯时也,亦复俨然自以为有所知,正颜庄语,'像煞有介事'。另一个'我'在旁,不禁窃笑。"①叶圣陶做任何事情都秉持着认真负责的态度,他知道一国的教育关乎青年和国家未来的命运。对大学的这种批评,不管是否客观公正,毕竟表明了叶圣陶的诚笃与自省精神。

除了国文教学与改革的工作,叶圣陶也结识了一些新的友人,故雨新知,多有往还。查这段时间叶圣陶的日记与通信,我们看到陈源、朱光潜、冯沅君、袁昌英、苏雪林、朱东润、贺昌群等与他多有交往,相处颇为融洽。1939年3月11日他在给夏丏尊的信中还专门提及了马一浮即将到乐山创设复性书院的事情。贺昌群与马一浮曾经同在浙江大学任教,在贺昌群的引介下,马一浮曾到访叶圣陶。4月5日,叶圣陶的信中有记述:"马一浮先生已来,因昌群之介,到即来看弟,弟与欣安陪同出游数回。其人爽直可亲,言道学而无道学气,风格与一般所谓文人学者不同,至足钦敬。"5月2日,马一浮又曾来访。后来叶圣陶也曾多次回访马一浮。

大体上武汉大学任教期间的叶圣陶是愉快的,当然,在"谈笑有鸿儒,往来无白丁"的日子中,偶尔也有些不平静。

1940年5月29日,叶圣陶在日记中写下:"入夜,东润来,言校中要我们看国文竞试试卷,而此次文题之一,系刘博平所出,曰'试将下文改为恒言'。'恒言'二字有其习用之意义,今用于此殊觉不妥,若随同阅卷,将来且为分谤。共商之结果,决不往评阅,作一信复竞试委员会,署东润、晋生与余之名焉。"②叶圣陶在日记中记的这件事就是发生在武大的那场"恒言之役"。1940年5月,教育部新定了各个大学学业竞赛的方法,即先在各自学校中竞赛,学生自由参加,在比赛中优秀的人再经过下一轮的竞争,然后奖励那些表现优异的学生。武汉大学的国文竞赛试卷由刘博平命题,出了一段柳宗元《佩韦赋》的一部分让学生们译为"恒言"。由此引起了朱东润、叶圣陶、高晋生等教授的不满。因此有所谓"恒言之役"。

---

① 叶圣陶:《叶圣陶集》(第二十四卷),江苏教育出版社2004年版,第197页。
② 叶圣陶:《叶圣陶集》(第十九卷),江苏教育出版社2004年版,第255页。

时过境迁、尘埃落定之后的今天，我们再返观这次论争，颇值得玩味。当时已是1940年，新文化运动过去二十多年了，但是新旧之争依然未曾消歇。刘博平民国初年考取北京大学国文系，曾师从黄侃"治语言文字之学"。后游学日本东京，也曾拜于国学大师章炳麟门下，归国后继续跟随黄侃研究语言文字、音韵、训诂学。1929年，在黄侃推荐下，刘博平来武汉大学中文系任教。后来同在武汉大学的程千帆，曾在《劳生志略》中谈及一桩旧事："朱东润先生当时在武汉大学，刘博平先生当系主任，朱先生教文学批评史，博平先生的学术思想比较守旧，认为文学批评可以不必修。"由此可见，刘博平学术思想和理路相对保守，且刘与朱东润之间因学问理路不同而有龃龉。

刘博平的学术研究和文化理念直接师承的是黄侃。熟悉近代文化史的人都知道，在五四新文化运动期间，1919年初北京大学曾出现了有两个唱对台戏的刊物，一个是《新潮》，一个是《国故》。坚持革新的《新潮》杂志的支持者是胡适、周作人等新派人物，而秉持传统的《国故》学生群体的背后支持者就是黄侃、刘师培等旧学大家。

所以，我们做一个简单的师承谱系梳理，就可以看出，1940年发生在叶圣陶和刘博平之间的"恒言之役"，其实依然可以看作是五四新文化运动期间新旧之争的某种延续。应该说，叶圣陶本是五四新文化运动中成长起来的作家，五四理念是其思想底色，一直未有改变。即使与现代儒学宗师级的马一浮先生往来不断，且对马一浮评价甚高，但叶圣陶始终有着自己的判断，比如他在给友人的信中说："至其（笔者按：指马一浮）为教，则以'六艺'。重体验，崇践履，记诵知解虽非不重要，但视为手段而非目的。此义甚是，大家无不赞同。然谓六艺可以统摄一切学术，乃至异域新知与尚未发现之学艺亦可包罗无遗，则殊难令人置信。马先生之言曰：'我不讲经学，而在于讲明经术'，然则意在养成'儒家'可知。今日之世是否需要'儒家'，大是疑问。故弟以为此种书院固不妨设立一所，以备一格，而欲以易天下，恐难成也。且择师择学生两皆非易。国中与马先生同其见解者有几？大纲相近而细节或又有异，安能共同开此风气？至于学生，读过《五经》者即不易得，又必须抱终生其身无所为而为之精神，而今之世固不应无所为而为也。"①

"恒言之役"这件事或许可以看作是叶圣陶决心离开武大的一个导火索,但新旧的龃龉冲突,大概才是叶圣陶最终离开此地的深层原因。对此,朱光潜回忆说:"那时,武汉大学的旧势力根深蒂固,中文系的旧势力尤其大。叶圣陶和朱东润是搞新文学的,深得学生的拥护与尊敬。他们传授新文艺新思潮,有很大的功劳,曾经受到旧势力的排挤。"②总之,他去意已决,终于在当年7月离开了武汉大学。

五、成都:"四载侨居弥可念"

(一)成都近县视学

1940年7月,辞去武汉大学教职之后的叶圣陶,因应四川省教育厅郭有守的邀请来到成都。具体而言,叶圣陶来此处,主要是到教育科学馆任专门委员,从事教学研究和规划的工作。叶圣陶在7月21日先到成都就职,寄居在祠堂街成都开明书店楼上,家眷仍留在乐山。直到1941年初,才举家迁往成都。

叶圣陶到教育科学馆之后,"殊无特定工作,唯欲研究川省国文教学不良之症结,谋有以改善之耳"。为了拟定"六年一贯中学之课程标准",叶圣陶从1940年11月21日起开始到成都近县的中学视察。叶圣陶在自己的日记中详细记下了视察的情况,并将其整理成《成都近县视学日记》。在《小记》中,他写道:"那是一次很特别的旅行,我独自一个,花了半个多月(一九四〇年十一月廿二日至十二月六日),到了成都西北方的四个县——崇宁、彭县、灌县、郫县。交通工具是人力车和鸡公车;宿所或者是小客店,或者是学校的宿舍;吃食很马虎,经常以面点充饥;而每天总要接触许多陌生的人……每到一所中学,我总是听老师讲课,还向老师要一二十本学生的作文本来看。"③虽然视学的过程很艰辛,但那段经历给

---

① 叶圣陶:《叶圣陶集》(第二十四卷),江苏教育出版社2004年版,第184页。
② 商金林:《叶圣陶年谱长编》(第二卷),人民教育出版社2004年版,第136页。
③ 叶圣陶:《叶圣陶集》(第十九卷),江苏教育出版社2004年版,第336页。

叶圣陶留下了难忘的记忆。这段经历让叶圣陶更深刻地了解了中国基层社会的国文教育的现状与问题。

叶圣陶马不停蹄地实地考察,"到各县走走,参观国文教学的实际情况",跟国文教师访谈。除此以外,他开始着手编辑一套《国文教育丛刊》。"丛刊的目录拟了八九种",其中的《精读指导举隅》《略读指导举隅》,是由叶圣陶和朱自清合作完成的。观叶圣陶这一时期的日记,明显感受到其繁忙工作中的充实、畅快心情,与武汉大学期间的日记中体现的情绪,大不一样。可见,教育科学馆的工作能够将叶圣陶的国文教学理念和研究实际工作很好地结合起来。考察调研、推动国文教学研究、编辑相关丛书,这些是在武汉大学教授任上无法实现的。

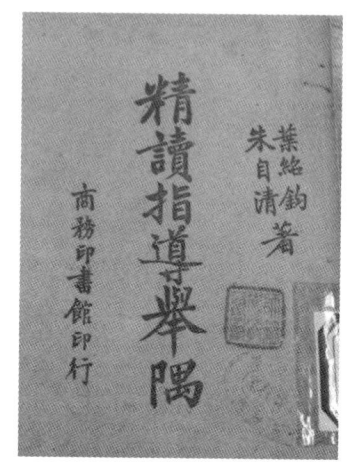

《精读指导举隅》,上海商务印书馆1947年版

1941年叶圣陶全家搬到成都新西门外罗家碾王家冈。此处距离纪念杜甫的"草堂寺"约五里。他们的"屋基三尺来高,坐东面西五间一排大屋子,屋面上盖的是齐齐崭崭两尺来厚的麦秆,走廊三尺多宽,一尺厚的板筑夯土墙,里外全墁的灰浆"①,门窗没有镶玻璃,但因为成都冬天不太冷,只要不刮西北风,即便敞开门窗,他们穿上棉袍棉鞋,也能坐下来阅读书写。房子四周的环境非常优美,这样的环境是他们一家人自抗战以来几乎都没能再感受过的。"傍晚出门眺望。墙外竹篱内有桃树四五株,不久当作花。又有柏树多株,殊不寂寥。竹篱之外,小沟环绕,可取汲,可洗濯。南望则田亩无际,竹树四起。"在这儿,他们一住就是四年零七个月,直到抗战胜利的1945年的9月返回上海前,才离开这里。这个地方给叶圣陶留下了诸多美好的记忆,成为他的"第二家乡"。1980年,叶圣陶应《成都日报》的约请,写了《望江南十首·成都忆》,叙写这段不寻常

---

① 叶圣陶:《叶圣陶集》(第二十六卷),江苏教育出版社2004年版,第217页。

的缘分：

成都忆，缘分不寻常。
四载侨居弥可念，几番重访并难忘。
第二我家乡。

成都忆，茅屋赁农家。
门外溪流东注水，春来屋隐白梨花。
入夏饱听蛙。

成都忆，绿野际天宽。
慈竹深丛随处是，桤荫活水自潺湲。
佳趣颇多端。

成都忆，居近浣花溪。
晴眺千秋西岭雪，心摹当日杜公栖。
入蜀足欣怡。

成都忆，得见草堂新。
书卷收藏欣美备，园林构筑雅无伦。
四季集游人。

成都忆，时涉少城园。
川路碑怀新史始，海棠花发彩云般。
茶座客声喧。

成都忆，登眺望江楼。
对岸低回怀故友，苍江浩渺记前游。
附舸下嘉州。

成都忆，看竹望江楼。

本土殊方诸品种，高竿丛篠并清幽。

人在画中游。

成都忆，近邑偶经行。

酒试俾筒曾宿店，桥循竹索上青城。

一路好泉声。

成都忆，几度访离堆。

放水曾来观仪式，扩充近复睹宏规。

蜀首大名垂。

成都的人情风物、叶圣陶一家人生活的情景，以及叶圣陶与友人望江楼上诗文唱和的相得，流淌于笔端，浮现在眼前。

成都，注定是叶圣陶魂萦梦牵的第二故乡。

(二)"三叶"写作的开始

在成都生活相对安定，叶圣陶在工作间隙，还耐心地教孩子们学习写作。当时，叶圣陶主编《国文杂志》月刊，主要面向中学生的国文学习："我们这个杂志没有什么伟大的愿望，只想在国文学习方面，对青年们（在校的和校外的）贡献一些助力。我们不是感叹家，不相信国文程度低落的说法；可是，我们站定语文学和文学的立场，相信现在的国文教学决不是个办法，从现在的国文教学训练出来的学生，国文程度实在不足以应付生活，更不用说改进生活。我们愿意竭尽我们的知能，提倡国文教学的改革，同时给青年们一些学习方法的实例。"因为要提供一些实例，所以杂志很需要刊登中学生写的文章，由于当时正值抗战，稿源受限，于是叶圣陶开始教他的孩子们学习写作，写得好的还可以给《国文杂志》供稿。

叶至善曾回忆那时父亲指导兄妹三人练笔的场景：

父亲要是没有夜工赶，总是吃过晚饭，收拾过碗筷，把油盏移到饭桌中央,把积在手边的我们的习作抽出个三两篇,自己在常坐的位子上坐下。我们三个就各占一边,一眼不眨地看着父亲笔尖慢慢向下移。笔尖忽然停住了,那还用说,肯定出问题了,我们三个就争先恐后挑眼儿。胡猜是不准许的:错在哪儿,得说出个理由;怎么修改,得提出个建议。这就难免发生争论,父亲也参加,闹得个不亦乐乎。也有的父亲没看出来,倒让我们看出来了。父亲还时常要追根究底,问我们当时是怎么想的,是根本没想清楚呢,还是写出来走了样。

多么美好温馨的画面。叶圣陶带孩子们修改习作,首先体现在用句炼词等细节的推敲方面。在文句的选择和通顺方面下功夫,他认为这是最起码的要求,而写得好不好,有没有深度,主要与生活体验的深度有关。所以对于叶至善他们这样的孩子来说,叶圣陶认为最重要的还是在选词造句方面下功夫。叶圣陶历来主张"文章要可以上口念,就是嘴里不出声,心里也要念。念它几遍,就知道行还是不行了",语病也会在念的过程中暴露。

那时,叶圣陶还让至诚给大家朗诵名家的剧本,一般选择那些能上口的独幕剧或多幕剧中的一场。叶至诚很聪明,不仅能读出那些台词,甚至那些潜台词,他都能表现出来。叶圣陶对他也很严格,一旦叶至诚念出的声调语气和角色情绪有出入,就得重新来,直到和角色完全合拍为止。

叶圣陶还特别注重培养他们的发散思维,尽量让孩子们想出多种修改手法,然后反复掂量、推敲,从中选择表现力最强的一种表达,再最终定稿。在叶圣陶的训练下,他的几个孩子都有了很大进步。作为起步和练笔的开始,当时他们写的文体大多数属于散文一类,记录了当时孩子们的生活,比如当时叶至美写了《我是女生》《课余散记》《母与子》等;叶至诚写了《成都农家的春天》《拉路的车》等;叶至善阅历相对丰富些,除了写大自然和学校生活的《成都盆地的溪沟》《集体创作》外,还写了一些反映抗战时期后方生活的篇章,如《司机们》《雅安山水人物》等。这文章,虽然难免稍显稚嫩,但却也清新可爱。

后来叶圣陶将他们兄妹三个的文章合编成一本集子,名之曰《三叶》。朱自清为此作了序,肯定了他们的写作,并且还鼓励他们继续努力,"打稳了杂文的底子再来写小说,正是循序渐进的大路"。日后他们三兄妹在文坛有所作为,与早年父亲有意识的培养训练、与叶家浓郁的文化氛围关系甚大。若不是后来外部政治环境的变化,他们或许会有更大的成就,写出更为经典的作品也未可知。

  如果从文化传承的角度来看,从传统中走出的叶圣陶有意识地培养子女的写作能力可以说是文化自觉的行为。中国自古以来注重家教庭训,注重文脉承传,古人有言"耕读传家久,诗书继世长"。"耕读传家"的理想中寄托着"风雅祖述,前薪后火,息息相继"的文化信念。① 叶氏兄妹三人合集的出版,则是在现代传媒的新机缘中,将这种文化信念最后的寄托、表达和传播。一般来说,家集即指汇集家族成员诗文著述的文学总集。如此看来,叶圣陶子女的《三叶》合集,在某种程度上也可以叫作"家集"。众所周知,古代文学世家大都注重家集的编辑和刊刻,以此梳理家族文学传统,强化族性意识,保证文脉的传承。近代以来,由于各种因素的影响文学世家逐渐式微,发展到当代,真正的文学世家更是罕见。在这样的大背景中,叶圣陶有意识地建构家族文学的努力就显得难能可贵了,这种努力不仅为子女未来的发展提供了可能,而且为叶氏文化世家的传承持续奠定了根基。

六、蓉桂之旅

  1939年《中学生》在桂林复刊,并改为战时半月刊。杂志社同人推举叶圣陶为社长。

  1942年4月16日,阔别五年的好友傅彬然突然来看望叶圣陶。当时,很多开明同事和老友都在桂林,叶圣陶一人落单在成都。他乡故知,久别重逢,这令叶圣陶很是高兴、激动。第二天,叶圣陶就陪傅彬然游览了青羊宫、武侯祠,又到望江楼品茗喝茶。傅彬然此次来蓉主要是为邀请

---

① 徐雁平:《清代世家与文学传承》,生活·读书·新知三联书店2012年版,第1页。

叶圣陶同赴桂林,一起启动开明的两件大事:一是商讨开明的编辑方针;二是准备出版一个规模较大的《国文杂志》,并推举叶圣陶来担任主编。叶圣陶素知"桂林山水甲天下",未尝不想游览美景,更重要的是,他特别想念那些多年不见的老友,去桂林可以志同道合继续以往的文化事业。种种思量后,叶圣陶决定答应傅彬然,一同前往桂林。

在这个期间,叶家还有一个大喜事降临。1942 年 4 月 22 日,叶至善的儿子出生了,这个男孩长得很招家人的喜欢,叶圣陶为这个孩子起名"三午"。为什么叫这个名字呢?叶圣陶在当天的日记中写道:"余早已拟定此儿之名为'三午',缘余生于甲午,小墨生于戊午,而今年为壬午也。父子相去各二十四岁,可为纪念。又按阳历小墨生于四月二十日,而今日为四月十九(阴历为三月初五日),父子相去整二十四年仅差一日耳。"①

安顿好家里,叶圣陶就启程赴桂林了。可是他万万没有想到这次行程的艰难,从 5 月 2 日出发,到 6 月 4 日到达桂林,一共走了一个月又三天,待他 7 月 13 日回到成都时,已经过了整整八十九天,真可以称得上是一次艰辛的旅行。叶圣陶还在途中写了一首《公路行旅》,记录了战时旅途的艰辛:

自古难行路,今难倘有馀。
临程谈黑市,过站上黄鱼。
蚁附颠危货,麇推老病车。
抛锚愁欲绝,浑不傍村墟。②

叶圣陶在诗后对"黄鱼"和"黑市"的注释是"额外附载之客曰'黄鱼',纳费高于票值,曰'黑市'。'黄鱼'须于站外登车";"麇推老病车"则是指"汽车有故障,旅客共推之"。从这首诗中就能略微窥见当时他们行旅的艰难,最怕车抛锚在荒郊野外,那真是"愁欲绝"!难怪叶圣陶"一

---

① 叶圣陶:《叶圣陶集》(第十九卷),江苏教育出版社 2004 年版,第 456 页。
② 叶圣陶:《公路行旅》。《叶圣陶集》(第八卷),江苏教育出版社 2004 年版,第 190 页。

路上坏情绪无以复加"①,不管怎样的"难行路",他们还是终于到达了目的地桂林。

饱尝颠沛流离之苦和"人生不相见"的凄苦况味,叶圣陶在桂林见到那些老朋友后,激动的心情难以自抑。可以想象,他们一定叙说着彼此的思念牵挂,回忆着抗战以来漂泊流离的种种艰苦。抗战期间,"桂林因为政治情况特殊,成为'文化人'集中的地方","有的在'八·一三'之后不久就离开上海,先到汉口,后来溯湘江而南,进入广西,少数人或绕道贵州;有的先到香港,后来太平洋战争爆发,就渡海西行,溯西江进入广西"②。当时叶圣陶在桂林见到的好友,有沈雁冰、丁晓先、柳亚子、胡风、金仲华、章元善、顾颉刚、贺昌群等。在桂林的这段日子里,叶圣陶和他们来往频繁,或纵论时事,或探讨工作,或吟诗唱和,总之他在这里过了一段还算惬意的时光。

叶圣陶从桂林返回成都后,辞去了教育科学馆的工作,开始着手恢复和发展开明的出版工作。叶圣陶在成都主持成立了"开明书店编译所成都办事处",叶圣陶担任处长,宋云彬、傅彬然、金仲华、丰子恺、贾祖璋为编辑委员,胡墨林协助叶圣陶的工作。当时办事处就设在叶圣陶的家里。只添了一副办公桌椅,叶圣陶就开始了他的编辑工作,开明书店的文化事业在纷飞的战火中,持续推进着。在如此艰苦的条件下,文化的一盏灯火在开明书店里摇曳着,而叶圣陶就是这盏灯火的点燃者、守护者之一。

---

① 叶圣陶:《〈蓉桂往返日记〉小记》,见《叶圣陶集》(第二十卷),江苏教育出版社2004年版,第56页。

② 叶圣陶:《〈蓉桂往返日记〉小记》,见《叶圣陶集》(第二十卷),江苏教育出版社2004年版,第55页。

第八章 "翻身民众开新史"的期盼

一、"人间何世!"的哀叹与西北一角的曙光

1944年,抗战进入到第七个年头,胜利已然在望。可是,转回头看看时局,又令人忧心忡忡。前线依然节节败退,大片国土沦陷。1944年的湘桂大撤退更暴露了当时的黑暗与混乱,当看到黔桂路上"难民之行列恒长数里至数十里,狼狈情形远胜于战争初起时之京沪道上"时,叶圣陶幽愤、失望之情,让他的内心无法平静下来:"同胞何辜,受此荼毒,思之痛心。"想到将来"我辈殆亦将同历此境","谋国者之不臧,坐失抗战之良机,贻民众以祸害,今当危急,不闻有一谋一策,并不切实之对策而无之,其肉岂足食乎"![1] 大后方各种藏污纳垢、人浮于事等的现象,更使叶圣陶痛心疾首。

由于战事日趋吃紧,桂林岌岌可危,政府开始发动青年学生参军抗

---

[1] 叶圣陶:《叶圣陶集》(第二十卷),江苏教育出版社2004年版,第334页。

战。年仅18岁的叶至诚受到鼓舞，决定报名参加远征军。面对儿子的主动选择，叶圣陶一方面欣慰于孩子的热情与成长，而另一方面又有些担心。为了此事，他致信沈雁冰征求意见。沈雁冰回信说："小伙子有这样志气和胆识，我们做长辈者当然很高兴，可是又总觉得他们的美丽的青春时代就被这样严酷的现实活生生催老了，实在不忍。我们这一代的生活是沉重的，而他们的更沉重；我想我在至诚的年纪时，实在还浑噩得可爱而又可笑。做父母的人，看到儿辈有此决心，衷心是快乐的，却又有点不忍。这种心理，我近来常有。不过理智还是使我们挺直起来。我想兄及嫂夫人也有此同样心情吧。从大处远处看，我们也只有这样鼓励他们。"

当时沈雁冰的两个孩子都已经在延安参加工作了，叶至诚如果去了延安也好有个照应，这样叶圣陶他们也就能放心了。对于子女的事，叶圣陶一向谨慎，为此事，他又征求了沙汀的意见，沙汀赞成延安之行，但是"一、不宜为找作文资料而去；二、去时不宜取作客之态度，必须参加实际工作"。① 叶圣陶觉得他说的很有道理。当然，叶至诚因为别的原因，最终没能去成延安。

1945年2月23日丁聪托人给叶圣陶带来他新画的《现象图》，希望叶圣陶题词。这幅图画的是大后方的各色人物，"皆可叹可哀之象"，"饰色，用漫画笔法"，很有讽刺意味。叶圣陶题了一首《踏莎行》：

现象如斯，人间何世！两峰"鬼趣"从新制。莫言嬉笑入丹青，须知中有伤心涕。

无耻荒淫，有为惕厉，并存此土殊根蒂。愿君更画半边儿，笔端佳气如初霁。②

上半阕写的是大后方的种种丑恶现象；下半阕表达了一种希望。这

---

① 叶圣陶：《叶圣陶集》（第二十卷），江苏教育出版社2004年版，第346页、第442页、第326页。
② 叶圣陶：《踏莎行·题丁聪所绘〈现象图〉》，见《叶圣陶集》（第八卷），江苏教育出版社2004年版，第202页。

幅《现象图》已经将丑陋的一边画下来了,也希望作画者"笔端佳气如初霁",画出那光明的另一边。

1945年8月,日本宣布无条件投降,这是值得举国欢庆的日子。可是叶圣陶却没有盲目地沉浸在喜悦之中。在8月10日的日记中,他说:"到家未久,外传日本投降,已于今晚发出广播。继而报馆发号外,各街燃放爆竹,呼声盈路,亦有打锣鼓游行者。余自问殊无多兴奋。日本虽败,而我国非即胜利。庶政皆不上轨道,从政者无求治之诚心,百端待理,而无术以应之,去长治久安,民生康乐,为期固甚远也。所可慰者,日本飞扬跋扈,欺我太甚,而终见其崩灭耳。"从这段话中,我们能体会当时叶圣陶的心情,日本投降对于我国来说确是一件好事,但他看得又比一般人长远,外患已除,接下来整个国家和民族又不得不面对内忧。

1945年8月29日,以毛泽东、周恩来、王若飞为代表的中国共产党赴渝参加国民政府主持的谈判,是为"重庆谈判"。10月10日,会谈双方共同签署了《政府与中共代表会谈纪要》(又称"双十协定")。对于此次谈判,叶圣陶给了充分的关注,他从一个知识分子和久经离乱的普通人的角度,真心地希望双方能够开诚布公,团结起来。在29日的日记中他记道:"早报载毛泽东已于昨日到渝,此事甚为国人所注意。以意推之,中苏新约既成立,国际形势亦不容我有内争,或者可以彼此相让,趋于团结乎。"当他看到双方谈判进行还算顺利时,认为他们确实也"似不致决裂也"。叶圣陶对这次谈判给予了很大希望,"若能得一较好之结果,实为我国前途之福"①。

叶圣陶在1945年8月30日的日记中写道,读黄炎培所著《延安归来》后,觉得"延安之作法平易切实,就事解决,处处为改善民众生活着想,殊可钦佩"。并说"各地若均能造成如此风气,则一切有办法。若继承传统之官僚政治,变本加厉,则一无可望"。可见,叶圣陶对当时的延安寄予了希望,对延安形成的风气深表赞同。黄任老曾将"以人存政举、人亡政息之意"询问毛泽东,"以为延安之将来或亦将循此轨迹",毛泽东认

---

① 叶圣陶:《叶圣陶集》(第二十卷),江苏教育出版社2004年版,第442页。

为已经找到了一条新路,那就是"民主",叶圣陶甚为赞同,他说"所谓人存人亡,皆指倡导者而言,既成民主,则倡导者退居于不重要之地位,自无政息之惧矣"①。叶圣陶将中国未来的美好的愿望都寄托在"民主"制度上,所以叶圣陶在不知不觉中心理的天平开始倾向了中共一方。

二、"我坐了木船"

1945年9月26日,叶圣陶全家从成都迁往重庆,在重庆住了四个月后,12月28日,一家人又由重庆乘木船东归,1946年2月9日到达上海。

其间值得一说的,是他们一家人乘木船东归这件事。面对好友们的劝阻,他当然知道乘木船危险,况且"一路上数不尽的滩,礁石随处都是","还有盗匪","假如遇见了,把铺盖或者身上衣服带了去,也是异常难处的事儿"。但叶圣陶又说,以前没有飞机、轮船,不是一样乘的木船吗,"人家可以坐,我就不能坐吗?我又不比人家高贵"。至于危险,他觉得考虑不考虑都一样:"轮船飞机就不危险吗?安步当车似乎最稳妥了,可是人家屋檐边也可能掉下一片瓦来。要绝对避免危险就莫要做人。"

当然,如果我们细心体察,事实上,叶圣陶这番话的背后颇有难言之隐。叶圣陶他们选择乘坐木船其实是不得已的,这个不得已当然并不是指客观条件上的不得已,而是与叶圣陶内心的原则与清高有关。其实,当时叶圣陶完全可以选择东归的其他方式,只要他放下尊严打通关节,或者突破底线去买黑票,但是知识分子的矜持和气节使他不肯低眉俯首。只此一细节,即可看出叶圣陶是有原则和底线的文人。在《我坐了木船》一文中,叶圣陶记下了他当时的想法与心情:

要坐轮船坐飞机,自然也有办法。只要往各方去请托,找关系,或者干脆买张黑票。先说黑票,且不谈付出超过定额的钱,力有不及,心有不甘,单单一个"黑"字,就叫你不愿领教。"黑"字表示作弊,表示越出常

---

① 叶圣陶:《叶圣陶集》(第二十卷),江苏教育出版社2004年版,第442页。

轨,你买黑票,无异帮同作弊,赞助越出常轨。一个人既不能独个儿转移风气,也该在消极方面有所自守,帮同作弊,赞助越出常轨的事儿,总可以免了吧。——这自然是书生之见,不值通达的人一笑。

再说请托找关系,听人家说他们的经验,简直与谋差使一样的麻烦。在传达室恭候,在会客室恭候,幸而见了那要见的人,他听说你要设法买船票或飞机票,爱理不理地答复你说:"困难呢……下个星期再来打听吧……"于是你觉得好像有一线希望,又好像毫无把握,只得挨到下个星期再去。……我听了这些,就死了请托找关系的念头。即使饿的要死,也不定要去奉承颜色某差使,为了一张票子去求教人家,不说我自己犯不着,人家也太费心了。……我毫无成就,样样不长进,我可不愿与任何人易地而处,无论长期或是暂时。为了跑一趟路,必须易地而处,在我总觉得像被剥夺了什么似的。……亵渎的人固然不少,我可总觉不忍。——这一套又是书生之见。

抱着书生之见,我决定坐木船。木船比不上轮船,更比不上飞机,千真万确。可是绝对不用请托,绝对不用找关系,也无所谓黑票。你要船,找运输行,或者自己到码头上去找。找着了,言明价钱,多少钱坐到汉口,每一块钱花得明明白白。在这一点上,我觉得木船好极了,我可以不说一句讨情的话,不看一副难看的嘴脸,堂堂正正凭我的身份东归。这是大多数坐轮船坐飞机的朋友办不到的,我可有这种骄傲。

叶圣陶说自己是"书生之见",可是这"书生之见"又多么难得!"可以不说一句讨情的话,不看一副难看的嘴脸,堂堂正正凭我的身份东归。"不是每一个知识分子都能始终做到表里如一,不是每个人都能秉持着那份知识分子的原则与清高。尤其是在当时那个动荡不堪的年代,朝不保夕,为了活命,为了舒适,多少人可以无原则、无底线、无节操地做出一些事情。与知识分子的那份可贵的正气和尊严相比,坐木船的危险与磨难,又算得了什么呢。

三、"胜利,到底啥人的胜利!"

到达上海后,叶圣陶见到了阔别多年的亲友,激动之情自不必说。他去同里三号拜访了好友也是亲家的夏丏尊。将近十年没见过面了,两人执手相握,只是说"老了!老了!",彼此早已泣不成声。当时的夏丏尊,肺病已经很严重了,"心绪复不佳,自家庭琐屑以至天下大事,皆感烦恼",看到叶圣陶和满子等回来才稍有安慰。

可是,重逢的喜悦,很快就不复存在。不到三个月,夏丏尊离开了人世,这对于叶圣陶来说是个不小的打击。夏丏尊去世了,叶圣陶觉得分外孤寂。国内时局动荡不安,少了一位能倾心交谈的好友,怎能不使他怅然若失。家愁与国忧中,叶圣陶写了《答丏翁》《夏丏尊先生追悼会启事》《谈丏翁的〈长闲〉》《夏丏尊先生》《夏丏尊先生墓记》等,这些文章凝聚着叶圣陶与夏丏尊的浓情厚谊。

夏丏尊临终前曾问起叶圣陶一句话:"胜利,到底啥人的胜利,无从说起。"这句话时时回响在耳边,让叶圣陶无法释怀,这何尝不也是萦绕在叶圣陶心头的大疑问。当时叶圣陶并没有回答什么。所以当夏丏尊逝世后,叶圣陶觉得很愧疚,或许他应该说几句话来安慰好友。

其实,叶圣陶曾说过:"胜利,当然属于爱自由爱和平的人民。这不是一个空洞的概念,不是一句喊滥了的口号,是势所必然。人民要生活,要好好的生活,要物质上精神上都够得上标准的生活,非胜利不可。胜利不到手,非争取不可。争取复争取,最后的胜利属于人民。"这些并不是叶圣陶空洞的说教,这就是他的想法。夏丏尊和叶圣陶两人的人生观念和信仰不尽相同,夏丏尊信仰佛法,而叶圣陶更近于无神论者。叶圣陶虽不信教,但他对那些笃信宗教的人,总是抱着尊重且欣赏的态度,"教宗堪慕信难起"可以看作叶圣陶对宗教态度的表白。夏丏尊生性悲观,当时中国情形之混乱更加重了他内心的痛苦,只得从佛教的教义中寻求心灵的安宁。相比而言,叶圣陶较为乐观,对未来抱有希望。他说:"总而言之,在我自己,活着既无所为,如果死了也不足惜。可是在'临命终时'以前,我决不肯抱玩世不恭的态度,因为我还相信'此世净土',觉得活着还有所为。"①

四、"涓泉归海"

从 1946 回上海至 1949 年绕道香港进入解放区为止,叶圣陶在上海居住了三年之久。大局未定的三年中,叶圣陶在沪上是如何自处的呢?叶至善曾经在《在上海的三年》的按语中写道:

当时,我父亲在开明书店主持编辑部的工作,又代老舍先生主管文协的总务,跟文艺界、学术界、教育界、出版界的人士有许多交往;上海在解放战争时期的民主运动,我父亲大多参加了,在日记上留下了记录。

1946 年,叶圣陶(前排右一)与上海开明书店同人合影

当时的中国,民主呼声日趋高涨,民主运动也此起彼伏。由于经常参加一些民主运动,国民党当局一度曾将叶圣陶列入了黑名单,甚至为此他还不得不到亲戚家里避祸。翻看叶圣陶 1948 年末到 1949 年初的日记,经常可以看到"近事""远游"等字眼,其实这些很多都是指他受共产党邀请到解放区的计划和动议。1948 年中国共产党曾派杜国庠等人多次邀请叶圣陶去解放区参加新政协,12 月 28 日他终于决定离开上海进入解放区。而未来一切都是未知的,心情复杂的叶圣陶在当天的日记中写下了这样的记录:"暂拟偕墨一游,缘是心不宁定,竟夕未得好睡。"②

---

① 叶圣陶:《答丏翁》,见《叶圣陶集》(第六卷),江苏教育出版社 2004 年版,第 214~216 页。

② 叶圣陶:《叶圣陶集》(第二十一卷),江苏教育出版社 2004 年版,第 343 页。

叶圣陶这样的抉择，过程并不轻松。夏丏尊的那一问，对于叶圣陶来说同样是一个困惑，所以他当时并没给出明确的答案，叶圣陶也在思考。虽然他对共产党早已有同气之感，但他认为国共两党还有团结的希望，他不想看到"本是同根生，相煎何太急"的悲剧。偏偏时局的发展并不如他期盼的那样美好。国共两党此刻针锋相对，大战一触即发。

他明白这是必须做出抉择的时刻了。一直以来，他始终保持着和政治的疏离状态。这是性格使然？是历史或阅历教给他的生存之道？困惑过也好，挣扎过也罢，这些不再重要，重要的是，这是他必须做出非此即彼的抉择的时候了。最终，他做出了决定，他要去寻找朋友们了。抗战期间，"一批人初集于桂林，继集于重庆，胜利而后，皆返上海，今又聚于香港，以为转口"①，难怪叶圣陶想到这些就兀自笑了起来，也许只有他自己知道这笑中的五味杂陈，是自嘲，是辛酸，或是苦笑？也许兼而有之！

于是，1949年1月7日，叶圣陶携妻子胡墨林登民生轮赴香港，11日到达，住在九龙德邻公寓。在这里他看到许多好朋友，如曹禺、金仲华、萧乾、柳亚子、夏衍、宋云彬等。19日，郑振铎也携女儿来到了香港和他们汇聚，他们北上的队伍更壮大了。

1949年2月23日叶圣陶与夫人胡墨林在香港达德学院合影

金仲华见到叶圣陶后特别高兴和欣慰，此前，他早就认为留在上海不妥当，但叶圣陶认为还没有那么严重，他并不是为了躲避骚扰才来香港的，只是为了有事可做。到了此刻，叶圣陶思考最多的，依然是如何做些实事。在香港停留的这二十几天的时间里，叶圣陶并没有闲着，他一方面关注着时局的发展，另一方面又考察了香港教育事业的发展。他和好友曹禺、萧乾、郑振铎等人访问了达德学院，并做了演说，还到汉华中学参加

---

① 叶圣陶：《叶圣陶集》（第二十二卷），江苏教育出版社2004年版，第7页。

了教育座谈会等。

2月27日,叶圣陶和他的朋友们分批登上离港的轮船,为了安全起见,他们都暂时改变身份和装容。叶圣陶冒充管舱员,女客则以搭客的身份登船。"此次所有乘客皆往同一目的地,平日皆熟友,除以上所记及余十二人外,一一记之。……总计男女老幼二十七人。历次载运北上之人,以此次为最多。"①28日开始航行。在船上,叶圣陶有感而发,写下了一首《自香港北上呈同舟诸公》:

南运经时又北游,最欣同气与同舟。
翻身民众开新史,立国规模俟同谋。
篑土为山宁肯后,涓泉归海复何求。
不贤识小原其分,言志奚须故自羞。

这首诗很快传播开来,并得到了大家的一致认可。柳亚子不久就和诗一首,接着陈叔通、张季龙、宋云彬都有和作问世,甚是热闹。憧憬着新的未来的展开,这些久经历史风雨的文人,在这短暂的相聚期间,谈起了辛亥以来的往日烟云。在船

1949年2月,叶圣陶(三排右二)与奔赴解放区的部分民主人士在"华中轮"上合影

上,叶圣陶听到好多先生们讲一些文坛和历史掌故,叶圣陶都一一记录下来,比如"陈叔老谈民国成立时掌故","柳亚老谈民初革命","云彬谈民十六以后,杨皙子曾赞助中共,在沪曾赞助中共,在沪多所救护","包达老谈上海掌故","叔老谈甲午之轶事"。这些历史上都不曾记载,为叶圣陶"前所未闻"。陈叔通还向叶圣陶讲述了袁世凯称帝事,"英国公使朱尔典实怂恿之。其后各省反对,

---

① 叶圣陶:《叶圣陶集》(第二十二卷),江苏教育出版社2004年版,第27页。

朱尔典又劝袁氏取消帝制",而"今各种记载往往称日本助袁氏称帝,而不及英国,非真相也"。叶圣陶还劝叔老将这些事情记录下来,以此矫正历史的谬误。毫无疑问,叶圣陶记录的这些,虽然只是零星的信息,但为后来人还原历史真相提供了线索。

3月5日,叶圣陶他们到达烟台时,军队和市府人员已经在等候他们了。15日,他们到达北平,受到北平市长叶剑英和民主人士的热烈欢迎。

至此,不止叶圣陶一人,对于同船的很多人来说都意味着,新的一页即将翻开。

第九章 京城风雨:"立国规模俟共谋"

一、"天下为公,力行身体"

1949年,是极为重要的转折之年。百废待兴,事务繁多,叶圣陶积极地投入新的工作中,参加各种筹备会议。叶圣陶日记中曾记录,"大会期已近,筹备百端,余固无可尽力,然集会亦渐多矣"①。其中的"大会",是指政治协商会议。那些"集会"就是商讨各种建国方针和事务,为政治协商会议的召开而做准备。9月21日,叶圣陶到怀仁堂出席了人民政协会议的开幕式。当时的怀仁堂布置简单明快,前面悬挂着孙中山和毛泽东的画像,中间挂着政协的会徽。在激昂的音乐和礼炮声中,全体起立鼓掌,政治协商会议开幕式开始了。首先,毛泽东致开幕词,接着刘少奇、宋庆龄、何香凝、张澜、高岗、陈毅、黄炎培、李立三、赛福鼎、张治中、程潜、司徒美堂十二人相继讲话,他们对未来的发展前景都充满了信心。30日,

---

① 叶圣陶:《叶圣陶集》(第二十二卷),江苏教育出版社2004年版,第51页。

选举结果公布,毛泽东当选为主席,朱德、刘少奇、宋庆龄、李济深、张澜、高岗六人当选为副主席,还公布了选举出的政府委员名单。

10月1日,在天安门举行开国大典,毛泽东宣布了中华人民共和国的成立。当时的知识分子沉浸在"时间开始了"的欢呼和喜悦中,忘记了最初的疑虑和游移。开国大典中,叶圣陶也应邀登上了天安门城楼。当时"群众之重,红旗之密,颇有壮观",叶圣陶感叹"文字之用有限度,如此之光景,唯有五彩电影可以摄其全貌与精神,文字必不能也"①。

1949年10月20日,叶圣陶和周建人(乔峰)同被任命为出版总署副署长,胡愈之为总署长。除了副署长一职外,叶圣陶还兼任了编审局局长。1950年11月,教科书编审委员会成立后,叶圣陶担任主任。12月,人民教育出版社成立,叶圣陶又兼任社长和总编辑。1954年,出版总署撤销,并入文化部后,叶圣陶担任教育部副部长,直到1966年,被免去教育部副部长的职务。

新中国刚刚成立,百废待兴,出版界也不例外。更为关键的是,1949年以后,政治、文化等体制都有了巨大转型,与民国时期相比,一切都是全新的。这确实使叶圣陶有了种种不适应。久经乱离的叶圣陶面对新的环境,努力地做着调适,全身心地投入工作中。

出版总署的工作,主要是负责管理并推进全国出版工作。当时他们主要致力于两个方面:一是使发行和出版分家。"头一步把三联、商务、中华、开明等发行部门的人员和资金抽出来,加上小书业组成的联营书店,再由总署派人参与领导并投入部分资金,于一九五一年元旦成立了公私合营的中国图书发行公司。"另一方面"就是把发育成熟的出版社,从总署分出去,使总署成为强有力的管理机构。先分出去的有人民教育、人民、人民美术、人民文学等国营出版社。稍后才有公私合营的,如青年出版社和开明书店,由总署牵线合并成立公私合营的中国青年出版社"②。

这些工作说起来不难,可是具体操作和实施并没有那么容易。而且当时叶圣陶身为副署长,必须得统筹规划,大大小小的事情都得由他来做

---

① 叶圣陶:《叶圣陶集》(第二十二卷),江苏教育出版社2004年版,第70~71页。
② 叶圣陶:《叶圣陶集》(第二十六卷),江苏教育出版社2004年版,第326页。

决定，这对于叶圣陶来说是一场大的考验。叶圣陶是个实干家，他只是想干些力所能及的事，比如编辑，可是副署长的职务使他和自己的理想越走越远。甚至他一度产生了厌倦和反感。这种情绪在出任副署长不久后的日记中可以屡屡看到——"此会须开十馀日，亦复不小，余则闻而皱眉矣"，"竟日治杂事，不成片段之工作。以后恐将永远如是矣"——这种情绪持续了好长一段时间，他甚至还想过辞去不干："余于工作时间之延长，学习之必须领导而又领导不来，出版署责任之重，编审工作之难以作好，一时纷集于胸，颇思脱去此公务机关。墨劝之，谓不宜如是。余思竟尔离去，诚令人觉其怪，然余实不习此也。"①在妻子的劝说下，他只能勉为其难，努力适应自己的工作。此外，出版总署的繁忙事务着实让叶圣陶的身体吃不消。叶圣陶是极认真的人，凡事都要事必躬亲，而署中工作头绪极多，如何能完全做到面面俱到呢？可是他改不了认真的习惯，不能对自己有丝毫放松，担心被讥为官僚主义，终于他感到了身心俱疲，终日"恍恍惚惚，如在梦中"。一方面是责任重大，另一方面他确实感到有些穷于应付，他在竭力适应中。

　　叶圣陶总是秉持认真的态度，做决定之前思量再三，慎重处之。叶圣陶对于语言文字的使用向来颇为重视。新中国成立后要对文字进行改革以适应时代的发展，叶圣陶希望简体字改革能从已有字中挑选，不主张另造新字，他认为只识简体字，就不能了解有繁体字的旧籍，但是胡乔木和教育部都主张文字改革，多造简体汉字，因为上层颇倾向此意。虽然叶圣陶他们不甚赞同，但也无法反对。叶圣陶在日记中写道："乔木续发言，承认中国文字之混乱现象，而要求语言学者予以准绳，确定文法。余意混乱是事实，而毛病不在讲文法，乃在词汇之乱用，语言之不精炼，毛病还在思想方面。"②"乔木主语言文字以毛主席与鲁翁之作为准。……以彼为范式，固可以号召，但举例之时，编辑者不妨斟酌其间，择其纯粹者而用之。"③从这些记录中可以看出胡乔木和叶圣陶在文字改革方面的思路和

---

① 叶圣陶：《叶圣陶集》（第二十二卷），江苏教育出版社2004年版，第72、74、83页。
② 叶圣陶：《叶圣陶集》（第二十二卷），江苏教育出版社2004年版，第151页。
③ 叶圣陶：《叶圣陶集》（第二十二卷），江苏教育出版社2004年版，第158页。

观点是存在矛盾的。若从长远来看,叶圣陶的思路和观点平正、客观,合乎事实的意见或许更值得重视。从另外一方面看,叶圣陶考虑问题的出发点不是首先如何邀宠于高层,他凭借着自己的价值标准,从整个民族文化传承的角度去着眼,这种科学的态度是可贵的。

二、"此时无声胜有声"

1956年5月2日,毛泽东在最高国务会议上提出"百花齐放,百家争鸣"方针。6月26日,中宣部部长陆定一在怀仁堂对文艺界和科学界代表们做了《百花齐放,百家争鸣》的报告,对"双百方针"做了更具体的阐述。

"双百方针"的公布,对于经历了"批判《武训传》""批判胡风""批判《红楼梦研究》"等大的运动式批判的知识分子来说,毕竟还心有余悸。所以有人应命作文时,曾以"知识分子的早春天气"为题,这种对乍暖还寒的政治空气的疑惧,可见一斑。虽然他们对之前的历次运动依然心有余悸,但上层关于"鸣放"屡屡鼓励,他们中的有些人放下心来。终于,"民主党派起来了,知识分子起来了,青年学生动起来了,和过去一样,他们充满着热诚,充满着真挚,自然也夹着某些激昂"①。"鸣放"在5月达到了高潮。叶圣陶在5月24日写了《瓶子观点》(6月3日《文汇报》),5月26日又写了《"领导"这个词儿·个人自己的哲学——在作协党组召开的座谈会上的发言》(《文艺报》第十号),7月15日叶圣陶又发表了《"老爷"说的准没错》。除此之外,还有更多的文人知识分子都在"阳谋"之下,纷纷出来,比如6月刘宾雁写了《本报内部消息》,9月秦兆阳(何直)推出《现实主义——广阔的道路》,12月钟惦棐发表了《电影的锣鼓》。

然而,形势正在起变化。1957年4月27日,中共中央发布了《关于整风运动的指示》,到5月1日《人民日报》上将这一指示正式发表。5月15日,毛泽东写了《事情正在起变化》下发给党内干部传阅:

---

① 李辉:《胡风集团冤案始末》,人民日报出版社2010年版,第213页。

现在右派的进攻还没有达到顶点,他们正在兴高采烈。党内党外的右派都不懂辩证法:物极必反。我们还要让他们猖狂一个时期,让他们走到顶点。他们越猖狂,对于我们越有利。人们说:怕钓鱼,或者说:诱敌深入,聚而歼之。现在大批的鱼自己浮到水面上来了,并不要钓。这种鱼不是普通的鱼,大概是鲨鱼吧,具有利牙,欢喜吃人。

6月8日,《人民日报》发表社论《这是为什么》的严厉质问。至此,时局发生了扭转,"大鸣大放"的整风运动结束,"反右"运动开始。同日,毛泽东又写了党内指示《组织力量反击右派分子的猖狂进攻》,接着,《人民日报》陆续发表社论,"反右"斗争扩展开来。

知识分子们陆续受到了批判,叶圣陶也因为之前发表的那几篇文章而受到指摘。他的《"瓶子观点"》提出反对将"受教育的人"看成"瓶子",作者并不认为"把政治课装进瓶子,思想政治教育就见成效了,把'劳动教材'装进瓶子,学生就加强劳动观点,热爱劳动了。"这篇文章和《"领导"这个词儿·个人自己的哲学——在作协党组召开的座谈会上的发言》受到严厉批判。甚至他被戴上"不要政治""不要共产党领导文艺""近乎虚无主义"的帽子。在1958年"大跃进"时期,又有人旧事重提,指责叶圣陶的"非政治倾向","与党未能融洽无间",是"资产阶级个人主义",叶圣陶只得"谓愿自改之,希随时相助",进行检讨。

当然,相较于很多人来说,叶圣陶还算幸运,并没有被划为右派。可是他的好朋友们,如章锡琛、宋云彬、徐铸成等都成了右派。当叶圣陶看到报纸上登载宋云彬被划为右派后,他在日记上写道:"云彬近为杭州报纸所攻击,谓其亦有右派分子倾向。云彬平日语言随便,喜发无谓之牢骚,诚属有之。若谓其反共产党,反对社会主义,则决无其事。云彬遇此,意兴自不甚佳。"①宋云彬从杭州赶到北京参加6月26日召开的第一届全国人大四次会议,叶圣陶也参加了此次大会。这次大会上大部分的发言不是对右派的斥责批判,就是所谓右派分子的检讨。叶圣陶并没有随

---

① 叶圣陶:《叶圣陶集》(第二十六卷),江苏教育出版社2004年版,第356页。

波逐流,做出和大众一样的价值判断,甚至泯灭自己的良心说一些言不由衷的话。他在此次会议上作的书面发言是《公文写得含糊草率的现象应当改变》,可以说这个发言和"反右"的运动"风牛马不相及",被人讥为"不合时宜""温情主义"就在情理之中了。相信叶圣陶知道时局发展到了什么地步,知道如何做到合乎时宜,知道此刻与右派分子进行"划清界限"的表态有多么重要。但他没有像当时很多人那样做。

朱正在《1957年的夏季:从百家争鸣到两家争鸣》中分析"反右"开始后出现的"温情主义"时,特别注意到了叶圣陶的发言:

……这种对右派分子的温情主义,也就是说对反右派斗争消极的抵触,就是在这如火如荼的人民代表大会上也不是没有反映的。并不是所有未划右派的代表都表现了对右派分子的极端愤慨。像叶圣陶的书面发言,标题是《公文写得含糊草率的现象应当改变》,全文三千余字,无一字涉及反右派斗争。就好像毛泽东没有讲过人民内部矛盾,陆定一没有讲过百家争鸣,共产党中央没有宣布过人民内部矛盾,整风并没有反右。周恩来的政府工作报告和大会小会上的发言他也似乎都没有听到,甚至似乎世界上并无章伯钧罗隆基章乃器储安平其人一样。此时无声胜有声。这样的书面发言能不能认为是反映出它的作者对反右派斗争的态度呢?

叶圣陶持这种态度是可以理解的。像他多年共事的老友宋云彬已经被划为右派分子了,他的小儿子叶至诚在江苏正因为"探求者"集团受到冲击,是不是会划为右派还在未定之中。如果这样的人就叫作右派分子,那他就太了解右派分子了。你教他怎么去随声附和和批判右派呢?

"此时无声胜有声。"叶圣陶对此运动的"无声"与沉默,是最好的表态,是一种委婉的抗拒选择。张中行也曾经回忆过叶圣陶在一次会议上的表现:"五十年代前期,一次开人数不是很多的什么会,谈到批评和自我批评的问题,他说,这,他只能做到一半,是自我批评;至于批评,别人的是非长短,他不是看不出来,可是当面指摘人的短处,他总是说不出来。这是儒家的'躬自厚而薄责于人',从某种观点看也许太过时了,但我总是觉得，与一些时代猛士的背后告密、当面揭发相比，力量会大得多，因为能够促使人自重，努力争取不愧于屋漏。"①这段话也从另一个侧面表现了叶圣陶一贯正直的品格，他的表现可以说与当时"告密者"的频现形成了鲜明对比，为我们对整个时代进行反思提供了范例。

三、"文革"中的叶圣陶

（一）彷徨复彷徨

1965年11月10日，姚文元在上海《文汇报》上发表了《评新编历史剧〈海瑞罢官〉》，文章的目标直指吴晗。

1966年2月2日到2月20日，林彪委托江青在上海召开部队文艺工作座谈会，在这次会议上明确提出了"文艺黑线"，开始向文艺界开刀。

1966年5月4日，中共政治局扩大会议召开前夕，《解放军报》题为《千万不要忘记阶级斗争》的社论指出应该全面"大兴无产阶级思想大灭资产阶级思想"。

1966年5月9日，上海《解放日报》和《文汇报》发表姚文元《评"三家村"——〈燕山夜话〉〈三家村札记〉的反动本质》的文章再度将矛头对准"反对毛泽东路线"的彭真、吴晗等人。

1966年5月16日，中共中央政治局扩大会议通过了《中国共产党中央委员会通知》，此即所谓的"五一六通知"，这标志着史无前例的文化浩劫——"文化大革命"——正式上演。

1966年8月2日，新上任的教育部部长何伟召见林砺儒和叶圣陶，说中央商定教育部要改组，年龄较大的林砺儒和叶圣陶就不再参加行政工作了。叶圣陶还在日记中记下了此事，并说："余在教育部已十二年，未作甚事，实为尸位。颇思辞去，而恐未便，遂久因循。今闻此言，殊有竟体一松之感矣。"叶圣陶被免职后，真的感觉轻松了很多，回家路上还去浴室洗了个澡。其实他早就想过辞去职务，只因觉得责任重大才坚持下来，如今

---

① 张中行：《叶圣陶》，见《负暄絮语》，江苏文艺出版社2004年版，第98页。

算是如愿以偿了。

但造反派并没有放过叶圣陶。9月14日,叶圣陶听说教育部的一个战斗组贴出了他的大字报,就赶紧叫孙子三午抄回来看,他在日记中写道:

三午往部中,半日功夫,将赤卫队铁扫帚战斗组所书关于余之大字报抄来。余重抄之,共四千左右,标题为《坚决打倒文教界祖师爷叶圣陶》,分四部分:(一)一贯反对党的领导,是漏网的大右派。(二)一贯反对文艺为无产阶级服务,顽固地宣扬修正主义的写真实论和创作自由论。(三)反对教育为无产阶段政治服务,排除语文教学中的政治思想教育,宣扬为语文而语文的反动观点。(四)反对毛主席的文艺批评标准,树立艺术至上、技术第一的修正主义标本。……大字报末谓余为横在社会主义大道上的僵尸,应"把它剁成块,烧成灰,扬入河,清除叶的反动影响,涤荡叶遗留的污泥浊水,把语文教学的阵地夺回来,让毛泽东思想的伟大红旗在文教阵地上高高地飘扬!"

当叶圣陶看到抄回来的大字报后,他愤懑疑惑的心情可想而知。尤其看到自己的好友纷纷受到了批判,甚至自己最亲近的家人也不能幸免时,他日日寝食难安。他的孙女小沫当时在北京农大附中读高中一年级,可谓品学兼优,可在这次运动中却成为"封建主义臭遗老"的"徒孙""修正主义黑苗子",被造反派勒令跪在毛主席像前,挨他们皮鞭的抽打,小沫被他们整得伤痕累累。叶圣陶得知后心情更加抑郁了,他在9月19日的日记中写道:"连日眠食难安,思想斗争之况味,在余犹如初尝。"到21日他被迫开始写检查了;25日"头脑岑岑,夜间几乎未成眠",次日又改写检查稿,"仅得数百字。思之未彻,下笔自缓";27日日记中说:"至善今日语我(因我向彼讨教)作检查不能如写文章,只能逐事想进去,随记所得,然后贯穿起来。贯穿起来看,乃可究其思想根源何在,找出真正之病根。余闻之,信其言。于是前此所写即当取消。而逐事想进去非余所习,初次为之,甚感艰难。"

写了一辈子文章的叶圣陶,没想到却被无休止的检讨书难住了。叶圣陶整日殚精竭虑以致心力交瘁。后来叶圣陶大病了一场,这件事在他写的《略述我的健康状况》中有详细的记载。事情源于1967年9月21日早上,叶圣陶由孙子永和陪同往宝泉堂洗澡,突然感到胸口不舒服,急忙出澡盆躺着,回家后,病情却越发严重,最后送往了当时的反帝医院即协和医院,经医院检查是"急性前壁心肌梗塞"。叶圣陶刚开始住的是地下室,病房中有九个床位,后来在史晓风等人的奔走下,叶圣陶被教育部证明"此人目前尚未定为走资派",住进了和他级别相称的双人病房。

在医院经过七个星期的治疗后,终于出院了,但是他的心情依然很沉重。直到1969年11月中旬他得知自己和吴研因、林砺儒经周恩来的特地关照,由国务院"直属口"管理。终于他那颗悬着的心落下来了。

接下来,孙女小沫报名参加了第一批上山下乡,下放到黑龙江军垦农场;当时是小学教员的孙子三午被分配到密云水库林场当工人;大奎去了黑龙江的泰康;永和到陕北延安插队;叶至善去了河南的五七干校……叶圣陶看着身边的儿孙一个个离开了,他怎能不伤感,但是他又不得不自我开解:或许他们应该去体验生活,劳动锻炼。叶至善在1969年4月15日离开前一天,叶圣陶在日记中写下:"至善以明日动身赴潢川,随身简单行李,包扎已齐备,余亦无甚惜别之意,唯嘱其常寄信来,详告学习与劳动之近况。"这样家里就剩下了满子、兀真等女眷陪伴着他。

(二)"居然臻老境"

1970年初夏,因为至善在家信中提到孙女阿牛,没几天叶圣陶就将一张他自己和阿牛的照片寄给了至善。叶圣陶为此还题了首五绝:

初有儿孙日,无如此日闲。
阿牛闲似我,老幼共庭间。①

叶至善说这是他父亲叶圣陶的"自嘲"。叶圣陶的第一个儿子叶至善出生于1918年,当时叶圣陶在甪直教书,还要忙着处理其他事务;而叶

---

① 叶圣陶:《叶圣陶集》(第八卷),江苏教育出版社2004年版,第311页。

圣陶的第一个孙子三午则出生于1942年,在初有儿孙时,他确实很繁忙。如今七十六岁高龄的叶圣陶倒是闲了下来,有的是时间和曾孙女闲适地坐在庭院中,真正过上了含饴弄孙的老年生活。叶圣陶强作闲适状,也有安慰远在外地的叶至善的用心。想想确实也令人心酸,七十六岁的高龄叶圣陶本应儿孙满堂,一家其乐融融,此刻却只有一个牙牙学语的孩子陪伴在身边,闲适的表面下,其实何尝不隐含着无奈与凄凉!

在这段冷清孤寂的日子里,叶圣陶除了有时由满子或兀真陪着到附近散散步外,没有什么太多的活动。昔日往还频繁的老友,因为特殊的政治空气,暂时断绝了来往,即便在路上偶遇,也往往低下头来装作没看到而匆匆离去。这些不能不让他感到气闷,只能以抄书写字,种花养草来排遣寂寞和忧愁。渐渐地他觉得自己真的进入了"老境",1973年9月4日为此他作了首五律《老境》:

"文革"期间,叶圣陶以抄书度日

居然臻老境,差幸未颓唐。
把酒非谋醉,看书不厌忘。
睡酣云夜短,步缓任街长。偶发园游兴,小休坐画廊。①

这种老年的生活状态在叶圣陶笔下不无乐趣,喝喝酒,看看书,晚上也能睡好,白天就在街上走一走,如果想到哪里游园了,就让家人陪着去,累了就随意歇一歇。在那种境遇下,叶圣陶的这种"闲

叶小沫与爷爷叶圣陶在北京动物园,大约摄于1973年春

① 叶圣陶:《叶圣陶集》(第八卷),江苏教育出版社2004年版,第338页。

适",其实是一种无奈的选择,毕竟与很多紧跟形势、随波逐流者相比,这种选择保持了一定程度的清醒。

四、"岁月峥嵘开新史"

1976年,注定是不平凡的一年。我们来简单回顾一下这一年发生的大事:

——1月8日,周恩来逝世;
——3月8日下午,吉林发生极为罕见的陨石雨;
——5月29日,云南西部先后发生两次强烈地震;
——7月6日,朱德逝世;
——7月28日凌晨,河北唐山地震,唐山成为一片废墟;
——9月9日,毛泽东逝世;
——10月,华国锋、叶剑英等逮捕了王洪文、张春桥、江青、姚文元等"四人帮"。

1976年,一幕幕的事件轮番上演。这是最糟糕的一年,也是噩梦的尾声,这一年注定成为历史上一个新的转折点。

叶圣陶在1976年的尾声即12月31日,日记中写下了这样的话:"今年为变化极大之一年,而结果则举国欢畅,此可记也。"统观叶圣陶的日记,1976年发生的那几件大事,都在他的日记中留下了痕迹。1月9日,叶圣陶听广播,得知周恩来于8日逝世。感于总理生前对自己的关照,他在1月10日,作诗一首,以示悼念:

无役不身先,向辰磐石坚。
般般当代史,烨烨六旬年。
悲溢神州限,功垂天地间。
鞠躬诸葛语,千古几人然?①

---

① 叶圣陶:《叶圣陶集》(第八卷),江苏教育出版社2004年版,第376页。

当叶圣陶得知周恩来在遗嘱中说明要自己的骨灰归还祖国大地后，叶圣陶深表赞同，他认为"骨灰留置，本来无甚意义，取之大地，归之大地，实为至当"，并告诉叶至善，他也要效仿。

7月7日早上，叶圣陶从广播中得知朱德于6日逝世的消息，在当天的日记中他回忆了往日的场景——"四六年朱六十岁，中共驻上海办事处为此在马斯南路举行祝寿集会，到者极多。开宴时饮烟台运沪之酒（其时烟台在中共手中），此酒极好，而又为解放区来者，余饮之过多，沉醉自午后至夜间始醒"，并说"此事永不能忘，而已越三十年，而朱老逝世矣"①。三十年，弹指一挥间，历史沧桑，竟如斯焉！

7月28日，唐山大地震，北京同样有强烈的震感。叶圣陶和家人为了防范余震，在室外"搭棚而居"，不免让他想到逃难时期。在这段时间来自各地各方的书信电话慰问不断，叶圣陶一一回复，报告平安，从这些慰问中，叶圣陶感到了他们的情意。可是即便在百般问候中，叶圣陶还是很清醒地注意到一个问题，他在8月4日的日记中说"……而教育部中未有人来，并电话亦未通一次"。看到这儿，我们才更深切地体味到了叶圣陶心思之细腻，他是个性情中人，感情丰富，所以也不容别人在感情方面有丝毫作假，有时竟会达到吹毛求疵的地步——叶圣陶就曾经针对妻子胡墨林旧病复发时叶至善没有强烈的感情起伏，就说他这个人"理智得可怕"。虽然叶圣陶只在日记中简单记下此事，事实上，新中国成立后，叶圣陶除了在出版总署工作，还在教育部任副部长，直到1966年被免职，在此任上可谓"鞠躬尽瘁"，可是现在教育部的冷漠态度怎能不让他心寒。

9月9日，毛泽东于零点十分逝世，叶圣陶在当天的日记中写道："巨星陨落，非止我国，举世将永远追念。"经历了"反右""文革"等种种之后，知识分子对毛泽东的心态非常复杂，从其日记中也可见一斑。

10月8日，叶圣陶就在临睡前听到了一个惊人的消息，但他并没有在日记中具体写出来，直到18日，他才写了那件事，即王洪文、张春桥、江青、姚文元"四人帮"等被隔离审查。

---

① 叶圣陶：《叶圣陶集》（第二十三卷），江苏教育出版社2004年版，第406页。

叶圣陶应《人民日报》的约稿,在10月29日写下了《满江红·十月二十四日天安门庆祝大会》:

电掣雷轰,阴霾扫,碧空澄澈。

未匝月,遽承民命,断然解决。

篡夺阴谋宁许逞?豺狼狠须深揭。

此心期、久已编神州,令欣彻。

秋气爽,红旗拂;

百万众,天安阙、

算年来欢畅,无如斯刻。

岁月峥嵘开新史,北辰环拱弥团结。

想前途、凌厉胜先前,心头热。

五、"天高气爽秋云敛"

(一)"常惜深谈易歇"

"文革"时期,"各人头上一爿天",叶圣陶和他的好友基本断绝了来往,但是他时时关注着那些老友的遭遇。1966年老舍自沉于太平湖,怎能不让叶圣陶感慨万千,但是迫于那个时代的氛围,他选择了沉默。"文革"结束后,叶圣陶再也按捺不住对老友的怀念,1983年为《老舍评传》填了《齐天乐》[1],"茶馆三场,车夫一传,观者神萦心系"句,将老舍生前在创作方面的功绩通过三言两语展现出来。"尽题选多方,琢磨唯细。笔砚朝朝,卷烟徐袅镇凝睇",细腻传神地写出1949年后老舍修改剧本的场景,"如君有几?"是悲剧还是喜剧,自待后人评判。"但逢君启齿"必定"朋辈齐喜"了,想到和老舍一同参加亚非作家会议,共览内蒙古大草原时的情景,他在日记中曾经记下这样的话:"我跟他在一块儿起居,听他那幽默风趣的谈吐,咀嚼他那独到的引人深思的见解,真可以说是一种无比的享

---

[1] 叶圣陶:《叶圣陶集》(第八卷),江苏教育出版社2004年版,第475页。

受。"他怎么也想不明白竟是"屈原同例"的结局。"呵天甚意！"是叶圣陶的不平之音，静静地对着"秋窗"，"想知交半世纪"。句句感人至深，字字熔铸着叶圣陶对老舍的深情厚谊。1968 年，叶圣陶的好友金仲华同样被迫害致死，但当时叶圣陶只是将信将疑，不便打听什么，直到后来才知道他确已逝世。1975 年，受金仲华之妹金端苓的嘱托，叶圣陶写了《赠金端苓》，1983 年又写了《追念金仲华兄》一文来纪念亡灵。

叶圣陶的老年是很孤寂的，好友一个个离开了人世。叶圣陶除了给一些相识的或不相识的人写字题诗外，就是为老朋友写悼词和纪念文章，为书籍的出版写序跋，比如《追怀调孚》《悼念愈之兄》《纪念雁冰兄》《〈丰子恺文集〉序》《〈郑振铎文集〉序》等。不难想象叶圣陶在写作这些文字时的复杂心情。通过这个途径，他也正可以抒发自己内心被压抑的情感，但是每写一次，就必定要追忆种种往事，特别是不堪回首的"文革"经历，这对叶圣陶来说何尝不是巨大的煎熬呢？

"文革"后的叶圣陶成了八宝山的常客，除了送别正常病逝的人，还要追悼那些在十年浩劫中受迫害致死的人。有一次，从礼堂出来，胡愈之和叶圣陶握手言别时说："下回来八宝山接着谈吧。"看似幽默的一句话，饱含了多少无奈和悲伤！

叶圣陶逐渐对那些机械的程式化的悼词产生了不满，专门写了《祭文·悼词》来批评这种八股文风。这篇文章以韩愈的《祭十二郎文》和欧阳修的《祭石曼卿文》为例进行对比分析，叶圣陶更倾心的是用真情实感写出的《祭十二郎文》，然后联系当时追悼会，批评了那种形式主义倾向。文章最后，叶圣陶说："我老是在希望，'某某同志，安息吧！'这句话，'永远安息吧！'"①这篇文章发表后，受到了很多人的认同，黄裳看了说："姜还是老的辣。"叶圣陶在不动声色中针砭了时弊。

（二）海棠花的情谊

1949 年初到北京后，叶圣陶一家住进了北京东四八条的一个四合院。庭院中栽满了各种花木，有海棠，有石榴，还有黑枣和白丁香，环境宜

---

① 叶圣陶：《叶圣陶集》（第七卷），江苏教育出版社2004 年版，第227 页。

人,颇得叶圣陶心意。后来,他又在院子里种上了玉簪花、牵牛花和凤仙花,还养了一缸荷花。每年海棠花盛开的季节,叶圣陶总要邀请一二好友来品茗饮酒、赏花畅谈。

而"文革"时期,海棠花无人照料,一度枯萎,直到家人渐渐回来,在他们的悉心照料下才恢复了精神。花虽盛开,但在敏感时期,叶圣陶不曾张罗邀请好友来赏花。1975年"文革"后期,政策有所放宽,叶圣陶按捺不住对老友们的思念,决定邀请他们来观赏海棠花,多年不见的几位老友聚

1975年4月,最后一次"五老会",自左至右站着的是叶圣陶、章元善、俞平伯;坐着的是顾颉刚、王伯祥

一聚。也许叶圣陶心情太急切了些,他把日子定在了4月19日,可是那时还是有点寒冷,乍暖还寒的早春季节,海棠花只开了三五嘟噜。通知早已发出,后悔也已经来不及了。那天王伯祥、俞平伯、章元善、顾颉刚相继来到他的院中,激动之情溢于言表,看花倒成了其次。那一天叶圣陶的孙子三午特地给他们五位老人拍照留念,后来题为"五老图"。照片中的他们都已高龄,鹤发鸡皮自不能免,但沧桑的面容掩盖不住他们内心的欢喜。以后五老再没聚首,《五老图》成为他们永恒的纪念。

1983年,冰心问起过五老的聚会,叶圣陶答应下次海棠花开定会邀请冰心。可是接下来三年,叶圣陶在四次住院期间错过了海棠花开的时节,他一直惦念着答应冰心的事,为此很过意不去。1987年4月4日,叶圣陶出院后,海棠长出了花蕾,他的心愿终于有机会实现了。叶至善他们决定瞒着两位老人,以免他们过于兴奋影响身体。4月22日一切安排妥当后,叶至善打电话到冰心家,下午冰心由女儿女婿和外孙三人护卫着来了。两位老人见面后执手相握了好一会儿,好在他们的身体都还算健康。当天他们在海棠花下照了好多照片,以作纪念。

叶圣陶与冰心在海棠花下拍照留念

从这些照片,我们看到岁月虽然在他们脸上留下了无情的痕迹,但时光的流逝并没有冲刷掉他们的温情、真诚。这些老人虽经历大风大浪而初心不改,依然葆有那份纯真与人情味。与年轻时相较,更多了份平静、淡然与从容。

六、耄耋之年

(一)"多活几年,多做些事"

"多活几年,多做些事",这句话是叶圣陶在1982年民进六届二次全会闭幕会上的讲话中提出的,既是自勉,也是希望。叶圣陶在讲话中说:"人生不过如此,多活几年就要多做些事情","事情无论大小,只要脚踏实地,不说空话,或者尽可能少说空话,对于咱们新中国,总有点儿好处。多活几年,当然要多做一些比较有意义的事情。如果摆起架子,说我要培养人才,得天下英才而教育之,好像太严重了;能否降低一点儿说,就是给几个人有点儿好的影响"①。话极质朴,却极有现实意义。

"文革"结束后,叶圣陶先后担任了教育部顾问,中央文史馆馆长,中华全国文学艺术界联合委员会委员,中国作家协会顾问,中国民主促进会中央委员会主席、名誉主席,中国人民政治协商会议第六届全国委员会副主席等职务。

---

① 叶圣陶:《叶圣陶集》(第七卷),江苏教育出版社2004年版,第273页。

虽然叶圣陶年事已高，目力和耳力几近失效，但他仍然关注着教育事业的发展，笔耕不辍，针对当时的应试教育的现状和弊端提出了许多宝贵的意见，同时也体现着他一贯的教育理念，即便现在看来也并不过时，依然富有启发性。尤其是叶圣陶1981年11月26日在《人民日报》上发表的《我呼吁》一文，在当时产生了巨大的影响。叶圣陶看到《中国青年》上的《来自中学生的呼声》一文，针对当时社会为了片面追求升学率的应试教育问题，他呼吁："爱护后代就是爱护祖国的未来。中学生在高考的重压下已经喘不过气来了，解救他们

《叶圣陶教育文集》，人民教育出版社1998年版，共五卷

已经是当前急不容缓的事，恳请大家切勿等闲视之。"叶圣陶的这篇文章受到了关注，在五届人大四次会议通过的《政府工作报告》中还专门提到了《我呼吁》："最近，叶圣陶代表发表了题为《我呼吁》的文章，词意恳切，表达了学生、教师、家长和广大人民群众的心声。希望有关各方面认真注意这个问题，切实加以改正。"1980年11月18日，叶圣陶还冒着严寒来到中学语文教材改革第二次座谈会上，和代表们见面，竟然讲了一个多小时的话。他说："我已经八十六岁了，'虽邻夕死，犹欲朝闻。'希望能在有生之年看到中学语文教材有一个大的改革。"1983年11月28日，在中学语文教学研究会第三届年会上，89岁高龄的叶圣陶又呼吁说："要建设有中国特色的社会主义，要建设高度的社会主义物质文明和精神文明，语文课再这样教下去行不行？不行！要改，非改革不可！"叶圣陶的呼吁中，我们似乎仍能感受到五四启蒙运动中立人思想的回声。

（二）暮年上娱

叶至善在《〈叶圣陶集〉编后记》中说："从'文革'后期开始，作者和俞平伯先生交往越来越频繁。两位老朋友虽然同在北京，由于行动不便，交谈主要依靠书信，你来我往，有时甚至一天两封。他们把来信复信比作

打乒乓球,都说这样随意笔谈堪称作暮年上娱。"

叶圣陶和俞平伯都出生在苏州。1918年,叶圣陶在甪直五高教书时,俞平伯在北京念大学,两人开始了书信往来。1921年叶圣陶到杭州一师后才和俞平伯正式见面了,后来他们加入了新潮社,1922年叶圣陶还和俞平伯等人创办了《诗》月刊。新中国成立后,两人都在北京,虽然也时常见面,但不如通信来得及时畅快。他们"彼此以书翰进行思想交流,文辞切磋,兴之所至,辄奋笔疾书,或赏析、或质疑,一无矫饰,内容丰富;国运家事,典籍字画,新撰旧作,砌草庭花,以至宇宙观、人生观,无所不臻,尔来吾往,尝戏云:酬答如是,无异于打乒乓球。"①叶圣陶写的那首悼念朱自清的《兰陵王》就是在这种"打乒乓球"似的通信中成稿的。

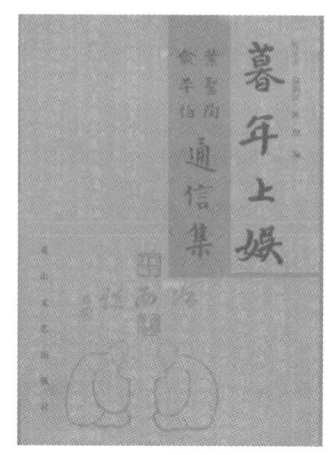

《暮年上娱:叶圣陶俞平伯通信集》书影

1975年叶圣陶在子女的陪伴下做了一次旅行,和俞平伯的通信也暂时中断,回到北京后自然又续上了,他在8月18日给俞平伯的信中说:"书简往回如打乒乓球,间断三月有余,今复继续,所以乐也。"并在书笺上写了首小诗,"滕于牵牛花呈上",说"不相见者数月,聊以寄意",小诗写道:

临晓朝阳带露开,舞衣想象受风迥。
堪欣此朵大如许,寄与平公共赏来。

8月21日,俞平伯在复信中说:"诵是十八日书,'往回如打乒乓球'喻妙而切(顷阅《隋唐演义》,此二字写作'乓乓'音读为轻烹。盖今昔不同矣)。"并且也作了一首小诗给叶圣陶:

---

① 叶至善,俞润民,陈煦:《暮年上娱:叶圣陶俞平伯通信集》,花山文艺出版社2002年版,序言第1页。

秋晨开缄喜伻来,道似银球往复回。
赠我绯华多惓惓,惭将小草伴伊开。

在叶圣陶和俞平伯的通信过程中,像这样你来我往的诗文唱和有很多,他们有时为了一句话,有时为了一个字,反复探讨许多次,可见他们的天真,也足见他们的认真。1980年周颖南嘱托叶圣陶为俞平伯赠给他的《重圆花烛歌》写题词,叶圣陶一时不知如何下笔,还是通过征求俞平伯的意见后,才写出了题词。读他们那段时间的通信颇为有趣。王伯祥的儿子王湜华分析过二人的交往,"一个追求诗无达诂,一个似乎是追求确诂,大相径庭,又怎么能合得来呢?其实这还只是诗风上的迥异,而在追求真理、严肃认真、勤奋努力、不尚空谈等根本问题上,俞、叶二位又本是极相似很相通的"。最典型的例子莫过于前面提到的修改《兰陵王》的经过,两位老人可以说为追求诗的完美倾注了全副心力。

随着时光的流逝,叶圣陶的视力逐渐衰退,身体也经常出问题,好友相继离世,叶圣陶的孤独感越来越强。1982年2月12日,他在给俞平伯的信中写道:

我尝欢孤往,兄言与同寂。
以证不可分,料知无戚戚。

俞平伯也很快做出了回应,他在2月15日的信中写道:

"庶几有时衰,庄岳犹可击。"(潘岳悼亡诗句)
待我馀年尽,与君同寂灭。
逝者固不复,而亦不可分。
假我三五年,归去日已曛。

在这一来一往的交流中,我们能感受到他们之间的惺惺相惜,来往的书信使他们度过了那段寂寞难捱的日子。1984年,叶圣陶生病住院(切除胆囊)后为了答谢俞平伯的问候,作诗一首,曰"感极关垂电话频,海棠共赏欠今春"①。此次住院叶圣陶为了答谢主刀医生吴院长,在病榻上写了四首七绝相赠,为此他还专门请俞平伯推敲字句,俞平伯还为此事到医院和叶圣陶商量,甚至连书写用的纸张和款式都在他们讨论的范围之内。这看似细微的做事方式,体现出的还不仅仅是叶、俞二老对诗词唱和本身的专注和热情,体现出的更是老一辈文人对人情和温暖的珍视,书信诗词是他们表达内心的最好方式,这种纯粹、天真,实在值得当下人效仿。

后来,叶圣陶的身体越来越差,大多时间基本都在医院中度过。他和俞平伯的书信来往也没原来频繁了。俞平伯自选的《俞平伯旧体诗抄》编成后,到医院来探望叶圣陶,并希望叶圣陶为其作序,叶圣陶爽快地答应了。但当时他已卧床不起,难于执笔,只好口述给俞平伯的长女俞成,待她记录好后,又让儿媳兀真念给自己听,反复斟酌思量,花了八九天时间才修改完成。叶圣陶没有等到诗集出版,就故去了。俞平伯感伤地对其外孙感叹道:"你叶公公不在了,出这本书还有什么意思!"《吕氏春秋》曾记录伯牙与钟子期的知音与莫逆:"伯牙所念,钟子期必得之。"叶圣陶去世之后,俞平伯的慨叹,不能不让人想到伯牙绝弦的典故。艺术的共鸣与心有戚戚,是文人作家交往的纯澈境界。

(三)"有诸己而后求诸人,无诸己而后非诸人"

叶圣陶在"文革"前加入了中国民主促进会,民进主席周建人去世后,叶圣陶接替了主席的职位,经常主持参加一些会议。到后来,叶圣陶的体力实在支持不住,便恳求代表会议免去他的职务。1987年民进召开全国代表会议,他口述了一封给全体代表的信,希望得到他们的同意。叶圣陶还希望亲自向代表们告个别,6月9日,他来到会场向大家问好,表示感谢后,还一字一顿地背诵了两句古文。他背诵的是《礼记·大学》中的话:"有诸己而后求诸人,无诸己而后非诸人。"这两句话的意思是自己先做到再要求别人也那样做,自己先不做才能要求别人也不做。这两句

---

① 叶圣陶:《叶圣陶集》(第八卷),江苏教育出版社2004年版,第483页。

话说起来简单,做起来并不容易。早在 1943 年,叶圣陶就在《说话与听话》一文中提到过这两句话,文章说:

> 说话人的态度应该是"有诸己而后求诸人"。自己也信不过的话,挂在口头说一阵,多么无聊。没有话勉强要说话,想着浪费了的精力就觉得可惜,还不如默尔而息合乎保养之道。尤其是"求诸人"的话,如果"无诸己",内里空虚别扭,说出来怎么会充实圆满?而且说到要人家怎样怎样的时候,想着自己并没有怎样怎样,脸上就禁不住一阵红,这一阵脸红比较挨人家的骂还要厉害,又怎么受得了!

"吾道一以贯之",时隔四五十年后,叶圣陶用这两句话来结束他的政治生涯,着实意味深长。多少人一边高调宣扬某种主义、理念,一边却做着与所宣扬的完全相反的勾当的行为,如何不让人痛心。当下不缺游走在各个领域的"表演者",缺少的是一以贯之的真的人!

七、斯人已逝　风范犹存

1988 年 2 月 16 日农历丁卯年除夕清晨,叶圣陶的孙子永和从医院打电话给叶至善,说:"爷爷快不行了。"叶至善与弟弟至诚,奔向了医院。孙女小沫来了,女儿至美也来了,他们和永和、兀真六个人静静地站着,忐忑不安地看着维系他们希望的那条闪烁的绿线,上午 8 点 20 分,叶圣陶那颗跳动了九十四个春秋的心脏停止了。

对于死生,叶圣陶早已超然物外。早在 1979 年 12 月 11 日,他就写了《遗言》,并嘱咐家人,丧事从简,还要他的孩子们自费在《人民日报》登个广告,"告知相识的人,说我跟他们永别了"。1980 年 12 月 21 日,他又在《遗言》上补说"非但不要开追悼会,别的什么会也不要开。像我这样的一个平凡的人,为我开无论什么会都是不适宜的。务望依我"。1983 年 2 月 12 日,他又在《遗言》上补写"如有医学院校需要,把尸体赠与"。叶圣陶对死的态度是淡然的,可是他一次次补充《遗言》,又足见他对死看得很认真,其中亦可见其性情。

1988年2月29日下午,叶圣陶最后一次来到了八宝山,不过这次不是送别别人而是送别他自己。此刻的他正安详地躺在鲜花翠柏之中,身上覆盖着雪白的缎子,映衬着他那被九十四年风霜染白的白须白眉,低回的哀乐中隐约着人们的抽泣之声。两千余名各界人士冒着寒风,踏着皑皑的白雪来到这里和叶圣陶告别。人民教育出版社的老编辑王泗原泣不成声,他断断续续地告诉记者,他的两部书都是经叶老认真修改、审阅出版的:"叶老一生不知奖掖了多少后人,他是我们最好的导师和长者。"部队作家王愿坚说:"是叶老引导我走上文学道路的。"站在一边的浩然情绪激动地说:"叶老不仅教我们如何做文,还教我们怎么做人。我们这些年轻一代不但要学习他在文学艺术上的追求,更重要的是要学习他做个正正派派的作家、正正派派的人。"

角直是叶圣陶的第二故乡,1918年到1922年在"角直五高"执教的日子给叶圣陶留下了美好的回忆。叶圣陶去世后的1988年12月8日,角直人民将他迎回了故乡,在当年叶圣陶教书的地方修建了墓碑,还建起了纪念馆、纪念亭。

苏州甪直,叶圣陶先生墓

第十章 编辑一生：叶至善

◎

一、子承父业：我是编辑

（一）"乐在其中无处躲"

1988年，叶至善在自己的书稿《我是编辑》的扉页背面题了一首《蝶恋花》："乐在其中无处躲。订史删册，元是圣人做。神见添毫添足叵，点睛龙起点腮破。信手丹黄宁复可？难得心安，怎解眉间锁。句酌字斟还未妥，案头积稿又成垛。"好友史晓风后来专门将其谱成了曲子，说："《蝶恋花》是至善兄一生编辑工作经验的总结，也是值得弘扬的敬业精神和守则，即：'添毫'不'添足'，'点睛'不'点腮'，'丹黄'不'信手'。"①

1992年10月，在中国编辑学会上，叶至善提到自己的编辑生涯时说：做了半个来世纪的编辑工作，编过好几种期刊，编辑不少本图书，经验

---

① 史晓风：《知音和挚友——怀念编辑世家传人叶至善》，见方厚枢编，《编辑之歌——怀念远去的英才》，首都师范大学出版社2010年版，第207页。

不能说没有，可是至今还说不出一个"子丑寅卯"来。他还说到自己喜欢编辑工作的原因：一是可以满足自己的创造欲，跟当工程师当艺术家没有什么两样；二是可以满足求知欲，随时能学到杂七杂八的诸多知识。因而乐此不疲，从未见异思迁，尽管失败的懊恼多于成功的喜悦。创造欲和求知欲推动着叶至善乐此不疲地在编辑事业中前进，而谦虚谨慎的工作态度又保证了出版读物的质量。

叶至善

好友朱正评价叶至善时说，他既是编辑方面的专家，又是一位传统的知识分子，单凭"我是编辑"这样简单的书名足以证明一个亲历了中国出版风云的知名出版人诚朴谦虚的工作态度。叶至善不仅承继了其父叶圣陶的职业，更重要的是叶圣陶优秀的品质也在他的身上得到了彰显。

叶至善出生于1918年。此后，叶至善一直跟随在父亲身边，直到叶圣陶去世。叶至善传承了叶圣陶的衣钵，无论是性格还是为人处世，甚至是行文方式都很类似。在叶圣陶晚年目力、听力严重衰退的情况下，叶至善充当了他的耳目，叶至善还经常替父亲起草文稿。

叶至善从22岁起就跟父亲学着当编辑。1945年正式进入开明书店，参与编辑了《开明少年》《中学生》《旅行家》《农村青年》《我们爱科学》等杂志。除此之外，还有《少年百科丛书》《开明少年丛书》《开明青年丛书》《我们的书》等多种书刊。此后，他还编辑策划了《叶圣陶散文甲集》《叶圣陶散文乙集》《叶圣陶序跋集》，尤其在出版二十六卷本的《叶圣陶集》上付出了巨大的心血。鉴于他在编辑领域的杰出成就，中国福利会向他颁发了妇幼事业的最高奖"梓书奖"及"樟树奖"。他还曾获得了中国出版工作者协会评选的首届"伯乐奖""中国韬奋出版荣誉奖"，以及"中国十位优秀科技传播人物"称号等。1949年之后，叶至善历任中国青年出版社编辑，中国少年儿童出版社社长、总编辑兼《中学生》主编，中国青年出版社、中国少年儿童出版社编审委员会副主任，中国出版工作者协会第一届理事、第二届副主席，中国科普创作协会第二届副理事长，民进第七、八届中央副主席,为我国的编辑事业和科普创作做出了贡献。

叶至善承袭了其父亲的职业,并不是计划之中的事。叶圣陶在《做了父亲》一文中谈到过他对子女未来职业的设想,他并不想让孩子们再干与笔墨有关之事,他希望自己的孩子"能够像工人农人一样,拿出一件供人家切实应用的东西"。在叶圣陶的鼓励和诱导下,叶至善很羡慕工人农人的劳动。他念完中学之后,学了农产制造,就是现在的农产品加工。叶至善说过,"学农产制造是我自己的选择,父亲当然非常支持,还特地到学校去看同学们怎样实验怎样实习。他梦想真有那么一天,能看到我站在人前作他所盼望的庄严宣告。我当时是认真学的,毕业之后还认真干过。如果是现在,我会一直干下去的,也许能有所发明有所创造,拿出一两件新鲜的东西来供人家使用。"可是为什么叶至善又走上了编辑的道路呢?

叶至善说:"抗战时期,在国民党统治的'大后方',农产品成了囤积居奇的筹码,哪儿谈得上正经的加工。我碰了几次壁,结果走上了父亲走过的路,先是当教员,后来当编辑,编编写写四十多年,跟父亲一样,尽干的是笔墨的事,从未生产出一件可供别人切实有用的东西来。"叶至善走上编辑的道路虽然有违他和父亲的初衷,但这并不是毫无缘由的选择,这种选择游移在自觉和不自觉之间,有着必然性和合理性。

叶圣陶素来注重语言的运用,在培养孩子们写作的能力时,首先从语言抓起。编辑的工作首要的是在字句上进行推敲和琢磨,叶至善从小熟知这方面的工作,为他日后从事编辑事业打下了良好的基础。尽管叶至善自觉回避过像父亲一样舞文弄墨,但他最终还是没有脱离文字缘,还是走上了编辑的道路。文化的熏染向来是无边无形的,在家庭中更易蔓延开来,当年叶圣陶全家编辑《十三经索引》的情形,少年叶至善想必从中也出了不少力。叶至善最终选择了和父亲一样的职业,在很大程度上,可以说是必有文化熏陶与文脉相承的原因。

(二)科普作家

除了编辑身份外,叶至善还是著名的少儿科普作家。叶至善在《科普杂拌儿》的后记中说:"1945年我开始当编辑,给孩子们编综合性期刊。刊物上什么文章都得有,自然知识、社会知识、文学艺术等等,哪个方面都不能少。如果缺了什么,一时找不到作者,当编辑的就得自己凑上一篇。有时候想到了什么新点子,得自己写一两篇试试,看是否行得通,孩子们读了有什么反应……"①

就这样,叶至善开始了科普文章的创作。1988年出版了《竖鸡蛋和别的故事》,并获得了上海优秀科普读物一等奖、第三届全国科普作品荣誉奖,随后又出版了《科普杂拌儿》等。特别是1985年出版的外国科学家传记《梦魇》,率先用短篇小说的形式介绍了达尔文、拉马克、布鲁诺、巴斯德、居里夫人五位科学家,将科学与文学完美结合起来。叶至善为此说过:"这在我是一种尝试,我好像闯进了一个陌生的领域,感受很新鲜,到处都有乐趣。"这本书后来获得了第二届全国优秀科普作品一等奖和第二届宋庆龄儿童文学二等奖。

叶至善虽然并没有系统地学习过科学知识,但为了给少年儿童提供充足的营养,他毅然啃起了科普这块硬骨头。为了保证儿童得到的信息的准确,他总是自己先弄清楚了才敢动笔,在他身边堆满了各种工具书,字典、词典、地图、年表等必不可少,必要的时候他还要泡在资料室,就是为了把问题彻底弄清楚,这种认真的态度和其父叶圣陶如出一辙。他还特别注意孩子们的理解能力和阅读兴趣,注重读物的趣味性,尽量避免采用硬性灌输的方式,"要用自己的笔把小读者探讨问题的积极性调动起来,引导他们去观察,去实践,去发现,去思考",意在培养他们进行独立思考的能力。叶圣陶创作童话时很注重插图的使用,叶至善受他父亲的影响,在创作科普作品时也很注意插图的选择。他说:"跟孩子们讲科技知识,一幅精心设计的插图,效果往往胜过一大段冗长的文字。"②并且,他还对科普作品的插图提出了要求:既要有美观的设计,又能和文章对应起来,以说明问题。

叶至善在写科普文章时,特别注意写作形式的有趣和新颖,时时保持

---

① 叶至善:《〈科普杂拌儿〉后记》,见《科普杂拌儿》,湖南教育出版社1999年版,第199页。

② 叶至善:《〈科普杂拌儿〉后记》,见《科普杂拌儿》,湖南教育出版社1999年版,第200页。

着创新的观念。他说过:"我尽可能用文学的笔调来写科普文章,尝试着采用孩子们喜闻乐见的种种文学形式。"《梦魇》的写作就是文学和科学成功结合的例子。将科普文的创作和文学结合起来的形式,受到了其父叶圣陶的熏陶。叶圣陶一生为少年儿童创作了大量的童话和儿歌,叶至善耳濡目染,文学功底自是不错。叶至善说:"我从小喜欢唱歌,还没认字,就学会了不少儿歌,是父亲母亲教的。他们当时都在小学里当教员。"当时有一支歌《种田牛》:"一只种田牛,站在田横头,拉起犁头,'格支格支'走。……"当时他的母亲唱着,父亲叶圣陶就弯起腰,两只胳膊背在身后,拉住他的手,按着拍子,一步一摆朝前走。叶至善这个犁头也一步一摆跟在后头,跟着唱。叶至善五岁时,苏州下了一场大雪,叶圣陶为了逗孩子开心,从院子里取了一大堆雪回到屋里,"堆成了一个弥勒佛,露着个大肚子,咧着一张嘴,比寺院里那个面对山门坐着的还乐"。① 他还带着孩子一起唱起歌来:

雪花堆个雪弥陀,
坦着肚皮地上坐。
你在那里想什么?
为何向我笑呵呵?
我来对你唱个喏:
"南无阿弥陀佛!"

叶至善从小很爱听故事,叶圣陶小说《地动》中的明儿的原型就是叶至善。孩子才三十来个月就尝到了听故事的滋味,每天缠着他的父亲讲故事,从此成了每晚的功课。这些无疑对叶至善产生了影响。虽然科普文章不同于童话创作,但二者阅读的对象都是少年儿童,它们之间有很多共性,比如文章都要注重趣味性,还要考虑孩子的年龄特点等。将童话创作中的某些元素运用于科普文的写作,是一种成功的尝试。

---

① 叶至善:《教育》,见《父亲的希望》,中国青年出版社2000年版,第137页。

叶至善在写科普文时，还特别注重科普文在语言运用方面的问题。叶圣陶一生极其注重语言的运用，在培养子女的写作能力时，有意锻炼过他们。这些影响无形中渗透到叶至善的写作。科普文的读者是正处在学习语言阶段的少年儿童，此时语言运用的得当与否对他们很重要。因此叶至善非常注重科普文文字的纯洁，避免少年儿童沾染上一些不良的语言习惯，在文字方面给孩子们的阅读造成不必要的障碍。

二、为"编"与为"人"

（一）"开明风"的"嫡传人"

叶至善24岁时就进入了开明书店当编辑实习。开明的工作作风，比如"朴实而无华，求进弗欲锐""开明夙有风，思不出其位""好处在稳重""有所爱，有所恨""有所为，有所不为"，叶至善自是耳濡目染。"开明风"深深地影响着叶至善的编辑思想，尤其是"认真、稳重"的特质，"有所为，有所不为"的准则。

叶至善作为编辑，审稿时一丝不苟，咬文嚼字。他对自己和作者要求很高，甚至到了极其苛刻的地步。"在叶至善主管《中学生》时，编辑部内流传着一种'恐叶病'，意思是稿子交到他手里，大家总担心通不过。他审读决定采用的稿子是逐字逐句仔细咀嚼过的，边看边想，前呼后应，常常能看出作者、初审和复审没能看出的毛病。"[①]史晓风回忆，自己在写《又学了一遍〈共同纲领〉》一文时提到解放初期"办个人民教育出版社，国家投资二百多个亿"，他想在下面加个备注，解释"二百多个亿"在现在来说是个什么概念，如果说"相当于现在的二百多万"又不确切，如果说"相当于后来币制改革那年的二百多万"，又得解释清楚币制改革的年月和新旧币的兑换比例。这样的话，他必须查找资料。由于当时急于成稿，他就打了个"马虎眼儿"。不料被叶至善看出来了，但他并没有将原稿退

---

① 叶炜：《叶圣陶家族的文脉传奇——编辑学视野下的叶氏四代》，人民出版社2011年版，第194页。

回,而是亲自查找相关资料,为这篇文章加上了一条重要的注文:"旧币。1955年3月1日发行新人民币,以一比一万收兑旧币。此处的二百多个亿,相当于新币二百多万元。"像叶至善这样为作者考虑更为读者着想的编辑是很难得的,而且在编辑行当他有他的机敏和睿智。史晓风有一篇写叶圣陶的文章《叶先生四次扣动"扳机"》,虽然得到了叶至善的认可,但叶至善也发现了一些没有说清楚的问题,他只在"我一丝不苟"与"做了三遍"之间加了"比画着"三个字就解决了史晓风苦思冥想不知如何修改的难题,这三个字的添加收到了"四两拨千斤"的效果,对此,史晓风佩服得五体投地。

  开明书店之所以能够日益壮大,一个很重要的原因,就是充分考虑读者群的要求,叶至善在阐释"开明风"中的"有所为,有所不为"时,用到的"为"与"不为"的标准就是读者标准,"有所为"就是要考虑如何有益于读者,"有所不为"则是不出版那些对读者没有好处甚至有害的东西,总之就是平衡好社会效益和经济效益的关系。叶至善对女儿叶小沫曾这样说过:"编辑的一切工作都是为了读者的,一切工作都要设身处地地为读者着想。要切实做到这一点,就要了解自己的读者。了解你的读者的年龄、爱好、兴趣、学习情况、语言习惯、知识水平、思考方式、理解能力,了解他们需要知道哪些东西,看看可以帮助他们解决哪些问题。只有把一切了解透了,才能做到循循善诱。"①"有所为,有所不为"的原则在此得到了充分彰显。

  叶至善在为孩子们编写科普读物时尤其谨慎认真。他给自己立了四条规矩:一是要跟孩子们讲清楚的事儿,先问问自己是否弄清楚了;二是要让孩子们感兴趣的事儿,先问问自己是否感到了兴趣;三是要让孩子们感动的事儿,先问问自己是否被这件事儿感动了;四是要求孩子们做到的事儿,先问问自己是否也打算这样做。他还说过:"编辑要有很强的记忆力,因为科普编辑要凭记忆力来审读稿件,但是如果发现了问题决不能凭记忆修改稿件,记忆是靠不住的,必须找工具书来查对";"科普编辑不可

---

① 叶小沫:《爸爸教我做科普编辑》,见《向爷爷爸爸学做编辑》,首都师范大学出版社2010年版,第79页。

粗心大意,粗心大意就非出错误不可。历史上的朝代年代、地理上的大洲国家、数理上的各种单位等都要特别注意,一看数字就要引起警觉";"写文章之前要把思路理清楚,写的时候要把事情说明白,文章念下去要没有疙瘩。咱们为的是普及科学知识,因此最好不要在文字方面给孩子造成不必要的障碍"①,这些话充分体现出叶至善"以读者为本位"的编辑思想。

除了考虑读者外,作者也很重要。叶至善曾经给自己的职业立了两条规矩:一要对得起读者,二要对得起作者。对得起读者,就是以读者为本位;而对起作者,则没那么简单。在开明书店创建六十周年纪念会上,叶至善发言时说过,办好一个出版社需要三个基本条件:第一要有好编辑,第二要有好作者,第三要有好书。谈到"好作者",他以老开明为例,讲述开明书店的办店方式,开明书店就非常尊重和重视作者。"事实也正是这样,解放前一般读书人都知道,茅盾、巴金的小说,朱自清、丰子恺的散文,夏衍、吴祖光的剧本,还有顾均正、刘薰宇、索非、贾祖璋、法布尔、伊林、别莱利曼等中外科普大师们的科普读物,应该上哪儿去买,当然是开明书店。开明书店紧紧地团结了一大批优秀的著作家。这些作者相对固定在一家出版社里出书,编辑与作者之间十分理解,关系融洽,对提高出版物的质量大有好处,作者也受到了应有的礼遇与尊重。"②

叶至善说过"编辑是读者和作者之间的桥梁,编辑一定要当好这座桥梁",所以他经常鼓励编辑去和作者做知心朋友,了解他们的工作情况和生活情况,熟悉他们的著作,知道他们的专长及行文风格。还得知道他们目前在想什么、做什么,关心着什么方面的问题,只有这样才能更好地和作者沟通,选择自己需要的稿子,而且这也是尊重作者的表现。报刊的编辑与图书编辑是不同的,图书编辑一年只发几本有限的稿子,"每本稿子只要和一两位作者打交道。可是报纸和期刊的编辑,一年多则五十几期,少则十二期,每期都要和几个甚至几十个作者专家打交道",和那么多作

---

① 叶小沫:《爸爸教我做科普编辑》,《向爷爷爸爸学做编辑》,首都师范大学出版社2010年版,第83页。

② 徐鲁:《我是编辑——叶至善编辑艺术散论》。《出版科学》,2000年第1期。

者打交道,当然会增加编辑的负担,但同时"有更多的机会向专家和作者学习,从他们那里学到更多的知识,得到更多的信息"。①

(二)"且不悔为人作嫁"

叶至善还写过一首词《贺新郎·编辑瘾》,其中有句:"矻矻何为者?事雕虫、咬文嚼字,灯下窗前。烟蒂盈盘茶重沏,忽忽秋冬春夏。且不悔为人作嫁。"编辑这个行业,常被称作"为人作嫁",但叶至善却不以为然。这首词中"且不悔为人作嫁"中的"且"字并不是"暂且"的意思,而是北京方言中比"终"字还要斩钉截铁的意思,以此表明了他的态度。他对自己的子女讲编辑经验时,说过:"我对编辑是'为人作嫁'这个说法,一向持否定态度,这无非是说,文章发表了,作者又出名又得利,编辑却一无所有。确实,编辑给作者提意见出主意,修改稿件,查对资料,设计版式,校对校样,做了许多工作,不过这些工作不是为作者做的,而是为广大读者做的,是在为他们服务,我们只是做了我们该做的。"②质朴的语言中透露着叶至善对编辑这一行的诚笃态度,为了读者和作者,他甘心为人作嫁而无悔。

我们知道,叶圣陶在主编《小说月报》时扶持了大批新人。叶至善当编辑后,他也像他的父亲一样注意奖掖后进。据史晓风回忆,1988年叶圣陶病故后,他应邀参加民进中央举办的"思念会",进入会场,他抑制不住自己激动的情感,想要发言,可是在那种场合,他觉得自己讲话又不太合适,就悄悄问叶至善,叶至善点头表示了同意。发言完毕后,史晓风觉得不该占用民进领导讲话的时间,可是叶至善却反过来安慰他,说"没关系的。我们民进没有这么多规矩",以此让他释怀。有一次,叶至善在民进中央举办的座谈会上看到史晓风要发言的稿子的人称是第二人称"您"后,觉得"您"用来作为发言稿不妥当,就给史晓风递了纸条,提出了自己的意见。史晓风想想确实不妥当,赶紧手忙脚乱地修改,叶至善不时投来关注的目光。终于,他顺利地结束了发言,叶至善还走到他身边,说

---

① 叶小沫:《爸爸教我做科普编辑》,见《向爷爷爸爸学做编辑》,首都师范大学出版社2010年版,第80~81页。

② 叶小沫:《爸爸教我做科普编辑》,见《向爷爷爸爸学做编辑》,首都师范大学出版社2010年版,第80~81页。

了"天衣无缝"这四个字,第二天又打电话鼓励他说"昨天的发言,口碑很好"。类似这样的事并不少见,叶至善的善解人意,于此可见一斑。

王湜华是叶圣陶好友王伯祥的儿子,他在一篇文章《往事历历 天人永隔——追忆至善大哥二三事》中提到他自己在写《王伯祥传》时,找叶至善为他审稿。没想到二十多万字不到一天半的时间叶至善就审完了,并提出了许多宝贵的意见,使王湜华颇为受益。当时叶至善写的《父亲长长的一生》快付印时,他请王湜华为这本书题写书名,后来不仅书的封面,甚至内封、书脊用的都是王湜华题写的字。为此,王湜华不禁慨叹:"大哥对我之奖掖,是能用一般语言表达得清楚的吗?"

在叶至善的编辑生涯中,他扶植过许多新人,最典型的莫过于对儿童作家孙幼军的鼓励和帮助。20世纪60年代,还未成名的孙幼军将自己的童话稿《小布头奇遇记》寄给了一家出版社,却被退了回来,这对他打击很大。但他还是希望知道自己稿子的问题出在哪,于是又将书稿寄给了中国青年出版社。没想到叶至善看后,立刻给孙幼军回了一封信决定用这篇稿子,说稿子基本不要修改,只等插图配好,就可以排印出版了。原来,做事一向认真的叶至善将稿子审了两次,第二次审稿时,他本着对读者负责的精神,对稿子做了些小修小补。但他还是不放心,回到家中,又把稿子给他正读小学五年级的女儿叶小沫看,当时小沫是一口气读完的,这样更加坚定了他的判断。叶圣陶屡次教导过他们改写文章的方法,读出来就能发现一些问题,叶至善深以为然,所以他又让叶小沫将稿子念给他听,直到确定语言方面没有问题为止。叶至善为了这本书的出版还特地请了当时著名的儿童漫画家沈培作插图。沈培为这本书的主人公设计了几个形象,在选择小布头的形象时,叶至善又让他的女儿从中选了一幅,正和他自己心目中挑选的一样,就此确定下来。叶至善还亲自和沈培一同商量开本、字号、选定插图的位置、装帧设计等。这本书的读者群是儿童,所以封面不仅要美观,而且要富有吸引力。考虑到浅色的书在孩童手中传阅很容易被摸脏,所以书的底色不能太浅。可以说这本书的出版,做到了精益求精。难得的是,叶至善为了向少年儿童推广这本书,还专门为《小布头奇遇记》写了篇匠心独运的内容提要,希望能引起孩子们阅读

这本书的愿望和兴趣:

> 有一个小朋友,名字叫苹苹。
>
> 苹苹得到了一个小布娃娃,名字叫小布头。
>
> 小布娃娃干嘛要叫"小布头"呢?
>
> 这……你看了就知道啦!
>
> 小布头想做一个勇敢的孩子。有一回,他从酱油瓶上跳下来,……
>
> 干嘛要从酱油瓶上跳下来呢?
>
> 这……你看了也会知道的。
>
> 小布头从酱油瓶上跳下来,碰翻了苹苹的饭碗,把米饭粒儿撒了一地。苹苹可生气啦,她批评小布头不爱惜粮食。小布头也生气啦,他不接受苹苹的批评,从苹苹那儿逃了出来。
>
> 以后,小布头遇到了许多奇奇怪怪的事情,认识了许多新朋友,听他们讲了许多很有意思的故事。这些事情这些故事,书上都写得清清楚楚,明明白白。你快自己看吧!
>
> 小布头后来怎样了呢?
>
> 后来,小布头懂得了为什么要爱惜粮食的道理。他变成了一个真正勇敢的小布娃娃。当然咯,他又回到了苹苹的身边。

半年后这部书终于出版了,一经出版就得到了无数的好评和家长儿童的欢迎,《小布头奇遇记》因此也一版再版。叶圣陶还亲自为这部书写了一篇评论文章,指出了这部童话的优缺点。叶至善为这部童话的编辑出版付出了巨大的心血,而且他的父亲、女儿也参与其中,难怪他说:"为《小布头奇遇记》,我们一家三代都尽了力,这在出版史上不知有没有类似的先例。"

(三)兴趣广泛的叶至善

叶至善其实是一个兴趣广泛,对新鲜事物充满好奇心的人。他从小不仅受到了传统文化的熏陶,还对自然科学充满了兴趣。读中学的时候,他非常喜欢做数学题,除了老师规定的题目,他还常常将那些难题拿来做,享受攻克难题带来的喜悦。所以这些科学知识就融入了他儿时的写作中,《三萼》中的《成都盆地的溪沟》和《脚划船》就是明证。这些篇章还得到了叶圣陶好友朱自清的赞赏。

儿时的叶至善还很喜欢动植物、生物、生理等学科。叶至善小时候对养蚕产生了兴趣,为此他还写过一篇《喂蚕》的文章,后来收在《三叶》集中。叶至善上小学时,几乎每年春天都要养蚕。他和其他小伙伴们的蚕都是从校门口一个卖糖的小老头儿的担子上买来的,价格并不便宜,但他还是将自己买糖的钱都花在了买蚕上。他把买来的蚕放在很大的香烟盒子里,还在盒子上用小刀戳上许多小孔,防止蚕窒息而死。叶至善为了随时能看到他心爱的小蚕,就将盒子放在课桌的台板底下,一下课就迫不及待地捧出来,和同学们比大小、比胖瘦。为了保证蚕的食物的充足,他经常参与到同学们抢桑叶的队伍中,甚至不惜跑到很远的地方寻找桑叶。蚕结成茧子后,叶至善总舍不得用火来烤,只有一次用开水泡了,当他看到开水浇在茧子上时他很难过,似乎看到茧子里的蛹在挣扎、扭动。以后他再也没干过这样的事。每次看到蚕的悲惨结局就下定决心不再喂蚕了,可是到第二年春天看到那个卖蚕的小老头,看到那些围着他的小朋友们,他又按捺不住了。中学毕业后,叶至善进入了国立中央技艺专科学校农产品制造科,学习农产品制造。

这种好奇,是童心和天真的体现。据史晓风回忆说,有一年苏联卫星上天,叶至善得到消息后立刻打电话给他。当时,史晓风家还没电话,最近的公用电话在离他家 300 米左右的胡同口的一个小铺子里。当他接到小铺子送来的纸条后,马上到那里去回电话,可是老打不通,直到后半夜才打通,才知道是怎么一回事了。他的妻子放心不下,不敢入睡,等到史晓风回家后问道:"叶家出什么事了?"他才告诉妻子说:"是苏联卫星上天!"妻子的悬着的心放下来了,说:"离我们十万八千里呢!操这门子闲心干什么!"史晓风说:"幸亏有电话了。要不然,他准会'奔走相告',半夜三更敲门把你叫醒,把这个好消息告诉你。"①

---

① 史晓风:《知音和挚友——怀念编辑世家传人叶至善》,见方厚枢编,《编辑之歌——怀念远去的英才》,首都师范大学出版社2010年版,第200页。

除了对自然科学感兴趣外,叶至善还非常喜欢音乐。有一年,叶圣陶过生日,在同和居楼上摆了三桌酒席,席间叶至善引吭高歌为之助兴,唱的就是刘大白写的《卖布谣》,歌词是:

嫂嫂织布,哥哥卖布。
卖布买米,有饭落肚。
嫂嫂织布,哥哥卖布。
小弟弟裤破,没布补裤。
嫂嫂织布,哥哥卖布。
是谁买布?前村财主。
土布粗,洋布细,洋布便宜,财主欢喜。
土布没人要,饿倒了哥哥嫂嫂。

叶至善还很喜欢昆曲。据他的儿媳蒋燕燕说,在叶至善住院的日子里曾忆及1950年听俞平伯先生唱昆曲《小和尚下山》中丑角的一段曲词:

和尚出家,
受尽波折。
被师傅打骂,
我就逃回家。
一年两年养起头发;
三年四年做起人家;
五年六年娶个浑家;
七年八年生个娃娃;
九年十年笑和尚我的爹爹。

除此之外,叶至善还喜欢一首昆曲曲词:

凡是胡缘人,

俺尽把那神仙许。
这一片热心肠，
普天下遇着俺都姓吕。
漫揾英雄泪，
相离处士家。
谢慈悲剃度在莲台下，
没缘法转眼分离乍。
赤条条来去无牵挂，
哪里讨烟蓑雨笠卷单行，
一任俺芒鞋破钵随缘化。

当唱到"普天下遇着俺都姓吕"时，叶至善很激动，眼含热泪，触动了某些身世之感。蒋燕燕还在《病中的爸爸》中说："爸爸有一副好嗓子，男低音，可惜肺不好，有时唱得上气不接下气。他喜欢听音乐，会唱很多歌，还出了两本用外国歌曲的曲子谱中国古诗词的《古诗词新唱》。"[1]

《古诗词新唱》是叶至善将古代诗词配上现成的曲子汇编而成的一本书，原来只有五十首，原本只是想尝试一下，没想到出版后颇受好评。后来他又陆续编了百十来首，连同之前的编成了一百五十首的《古诗词新唱》。这种做法并不是叶至善的独创，他坦诚说是受了弘一法师的影响。叶至善在中学的时候，就唱过弘一法师的许多歌，比如《春游》，还有直到现在传唱度依然很高的《送别》：

长亭外，古道边，芳草碧连天
晚风拂柳笛声残，夕阳山外山
天之涯，地之角，知交半零落
人生难得是欢聚，唯有别离多

---

[1] 蒋燕燕：《病中的爸爸》，载《出版史料》2006年第1期。

长亭外,古道边,芳草碧连天

问君此去几时还,来时莫徘徊

天之涯,地之角,知交半零落

一壶浊酒尽余欢,今宵别梦寒

这首曲子是外国的,李叔同给他配上了情调相符的歌词,这种形式称之为"倚声填词"。叶至善在《〈古诗词新唱〉前言》中说:"因为喜欢弘一法师的作品,我很想学他的样,自己制作一些歌自己来唱。我没学过作曲,又不会吟诗填词,作'自度曲'和'倚声填词',我都无缘了。要学,只剩下一条路可以走,就是给古代的诗词配上现成的曲子,最好是经常听到的又容易上口的名曲。"《古诗词新唱》采用的就是这一路。他还讲了自己做这件事的理由:"古代的诗词本来都是可以唱的。先是没有记谱法,没法把曲子记下来,只能口耳相传。年代隔得久了,曲子渐渐亡佚,诗词失去了音乐的依傍,只能吟诵,没法再唱,实在是非常可惜的事。配上现成的曲子,使某些古诗词能够唱,多少可以弥补一点儿缺憾吧。"比如《蒹葭》配的是印尼的《划船歌》,他在《校后琐记》中说:"晚秋清晨,在没边没际的芦苇塘里寻找心上的'伊人',找来找去,到了儿还没找着。印尼的《划船歌》也是三节,重复而稍有变化,正好抒发那寻寻觅觅不可自已的心情。"还比如《春夜喜雨》配的是德国作曲家门德尔松的《乘着歌声的翅膀》《原上草》配的是舒伯特的名曲《摇篮曲》,等等,可谓别具匠心。叶至善整理的《古诗词新唱》为古典诗词的普及和推广,为中国传统文化的弘扬做出了不小的贡献。

三、在潢川"五七"干校

春耕不失时,犁耙无休歇。登垄望牛归,牛归日之夕。曳犁踯躅行,汝其饥且渴。饮汝柳树塘,食汝黄堰侧。黄堰草初长,蔓蔓不盈尺。春草如春韭,焉足供大嚼。俄顷新月落,四野向昏黑。但闻龁草声,札札何自得。

这首诗名叫《黄堰夜牧》的诗,作于1972年春,描绘了作者叶至善在"五七"干校下放劳动期间的场景。

1969年4月,叶至善被下放到河南潢川的"五七"干校劳动,除了农田劳作外,主要任务是养牛,当了一名牛倌。叶至善回忆那段经历时说:"'文化大革命'前期,我进了'牛棚'。后来到了干校,在河南潢川淮河南岸,我当了'看牛佬',又进了牛棚——用不着加引号的真牛棚,日夜跟水牛黄牛做伴。农闲的日子,一清早就把它们赶到草场上,直到傍晚才赶回牛棚;它们整天悠闲自在,吃饱了,喝足了,就卧下来休息。一到春耕时节,它们就累苦了,从早到晚,犁地耙地,无休无歇,只有中午人们吃饭去了,才能趁这个空当让它们在田头边吃一会儿草;到太阳快落山了,我又去田头等候它们。它们都认得我,一看到我就站住了,任怎么鞭打也不肯往前走,于是卸下犁耙,只好歇工。我把它们牵到池塘边上,先让它们喝足了,再牵到黄湖的大堤上,那儿的草已经长起来了,好让它们吃饱。"①

1970年5月20日,叶至善在给叶圣陶的书信中讲到过自己每天如何养牛:"我一起床,就把牛一条一条由场上拉到牛棚里,拴在槽上……等牛全部拉进了棚,我就担负给大半的牛喂草料。少喂勤喂,大约喂到四点钟,牛可以吃饱,再把它们一条条牵出来,拴在场上,这时候,犁地耙地的同志已经排着队来牵牛了……四点半,牛都上工了,我洗手洗脸,还得洗脚,可以再睡。现在习惯了,而且也确实困,能睡着一个多小时。七点吃了早饭,开始清粪积肥。这时候,牛歇工了,其他的同志就去放牛了,清粪积肥,由我一个人负担,牛粪一堆就有十来斤重,大约要花一个小时。再就切豆饼一个小时,铡草一个小时……十一点半吃午饭,又睡两个小时,下午去拔秧。六点吃晚饭,到地头上去等牛下班,一直放到九点回来,上床又在十点左右了。"②其劳累和艰苦的状况不言而喻。

在"五七"干校,叶至善一直和家人保持着通信。叶至善和叶圣陶的通信先是每星期一封,后来几乎是三天一封。叶至善写给父亲的信总是

---

① 叶至善:《改诗》,见《父亲的希望》,中国青年出版社2000年版,第185~189页。
② 叶圣陶、叶至善:《叶圣陶叶至善干校家书:一九六九—一九七二》,人民出版社2007年版,第114~115页。

很长,讲一些叶圣陶喜欢的新鲜事儿。特别是在信中经常讲到牛:"讲它们的生活习性,讲各条牛的脾气;讲它们怎样用舌头把草卷进嘴里,哪些草吃,哪些草不吃;讲渚鹭和八哥为什么喜欢跟它们作伴;讲吸它们血的牛虻和蚂蟥;讲牛生病了,怎么给它们打针喂药;讲母牛生产了,怎么接生,怎么帮小牛犊吃奶"①等。叶至善还在书信中谈到过被牛虻咬的事:"天热了,蚊子越来越多,晚上放牛,天虽然热,也得穿上长裤、长袖衣服,要不就喂蚊子了。白天放牛,还常被牛虻叮。牛虻有三种,最大的一种有八分来

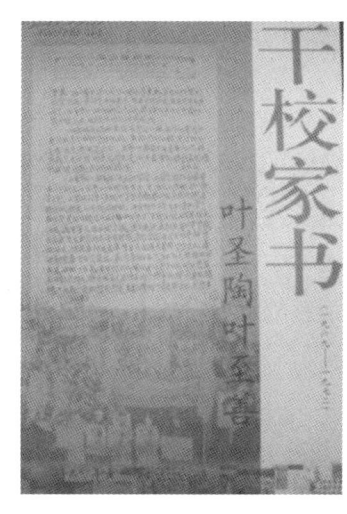

《干校家书》人民出版社2007版

长,样子像麻苍蝇,最小的一种比饭蝇稍大一些。最多的是中间的一种,半寸来长,草青色。它们咬破了牛的皮就一股劲地吸血,叮着不走,很容易打着,牛皮被咬破了,许多苍蝇也飞来聚在周围吸血。牛除了甩尾巴赶之外,只好躲进水里,或者在泥塘里打滚,滚得浑身泥浆,牛虻就没法叮它了。这当然指水牛。黄牛没有这个习惯,因而身上的牛虻和苍蝇特别多。"叶至善也未能幸免,被咬后的红肿久久才能消去。叶至善在养牛时,发现当时他们用的牛鼻叉并不适合牛,所以想改进,为此他特地和叶圣陶商量,并嘱咐家人买塑料管等材料寄给他。叶至善后来在信中给叶圣陶画了自己改良后的牛鼻叉的示意图,以此征求叶圣陶的意见。

四、"多年父子成兄弟"

(一)《父亲长长的一生》

叶至善的女儿叶小沫就《干校家书》答《新京报》记者问时,谈到了她的父亲和爷爷的关系。她说:"不仅是'文革'时期,在生活中,他们都不

---

① 叶至善:《改诗》,见《父亲的希望》,中国青年出版社2000年版,第185~189页。

仅是父子,还是师生,是同事,是朋友,这样的父子关系是很少有的。"①以至于叶圣陶去世后,叶至善觉得很不适应,他说:"直到父亲过世,我才突然感觉到失去了依傍——七十年来受到的关心和教育,从此中断了。父亲的关心和教育似乎是无形的,像空气一个样;我无时无刻不在呼吸,可是从没想到,自己生活在空气的海洋里。比喻无论怎样切当,总是个比喻。父亲不在了,我还得工作,还得生活,幸而琐琐屑屑的回忆中,我还能重温父亲对我的关心和教育;颇有些细微之处,只有上了年纪方能察觉。"②

叶至善去世后,有关方面为他的生平写过这样一段话:"作为我国著名教育家、文学家、出版家叶圣陶的儿子,叶至善同志的一生几乎都在用笔墨、用语言、用实践在编写、在解读、在传承父亲叶圣陶的教育思想、编辑思想和文艺思想。他不仅花了十多年的时间编辑和修订了《叶圣陶集》,为后人研究叶圣陶留下了详实可靠的资料,还编辑和撰写了大量有关叶圣陶先生的书籍和文章。"③这段话基本概括了叶至善的功绩及他为其父叶圣陶所做的贡献。

叶至善在编《叶圣陶集》,拍摄于1988年4月

"文革"结束后,我国文化出版事业得到了复苏和发展,好多出版社要出叶圣陶的书,但当时叶圣陶年纪大了,视力和听力日渐衰退。于是,叶至善义不容辞挑起了选编出版的重担。但是叶圣陶的作品太多了,编辑整理就是一件很烦琐的事,而且每出版一本都要写序、跋、编选说明等,工作量很大。从1981年整理《编父亲的散文集》到2004年为《老开明国文课本》写序,在这二十几年的时间里,他为叶圣陶书籍的出版写了三十多篇前言后记。除了那两篇外,还有《〈文心〉重版后记》《〈稻草人〉重版后记》《〈叶圣陶集〉编后总记》等。

---

① 叶小沫:《向爷爷爸爸学做编辑》,见《向爷爷爸爸学做编辑》,首都师范大学出版社2010年版,第48页。
② 叶至善:《父亲的希望》,中国青年出版社2000年版,序言第1~2页。
③ 叶小沫:《向爷爷爸爸学做编辑》,首都师范大学出版社2010年版,第107页。

1986年,江苏教育出版社的吴为公、缪永禾到北京和叶圣陶及家人商讨编叶圣陶全集的事,为此还请来了叶至诚为他们助阵。叶至善在他们的劝说下同意了,接下来就要说服叶圣陶了。本来叶圣陶是不同意给他出全集的,他一向鄙弃这种"炒冷饭"的行为。叶圣陶说:"不必再印那些东西了。"但是叶至善说:"谁叫你写了这么多文章,你写了,人家就可以出版。"听到说出全集,叶圣陶急了说:"更不要出什么全集,等我死了再出也来得及。"叶至善回答说:"还是现在出版的好,与其别人编,不如我和至美、至诚编,你来指点。"在叶至善的劝说下,叶圣陶终于答应了。可是还有一个问题,如果"全集"不全就不能算"全集"了,毕竟完全的"全"是做不到的,索性就将"叶圣陶全集"改成了"叶圣陶集"。选编的事也就落在兄妹三人的身上。

　　叶圣陶从事写作的年头特别长,收集叶圣陶的作品就是一件很艰巨的事情。叶圣陶一生的工作"主要在文学创作方面、基础教育方面、语言文字方面、编辑出版方面,而主要工具就是手中的笔。因而他留下的文字特别多,有记录工作的,有提出主张的,有反映生活的,有抒发感情的;时代跨度长,涉及方面广,形式又多种多样"①,所以必须分门别类整理清楚。这对于他们三兄妹来说是个不小的挑战。由于叶至诚在南京,不方便抽身,所以这项工作就主要落在了叶至善的身上。无论是阅读、修订文稿、编目录和目次还是写说明和编后记等都主要由叶至善来做,叶至美和叶至诚则主要负责收集资料和文稿、看校样。叶兆言说过:"伯父更是工作狂,现在已经70多岁,独自一个人能干几个人的工作。"②1987年第一到四卷出版时正赶上叶圣陶的最后一个生日,叶至善说:"父亲最不愿意重编他的文字,我们把四本崭新的书送到他的手里,他抚摸着,还是满意地微笑了,只嘀咕了一句:'等我死后再出也来得及嘛。'他没有想一想,我们子女三个那时已是六十好几奔七十的人了。至诚就没能干完,一九九二年,他过早地离开了我们。"③

---

　　①　叶至善:《叶至善序跋集》,首都师范大学出版社2009年版,第136~137页。
　　②　叶兆言:《纪念》,见《名与身随》,时代文艺出版社2007年版,第164页。
　　③　叶至善:《叶至善序跋集》,首都师范大学出版社2009年版,第138页。

1994年，二十五卷本的《叶圣陶集》终于出齐了，从着手编选的1987年到1994年，历时八年，这在编辑出版史上也是少有的。《叶圣陶集》分作十二批才出齐，所以当初买《叶圣陶集》只能出多少买多少，如果想收集齐全是很费力的一件事。2001年出版社决定要重新印一次，叶至善欣然同意了。为了保证出版的质量，做一些必要的补充和改动，叶至善决定从头到尾通读一遍，七百多万字的著作，读一遍就是个很大的工作量。但叶至善不止对每一集进行了必要的修订，还对原来的编后记作了修改和补充，

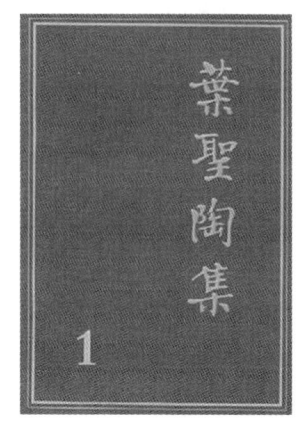

《叶圣陶集》，江苏教育出版社2004年版，共二十六卷

这项工作又花了四年多的时间。为了弥补第一版没有传略和索引的缺憾，他将自己写的《父亲长长的一生》和缪永禾编的《集名和篇名索引》搭配编成了第二十六卷，补充了进去。2004年，新版的二十六卷的《叶圣陶集》终于出齐了。新版的书送到在医院病床上的叶至善手里后不到半年，他就去世了。

《父亲长长的一生》是叶至善为父亲叶圣陶写的一部传记，从叶至善的角度回忆叶圣陶九十四年的人生。藏书家姜德明，认为这是一本明明白白的书，没有什么模糊不清的事件或拔高的评价，是儿子对父亲一丝不苟的回忆，充满了深情。叶至善在《父亲长长的一生》的序中说："现在写传记，请允许我回到做儿子的位置上，把父亲唤作'父亲'，把父亲的朋友唤作'先生'……所有的称谓都复了原，下笔的时候可以省却一些徒劳的思虑。篇名就用《父亲长长的一生》。父亲活到九十四岁，临终前，头脑尚不糊涂，这一生真活得够长的。"[①]从2001年开始，叶至善就着手写父亲叶圣陶的这本传记。2004年8月，长达三十四万字的《父亲长长的一生》终于脱稿了，这对于一个年轻人来说尚且是件艰难的事，何况那时的叶至善已经八十多岁了。但他心中的信念支撑着他，每天以一千多字的

---

① 叶至善:《叶至善序跋集》，首都师范大学出版社2009年版，第55页。

速度,为他的父亲做最后的一件事,这也是叶至善一生写的最大的一本书。他没日没夜地写,顾不上休息,他怕一切来不及。脱稿后,叶至善并没有放松,继续看校样、封面设计等,到一切弄停当之后,又过了三个多月。叶小沫说过,父亲有时写到深夜,连脱鞋袜的力气也没有,倒下来便睡着了。

"家学的传承,在家族日常生活中是一种真实的存在,但作为一种文化传统,如果没有文字或图像予以有意识地记录与阐发,这种惯常行为可能被日常生活遮掩,其特质难以显现;或者因为没有重要的文化事件和人物缀饰,它也有可能被湮没于时间的洪流。"①"文革"期间,我国的出版事业一片荒芜,当时作品的出版面临着巨大的困难,叶圣陶的作品自不例外,这在一定程度上阻碍了叶圣陶家族文脉的传承。而"文革"的结束则为重新接续文化传统的链条提供了机会。"叙说可以揭示这种文化传统的价值,使其具有不可磨灭的品质;可以修补传承之链上的薄弱环节,使其更具连贯性;可以修建枝节,强化主干,凸显自己的特色,可与外界建立关联,使得新起的传统在更宽广的语境中获得较为久远的意义。家族文学传统在叙说中变得明晰与确定。"②无论是编辑出版《叶圣陶集》,为叶圣陶的一生作传,还是为叶圣陶作品的出版编写序、跋、说明等,都可以看作是叶氏子女传承家族文化的一种有意识的自觉行为。这些行为参与到家族文学传统的塑造与确定的进程中,最终促成了家族文学传统的定型。

(二)叶至善——叶圣陶最好的书法

2005年1月,八十七岁的叶至善因劳累过度住进了医院,病情不断恶化,呼吸要用呼吸机,吃饭要靠鼻饲,虽然他想重新拿起笔,但身体已经不允许了。2006年3月4日,叶至善在北京医院去世,15日在八宝山举行了遗体告别仪式。当天晚上新闻联播节目还播放了叶至善去世的消息,屏幕上出现的是叶至善最喜欢的那张头发银白、满脸堆着孩子般顽皮笑容的照片。

---

① 徐雁平:《清代世家与文学传承》,生活·读书·新知三联书店2012年版,第134页。
② 徐雁平:《清代世家与文学传承》,生活·读书·新知三联书店2012年版,第134页。

2006年叶至善的子女们给苏州甪直的领导写了一封信,希望将叶至善的骨灰送回老家,葬在叶圣陶的墓旁。墓前立一小块山石,上面只刻叶圣陶为叶至善和满子夫妇写的"善满居"三个字。对此,叶小沫说:"一来是爸爸陪伴爷爷一生,父子情深,现在依然让他去陪伴爷爷;二来是山石看上去不像墓碑,而像是为园林添置了爷爷的一处书法景观。"[①]由于叶圣陶的墓在国家一级文物保护区的保圣寺,所以这件事一度耽搁下来,但在江苏省委和苏州市委统战部、甪直镇委等的支持下,2008年他们终于实现这个愿望。

是年4月1日,叶至善的子女们捧着他的骨灰,提着花篮走进了保圣寺的花园。叶至善的墓安置在未厌亭到叶圣陶的墓间的左侧土地上,墓碑是一块两米宽,一米八高的花岗岩,石头上刻着叶圣陶用篆字写的"善满居"三个字,字的下角落款是圣陶二字和叶圣陶的图章,墓的背后刻着一行小字:叶至善(1918.4.24—2006.3.4)。终于,叶至善又回到了父亲叶圣陶的身边。

叶小沫提议,让为叶至善立的那块写着"善满居"的山石来充当园林的书法景观。但是,叶至善本人何尝不是叶圣陶一生中写的最漂亮最成功的书法呢?从叶至善出生直到叶圣陶去世,除了他在"五七"干校的那三年时间里,叶至善几乎不曾离开过叶圣陶。即便在那三年多的时间里,他们也一直靠通信保持着交流,一般三四天一封信。将近七十万字的家书即见证了父子之间的心有灵犀。叶至善经常说,作为编辑,要先作者后自己,作为儿子,要先父亲后自己。他一直抱定着这个宗旨,没日没夜地干,他无悔地做着他认为值得做的事情。

他以为等到这些都干完了,就能将剩下的时间留给自己,可是他没想到自己不知不觉中也渐入老境,也已经是个老人了,当他意识到这个问题的时候,一切真的来不及了。

许多人评价叶至善时总会提到他为叶圣陶所做的一切,甚至有人说他替叶圣陶写的某些文章达到了"以假乱真"的地步,这些都是对叶至善

---

① 叶小沫:《送爸爸回甪直》,见《向爷爷爸爸学做编辑》,首都师范大学出版社2010年版,第88页。

的无上褒奖,但仔细想来,从另一个方面来说却也不免为他惋惜。如果他的文笔真和叶圣陶的文风相似,那相似之处,反而湮没了他的个性。笔者以为这些算不上什么褒奖,倒像是惋惜之后的抚慰。对于叶至善来说,对父亲所做的一切他当然是无悔的,至于是不是失落了自己,也许他从来没有考虑过。

活在父亲的影子里,是悲剧还是喜剧,"这是一个问题"。笔者以为,在某种意义上,叶至善才是叶圣陶写的童话《古代英雄的石像》中的铺路石子,为了父亲叶圣陶,在幕后准备好一切。他从来是默默无闻的那一个。不能否认这种传统的家族观念

叶圣陶在指导叶至善

对中国社会的巨大作用,叶家达到四世同堂的壮观场面靠的是每个家族成员的维系。1957年叶圣陶的妻子胡墨林去世后,叶圣陶并未再娶。同样,叶圣陶需要一个像叶至善一样的人在自己身边做助手。因为他是儿子,有真正的骨肉亲情,他同样是朋友,可以平等地交流,他还可以是秘书,能帮自己料理一些事物,叶至善是那个最好的选择。如果说,叶圣陶的成功背后,是家庭所有成员都默默地支持着他,那么叶至善无疑是其中为他做的最多的那个人。叶圣陶的背后是一个默默无闻的儿子。他虽然默默无闻了,但他也受到了最大的庇护。叶至善做了叶圣陶的铺路石子,而叶圣陶也成为了叶至善头顶那棵挡风遮雨的大树。叶至善一生紧随其父之后,尽管历史波澜诡谲,但在历次运动中,叶至善也和其父叶圣陶一样并没有受到很大的冲击。而远在南京的叶至诚则显然没有他哥哥叶至善那么幸运了。

第十一章 未完成的"探求者": 叶至诚

◎

叶至诚去世后,人民文学出版社为他出版了《至诚六种》,此书中收录的第一篇文章是他写的《至诚小传》,此篇完整地介绍了自己的生平。

叶至诚,父叶圣陶,籍贯苏州,母胡墨林,籍贯杭州。俗谚:"上有天堂,下有苏杭",我来自人间天堂,于一九二六年出生在上海。由于居处的搬迁和抗日战争,我在上海、苏州、重庆、乐山等四个地方的六所学校受完了小学教育。初中教育基本上是在当时流亡成都的光华大学附属中学接受的。七十年代,光华大学成立校友会,我也赫然列名于校友册上,其实只是个附属的。

十五岁上下,我和哥哥至善、姐姐至美一起跟父亲学写散文,四三、四四年先

叶至诚

后在文光书店出版了《花萼》和《三叶》两本散文合集，前一本由宋云彬先生作序，后一本由朱自清先生作序。两位父执都以为我们的文学道路开始得还不错，岂知我后来走的路却颇不顺当。

初中毕业以后，我在成都华西协和高中学了两个学期。只因在上课的时候偷看小说，三角之类课程的公式一律成了耳边风，临时抱佛脚全不顶用，考试成绩直线下降。我想，自己今后打算搞文学，这些课程反正用不上，耽在学校里受这份罪做什么？在开明书店找了个当练习生的职业，就此踏上社会。我在开明书店做了将近三年，从练习生到职员，管仓库、站柜台、做校对、跑印刷厂……换了好几个行当。同时，边工作，边看文学书籍，边写各种样式的文字，成了我看书较多写作较丰的一个阶段。八三年，我把在这段时间里写的部分小说、散文和寓言童话汇集成一个集子在中国少年儿童出版社出版，书名叫做《没有完的赛跑》。

四七年秋季，我见异思迁，考进了熊佛西先生主持的上海戏剧专科学校。最初学演员，不成；改进研究班，其实是学编导，其实又因为时局动荡和师资缺少并没有学到什么。四八年底，我和二十几个剧专同学跟随以在剧专求学为掩护的地下党员分批到了苏北解放区，参加了文工团。尽管我在剧专研究班没有学到什么，却在文工团里担任了导演，从秧歌剧《兄妹开荒》《买卖公平》一直排到大型歌剧《白毛女》和《刘胡兰》。五〇年，配合苏南的土地改革，我用苏南方言改编了歌词《啥人养活仔啥人》，由叶林配上曲子，经文工团演唱，在苏南流传甚广。五二年全国群众歌曲第一次评奖，这首歌获得了二等奖。

在五一年的全国文工团大调整中，我离开了文工团，其后在文艺处、文化局和文联这几个单位依次一一耽过。五二年七月二十日，我被接收为中国共产党预备党员（五四年七月转正）。五三年九月二十日，我和锡剧演员姚澄在南京结婚。五四年冬，高晓声和我合作的锡剧现代戏《走上新路》在华东地区首届戏曲观摩演出大会上演出，获得了剧本一等奖，姚澄扮演剧中的主人公女合作社社长李瑞珍，获得了演员一等奖。

五七年春，我成为建国后江苏省第一批专业作家中的一员。五月，风闻可以办"同人刊物"，我和陈椿年、高晓声、方之、陆文夫、梅汝恺等人跃跃欲试,起草了一个《启事》和一份《章程》。不久即因人力和财力的不足,宣告流产。这就是后来在"反右"斗争中名闻遐迩的"《探求者》事件"。我们几个受到了程度不等的处分。二十二年之后全都得到了平反。

在接受处分到平反的二十二年间,我从事过农业劳动,参加过人民公社的大炼钢铁,又先后在南京市越剧团和江苏省锡剧团担任过编剧,写作或者是参与写作过一二十个大小剧本(包括和方之合作的一个电影文学剧本《绿州》和一个话剧剧本《江心》),绝大部分都成了明日黄花。尚能保留至今的只有:我作为编剧之一的越剧戏曲艺术片《柳毅传书》和以我为主要整理改编者的锡剧传统对子戏《拔兰花》(江苏省锡剧团演出本)等极少数几个。

七九年平反以后,我返回"反右"之前的原工作单位——江苏省文联。在作协的《雨花》文学月刊社担任副主编。从此重操旧业,又提起笔来写散文。我的哥哥至善和姐姐至美也都在中断了若干年之后重新写起散文和小说来。八四年,三联书店愿意把我们弟兄三个早年的两本散文集合成一册重印出版,取名《花萼和三叶》,又出版了我们在文革结束后所写的作品合集《未必佳集》。

八二、八三两年,我被借调到北京,协助哥哥编辑《叶圣陶散文甲集》《叶圣陶散文乙集》《叶圣陶序跋集》和《我与四川》等书籍。八四年,重返《雨花》编辑部担任主编。自打重操旧业以来,笔耕不辍。作品以散文为主,也有少数小说。散文《假如我是一个作家》蒙冰心老人推荐为"我喜爱的散文",《公共车站上的遐想》获第三届双沟散文奖,《漫忆大字报》被收入人民文学出版社《1985—1987散文选》,《关于父亲》被收入《中国当代散文精华》。

以上《至诚小传》,叶至诚将自己的生平经历粗粗做了勾勒,而在大半个世纪的风云变幻中,很多细节都被隐去了。以下,让我们一起来走近和还原一个更为有血有肉的真实的叶至诚。

一、年少即显露才华

　　叶圣陶向来很重视子女的教育问题，注重培养他们写作的能力。叶至诚十五岁上下就开始和哥哥姐姐一起向父亲学习写作，当时他的姐姐叶至美先写了一篇，经父亲叶圣陶的修改后，登在了《国文杂志》。姐姐的成功鼓励着叶至诚也开始了文学写作。叶至诚小时候喜欢集邮，为此还写了篇以《集邮》为名的记叙散文，也登在了《国文杂志》上。从此接连不断，一篇篇交到叶圣陶手里，由他选择、修改。后来他们兄妹三人出了两本合集《花萼》和《三叶》，书名都是叶圣陶题的，取"同胞手足"的意思。合集的序分别由叶圣陶的好友宋云彬和朱自清所作。序言充分肯定了三个孩子的创作。宋云彬在《花萼》序言中写道："他（叶圣陶）的长公子小墨（至善）已毕业专门学校，女公子至美已进了大学，而他的第三个公子至诚我们一向叫他'小三官'的，六七年不见，已经是一个中学生，而且写得出那样情文并茂的作品来了。"他还说集子中的作品"没有一篇是硬写出来的"。朱自清也在序言中夸赞了叶至诚，"虽是个小弟弟，又是个'书朋友'，他的观察力和记忆力却骎骎乎与大哥异曲同工"，"真乃头头是道，历历如画"，"他对于人生的体会也有深到处"。这些评价并非虚言。

　　叶兆言曾说："父亲少年时代写的文章，一直让我感到嫉妒。父亲那时候的文章充满了一种让人目瞪口呆的才气。我早逝的堂哥三午，是我们这一代中最有文学才华的一个，他不止一次说：'叔叔的文章真棒。'三午有一篇中学作文，就是讲自己如何抄袭父亲的作文，如何得到老师的好评，然后又如何意识到自己这么做不对。不少评论文章把祖父誉为中国的契诃夫，三午却独有见解地认为，如果不放弃自己的写作风格，也许真正成为中国契诃夫的便是我父亲。"① 高晓声是20世纪50年代认识叶至诚的，当时高晓声感到很荣幸，就是因为他听说过，叶至诚在十年前就能写一手漂亮的文章。叶至诚的《没有完的赛跑》就是由高晓声作的序。

---

① 叶兆言：《纪念》，见《名与身随》，时代文艺出版社2006年版，第154页。

高晓声在序言中写道:"每一篇作品,有性格,有思想,有意境,有情趣,情节生动,结构自然,文语流畅,写了真,写了善,写了美,读来是一种很好的享受。"叶至诚在写作方面的天赋和能力是非常突出的,笔者以为叶至诚才是"花萼"中的佼佼者。

叶家兄妹的文学爱好,无疑受到乃父的影响极大。叶圣陶写作时的形象深刻地留在了儿时叶至诚的脑海中:"父亲坐在我那张大书桌前,手里握着一支大号派克自来水笔,橘红色的笔杆镶着乌黑一道边,看上去沉甸甸的。明亮的光线从窗口射进里屋,书桌上摊着带格子的稿纸……"他推门进去,只见父亲侧着头,眼睛正对着他推开的那扇门,叶至诚想他的父亲一定看到他了,可是,过了好一会儿,叶圣陶依旧侧着头,眼睛望着他推开的那扇门,"不说话,也不动",好像并没有看到叶至诚,没有看到任何东西。正在他想"这是怎么回事"时,"不要去,不要去,爹爹在写文章呢"——他的母亲急忙低声将他喊了出去,并带上了被他推开的门。

母亲说的"写文章",使叶至诚意识到这件事情的非同寻常,难怪叶至诚说写文章给他的最初印象是"有点儿神秘,有点儿神圣"。这其实可以看作是对文化的一种质朴的崇拜与敬畏之感。后来,当叶至诚看到叶圣陶写的《半年》和《寒假的一天》中所记叙事件后,他发现:"原来父亲写得文章跟学校老师让我记日记、做的作文差不多,也是把平时做过的,或者看到的听到的想到的事写了下来罢了。文章要是就像这样,我怎么看不懂呢?我不但看懂了,还感到说不出来的亲切有味。神秘感减少了,却引起了十分浓烈的兴趣。"但是他不否认:"写文章毕竟还是神秘的。"①

抗战爆发后,随着年龄的增长和阅读范围的扩大,叶至诚对事物的理解程度也逐步加深了。乐山被炸后,他们搬到城外,叶圣陶写了四首《浣溪沙》来描述当时的心情和他们的生活,还讲解给叶至诚。叶至诚觉得父亲写得真好,不禁感慨道:"啊,写东西是多么有意思的事啊!"

在成都,叶至诚正式开始了写作实践,虽然体裁相对单一,但内容丰富,文笔洗练。其中记叙事件的有《我与游泳》《看书买书》《Fu 鱼》《宣

---

① 叶至诚:《至诚六种》,人民文学出版社2010年版,第275~277页。

传》《"火"》《我们的班会》;描写景物的有《成都农家的春天》《学校后面的小河》;写人的有《拉路车的》《山上人》《川江里弄船的》,等等。还有极富想象力的《驴背上》——这篇文章不仅写得生动有趣,而且很有思想性,很难想象这出自一个少年之手。

《驴背上》讲述了"我"骑在驴背上的所见和所感,心理描写和对话描写丰富了文章的内容。"我"一面同情赶驴人的苦难,一面又同情被骑着的驴子。"我"还做了"同情驴子的好梦",驴子竟然开口讲话,向"我"诉说它的劳累和无奈。"我"理解和同情奴隶般的驴子,驴子却告诉"我"一个秘密,那就是"有一天世道会变的",驴子憧憬着将来驴子骑人的时代,期待着报复人类的那一刻。这个细节大有深意。不仅仅是简单表达对弱势群体的同情,更深层的是对人性的复杂的体察和揭示。

参加苏北解放区文工团后,1950年为了配合土改运动的需要,叶至诚根据《谁养活谁》改编了《啥人养活啥人》这首歌。为了让江南农民"听得懂,唱得来","喜欢听,喜欢唱",他们决定用江南话重新写过,没想到就此流传开来,红遍大江南北。叶至诚后来分析了这支歌受到农民普遍欢迎的原因:"主要原因是配合了当时的农民运动";"同时又比较形象地描写了地主阶级不劳而获、穷奢极欲的剥削生活";"农民喜欢听这个歌,除了上面说的两个原因之外,就是'句句皆听得懂',农民喜欢唱这个歌,除了上面说的两个原因之外,就是'唱起来勿拗口'"①。叶至诚为此获得了一大笔稿酬,还拿了奖金。叶至诚的改编,不期然地与当时的时代氛围及政治需要相合拍,这是他创作之初并没有完全想到的,当然,该歌的流行,想必对叶至诚的创作路数和方向也会产生潜移默化的影响和暗示。此后,叶至诚可以说是顺风顺水。1956年春天,他已经是文联党组成员,并且是创作委员会的副主任。叶兆言称:"这是父亲一生中涉足官场最得意的黄金阶段。"②然而,"探求者事件"随后而来,叶至诚美好的梦,如肥皂泡旋即被戳破了。

---

① 叶至诚:《至诚六种》,人民文学出版社2010年版,第138~139页。
② 叶兆言:《名与身随》,时代文艺出版社2006年版,第156~157页。

二、《探求者》事件

(一)胎死腹中的《探求者》

1957年6月初,江苏作家高晓声、陈椿年、方之、陆文夫、叶至诚、梅汝恺(曾华、艾煊后来加入)开始酝酿结成"探求者"文学月社,并且要创办一个同人刊物《探求者》。但这个刊物还没来得及出版,就在突如其来的"反右"运动中流产了。那么,"探求者"事件是如何发生的?我们有必要先回顾一下当事人的追记。

叶至诚后来说:"一九五七年,毛主席《关于正确处理人民内部矛盾的问题》的发表,促使我们把注意力转移到人民内部矛盾方面;毛主席关于社会主义生产关系和生产力的发展又相适应又相矛盾的论述,促使我们去观察和分析哪些是适应的,哪些是矛盾的,从而感到建设社会主义的具体道路还需要探索。当时已经显露出严重危害的官僚主义使我们疾首痛心,王蒙同志的《组织部来了个年轻人》、刘宾雁同志的《在桥梁工地上》和《本报内部消息》引起了我们极大的兴趣和共鸣。再加上听说上头讲要把王蒙同志从围攻中解救出来,增添了我们反对官僚主义的胆量和勇气,我们冀求在文艺战线上充当一名改革的战士。此外,我们深为当时文艺作品(包括我们的作品在内)普遍存在的公式化、概念化所苦,急切希望从题材、立意、表现方法……各方面找到摆脱公式化、概念化的出路。"①

陆文夫也有对这件事的回忆:"我和方之、叶至诚、高晓声聚到了一起,四个人一见如故,坐下来便纵论文艺界的天下大事,觉得当时的文艺刊物都是千人一面,发表的作品也都是大同小异,要改变此种状况,吾等义不容辞,决定创办同人刊物《探求者》,要在中国文坛上创造一个流派。经过一番热烈的讨论之后,便由高晓声起草了一个'启事',阐明《探求者》的政治见解和艺术主张;由我起草了组织'章程',并四处发展同人,

---

① 叶至诚:《至诚六种》,人民文学出版社2010年版,第145~146页。

拖人落水。我见到高晓声的那一天就是发起《探求者》的那一天,那是1957年6月6日,地点是在叶至诚的家里。"①

从叶至诚和陆文夫的描述可见,他们的追忆是从当事人的角度来考虑的,但这件事的发生毕竟离不开时代的波诡云谲。1956年4月,毛泽东提出"百花齐放,百家争鸣";11月,中宣部召开第一届全国文学期刊工作会议,研究和部署如何贯彻"双百"方针问题。中国作协党组书记邵荃麟等积极主张文学期刊应当"多样化",对清一色的"机关刊物"表示了不满。中宣部副部长周扬在作会议总结报告时明确提出"同人刊物也可以办",这是"为了有利于提倡不同风格、不同流派的自由竞争"。当时正在北京参加中国作协文学讲习班的江苏人民出版社编辑组组长、《雨花》杂志的主编陈椿年也列席旁听了中宣部的这次会议。他后来回忆说:"周扬的总结报告肯定将作为文件传达下去,但我却按捺不住喜悦之情,立即写信把这一喜讯告诉了在南京的朋友高晓声和叶至诚。当时并没有想到,更没有提出'咱们也来办它一个',我只是以为今后的创作环境必将更加宽松自由了,为此感到由衷的兴奋,忍不住想和朋友们分享而已。"②年轻人总是容易激动,高晓声、叶至诚等人得到消息后,开始了他们的准备工作。

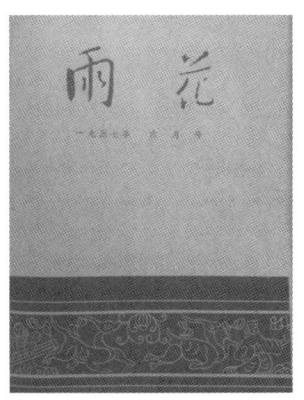

《雨花》1957年6月号封面

《雨花》1957年六月号,方之、叶至诚、高晓声、陈椿年发表《意见和希望》

1957年5月,学习归来的陈椿年加入了"探求者"的队伍。"但是,按照当时的办刊程序,创办《探求者》还必须向上级请示。于是,高晓声、陈

① 陆文夫:《又送高晓声》,载《收获》1999年第5期,第150页。
② 陈椿年:《关于"探求者"、林希翎及其他》,载《书屋》2002年第11期,第52~53页。

椿年、方之、叶至诚等人找到省文联党组书记、文化局副局长钱静人,钱的意见是不要搞正儿八经的文学杂志,提议在《江苏文化报》上辟出整版篇幅,每周用一期篇幅发表同人作品。高晓声认为这个主张不符合他们办同人刊物的初衷。于是,时任团市委宣传部长的方之找到省委分管文教的书记处书记,得到的回复是:'同人刊物是可以搞的,但怎么搞还要再商量。'不久,由陈椿年执笔的文章《意见和希望》在《雨花》1957年六月号上发表,这篇文章基本上已经涵盖了'探求者'的总体主张和想法,反映了他们想办同人刊物的愿望。至此,作为结社的前期理论准备都已基本就绪。"①

陆文夫和高晓声分别为刊物起草了《探求者文学月刊社章程》和《探求者文学月刊社启事》(以下简称《章程》和《启事》)。《章程》提出:"本月刊系同人合办之刊物,用以宣扬我们的政治见解与艺术主张。""刊物不发表空洞的理论文章,不发表粉饰现实的作品。大胆干预生活,对当前的文艺现状发表自己的见解,创作方法也应该多种多样。不崇拜权威,也不故意反对权威,不赶浪头,不作谩骂式批评,从封面到编排应有自己独特的风格。"尤其,"本刊系一花独放、一家独鸣之刊物,不合本刊宗旨之作品概不发表"(《雨花》月刊1957年十月号)。"一花独放、一家独鸣",实质上正是应和了"双百方针",但这决断高调之口吻与标新立异之张扬,在当时无疑不合时宜,这自然成为他们日后的把柄和罪状之一。

《雨花》杂志,1957年十月号。其中有数篇批判"探求者"的文章

而高晓声起草的《启事》则明确宣称:"我们是一群年轻的文艺工作者。我们的政治、艺术观点都是一致的。现在,我们结集起来,企求在统一的目标下,在文学战线发挥更大的力量。"他们表达了对于体制内刊物

---

① 周根红:《"探求者"文学社团的酝酿、批判与平反过程》,载《沧桑岁月》2011年第6期,第38页。

的不满:"对于目前有一些文艺杂志的办法,我们很不满意,编辑部缺乏独立见解,显示不出探讨人生的精神,特别在艺术问题上,没有明确的目标,看不出他们的艺术倾向。这是用行政方式办杂志的必然结果。文学不应该只唱赞歌,要写人;不应当写政策、写运动。"进而提出了他们自己的办刊主张:"我们是同人刊物,有自己的主张,自己的艺术倾向;我们把编辑和作者混同一起,稿件的来源就靠同人,我们将在杂志上鲜明地表现出我们的艺术风貌。"

在文学创作方法问题上,《启事》提出:"文学创作有过漫长的历史,积累了多种多样的创作方法。今天看来就像打仗可以用各样的兵器一样,只要对社会主义有利,各种创作方法都可以运用。我们不承认社会主义现实主义是最好的创作方法,更不承认这是唯一的方法。我们将勉力运用文学这一战斗武器,打破教条束缚,大胆干预生活,严肃探讨人生,促进社会主义。"可见,在《启事》和《章程》中他们反复申说的是"大胆干预生活",勇于发表自己的意见。时过境迁,尘埃落定,我们不能否认这群探求者年轻人的激情与胆识,然而在那个时代的风云变幻中,他们终于成为被"枪打"的"出头鸟"。

接下来,为了筹措资金和发展同人,身为华东作家协会会员的陆文夫和方之两人自告奋勇一起去了上海。他们拜访了巴金、叶以群、唐克新、姚文元等人,希望他们能够参加。对此,巴金明确表示了拒绝的态度,后来巴金回忆说:

> 我只记得他(方之)和陆文夫同志一起来找我,谈他们组织"探求者"的打算。当时我只读过方之的短篇小说《在泉边》和陆文夫的《小巷深处》,觉得还不错,认为他们是有希望的青年作者。他们想在创作上多下功夫,约几个志同道合的业余作者"探求"。他们说已找某某人谈过,得到那位同志的鼓励。我了解他们的心情,三十年代我们也曾这样想过,这样做过。这两位年轻人在创作上似乎有所追求,有理想,也有抱负。我同情他们,但是我替他们担心,我觉得他们太单纯,因为我已感觉到气候在变化,我劝他们不要搞"探求者",不要办"同人杂志",放弃他们"探求"的

打算。我现在记不清楚他们当时是不是已经发表了"探求者"的宣言,或者这以后才公开了它。但有一点是可以确定的,他们没有听懂我的话,我也说不清我的意思,他们当然不会照我的意思办。①

巴金善意的提醒和模棱两可的态度,并没有阻止他们的热情。尤其是方之,对巴金的意见满不在乎,并没有理解巴金的真实想法,以为巴金是胆小的缘故。叶至诚在《忆方之》中说"这种十足的劲头、近乎天真的信心和打先锋的青年团气质,在方之身上始终不曾消失",不久他就为此尝到了苦头。可是,陆文夫则更加沉稳些,他后来想了想巴金的话,就给南京市文联写了封信说:"同人杂志,总觉得有小集团嫌疑,与提倡的集体主义思想有抵触,我想来想去,还是退出,不参加的好。"后来陆文夫在谈及此事时曾说:"巴金的觉悟比我高,也许他已经听到了些风声,但不能明白表示出来。"②

1957年6月8日,《人民日报》发表社论《这是为什么?》,全国由"整风"迅速转变为"反右"运动。一个并没有真正办起来的"探求者"却如此引人注目,以致为它大动干戈,时至今日,我们似乎更应该追问一下:这是为什么?既然办刊事出有因,那么被批判也并不是毫无缘由,除了时代背景的决定性因素外,也不排除一些偶然的因素。

"一个个偶然的质点,连成一条必然的曲线,这曲线就是历史,而一个个质点则是组成历史的无数细节。"③"探求者"事件也是偶然中的必然。"成也萧何,败也萧何"这句古话用在《探求者》身上最贴切不过,不过这个"萧何"要换成"陈椿年"了。办刊时,源于陈椿年的传达和鼓动,而被打成"反党集团",也有陈椿年的缘故。

1957年5月23日,林希翎到北京大学发表了为胡风事件翻案的长篇演讲,反响巨大,他也因此在随后的"反右"斗争中被打成"右派"。陈椿年在中国作协文学讲习所时开始与林希翎交往,并于此后互通音讯。当

---

① 巴金:《悼方之同志》,载《上海文学》1980年第1期,第62页。
② 于继增:《同人刊物〈探求者〉沉浮记》,载《百年潮》2008年第9期,第55页。
③ 赵普光:《书窗内外》,上海科学技术文献出版社2014年版,第67页。

陈椿年知道林希翎的遭遇后,在信中曾为之抱不平。然而,他们的通信后来被抄检出来,陈椿年为此自然就成为"林希翎的帮凶,文艺界的渣滓",被揪了出来。当然与之密切相关的《探求者》,也就在劫难逃了。就这样"探求者"们跌入了命运的深渊。

一个小小的"探求者",还真的惊动了高层。据有人回忆:"此时,中央派政治局候补委员康生具体指导江苏文艺界的'反右'斗争。在北京时他已获知江苏搞了个《探求者》,那时他就认为这里面'有问题'。他胸有成竹,坐镇苏州,听取汇报,揪出了'探求者'这个'右派'团体。康生说它是'有组织、有纲领、大摇大摆公开活动'。他在一个材料上批示:'江苏《探求者》这样的集团,如还不算右派反党集团,那还有谁算反党集团,谁算右派呢?'遂下令严查。而当时中共江苏省委对'反右'并不积极,省委第一书记江渭清还为此受到过上边批评。据时任省长的惠浴宇回忆,当时省委召开常委会专门研究对'探求者'这批成员的处理问题时,常委们都想保他们,省委宣传部部长俞铭璜甚至'说着说着眼泪汪汪的'。于是组织上对有些人采取了'边戴帽子边摘帽子继续留在党内'的保护性做法,这是中共江苏省委在'反右'运动中的'发明'。尽管'探求者'们都做了深刻检查,但由于康生施加压力,开始了对'探求者'的公开批判。"①

于是,1957年10月9日的江苏省委机关报《新华日报》发表社论《〈探求者〉探求什么?》的质问,并自问自答地指出:"不满意马克思主义的思想现状,不满意社会主义革命的现状,不满意共产党领导的现状,这就是'探求者'要去'探求'另外什么东西的原因……他们既然不满意现状,当然只能探求到现状的反面去。离开马克思主义的指导思想,离开共产党的领导,离开社会主义道路,必然走向资本主义道路。二者必居其一,这是不用探求就很明白的常识。因此他们所谓'打破教条束缚',就是打破马克思主义和共产党的领导;所谓'大胆干预生活',就是反对社会主义制度;所谓'严肃探讨人生',就是否认辩证唯物主义的世界观和人生观;这就是他们所谓'探求'的实质。至于所谓'促进社会主义',也

---

① 于继增:《同人刊物〈探求者〉沉浮记》,载《百年潮》2008年第9期,第55页。

就是要把社会主义'促进'到他们所'探求'的那些方向和目标去。"随后当月 24 日的《人民日报》全文转载了这篇社论。

江苏省的文学杂志《雨花》也开始闻风而动,从第 10 期开始,不仅全文登载了《启事》和《章程》来作为批判的材料,而且连续刊载多篇批判"探求者"的文章,比如贺庆国的《一定要歌颂社会主义》、谢闻起的《对"探求者"的政治观点的"探求"》、苏隽的《歧途上的探索——评"探求者"的"艺术主张"》、邨夫的《向何处去?——质雨花编辑部》等。

上海当然也不甘寂寞。姚文元在《文艺月刊》第 12 期,发表了《论〈探求者〉集团的反社会主义纲领》,文章说:"'探求者'们的反社会主义的纲领中,很明显地可以看出他们是国内外修正主义思潮毫无保留的狂热拥护者。他们自己并没有什么了不起的一整套的主张,即使资产阶级文艺的知识来说,他们也是浅薄的、一知半解的,他们的反动纲领,不过是国内外修正主义思潮凑合起来的一碗杂碎汤罢了。他们在理论上是秦兆阳的弟子,他们手里挥舞的也不过是秦兆阳的修正主义那里搬来的破刀烂枪而已。然而当这种修正主义思想被他们剪贴起来凑成一套主张时,就成为非常完整的一个反社会主义的纲领。"

批判接连不断,持续升级,"探求者"被定性为"反党反社会主义"。叶至诚他们怎么也想不明白,事情为什么会变成这样。他们被要求写自我批判材料,互相揭发和检举。陆文夫说:"审查开始时首先要查清《探求者》发起的始末,谁是发起人?起初我们是好汉做事一人当,都把责任拉到自己身上,不讲谁先谁后。不行,一定要把首犯找出来,以便于分清主次。"①叶至诚当时在"探求者"同人中年龄最大,地位也是最高的,当他听到会上的批判后,如同听了审判一样。他在《忆方之》的文章中回忆当时的情景:回到宿舍后"方之和我坐在草席上默不作声。很久很久,他忽然冒出一句话:'你是老大哥,我总归是跟你走的。'仍旧充满了对我的信任。我乱极了,没有回答,也无法回答,本来我也是跟党走的,可是现在……你跟我走,我跟谁走呢?我再也忍不住,哭了,方之也哭。哭了一会

---

① 于继增:《同人刊物〈探求者〉沉浮记》,载《百年潮》2008 年第 9 期,第 56 页。

儿,方之又说:'这中间只有我们两个党员,应该把责任担起来。'我说:'主要是我的责任。'……此后,我们就宣布被隔离审查了。"①到12月,除陆文夫和叶至诚没被戴"右派"帽子外,高晓声、陈椿年、梅汝恺、曾华等均被划为"右派"分子。

(二)"反右"的后遗症

虽然叶至诚没有被划为"右派",但"右派"的"帽子拿在群众手里",随时有被戴上的可能,他的处境并不比那些被划的强多少。这种突然而至的灾难对此前生活还算顺利的叶至诚打击太大了。他的老友顾尔镡说,刚刚30岁出头的叶至诚,本来一头黑发,可是几个月下来,竟然生出了许多白发。那时,他一边没完没了地写检查和"互相揭发",一边一根又一根地将头发凑在燃烧的烟头上。据叶至诚的好友顾尔镡回忆:几个月下来,他"由一个探求的狂士变成了一个逢人便笑呵呵、点头弯腰的'阿弥托佛'的老好人,好老人"②。"文革"开始后,这些"右派"当然再次成为被打击的对象。叶兆言说:

在这场史无前例的浩劫中,常人所享受到的苦头,父亲无一幸免。肉体上的痛苦用不着再说,父亲精神上所受到的折磨,真正罄竹难书。文化大革命彻底摧毁了父亲经过反右残存下来的那点可怜意志,诚惶诚恐认罪反省,不知所措交代忏悔,父亲似乎成了一个木头人,随别人怎么摆布。

我帮着父亲一起在街上卖过造反派油印的小报,也不止一次帮着父亲推板车去郊区送垃圾。父亲那时候只拿很少的生活费,卖小报算错帐了要贴钱,还有人敲竹杠向他借钱,父亲一生中从来没像当时那么贫穷过,穷得自己必须精确地计算出一天只能抽几支廉价香烟。我清楚地记得父亲抽的是被誉为"同志加兄弟"的阿尔巴尼亚香烟,只要一角七分一包,这也许是中国历史上最便宜的洋烟。

父亲成了剧团里最好的劳动力,挖防空洞,敲碎石子,打扫厕所,脏活

---

① 叶至诚:《至诚六种》,人民文学出版社2010年版,第161页。
② 叶兆言:《纪念》,见《名与身随》,时代文艺出版社2006年版,第157页。

累活都能揽下来的一把好手。我们那时候在旁边的一家工厂里搭伙,父亲每顿都能吃六两米饭。①

终于熬到"文革"结束。平反陆陆续续开展。《雨花》杂志揭起了为"探求者"平反的帷幕。1979年2月,为了贯彻十一届三中全会精神,调动江苏作家的创作积极性,时任《雨花》主编的顾尔镡决定为江苏文艺界最瞩目的冤案"探求者"平反。他委托时任《雨花》理论组组长的陈辽起草一篇为"探求者"平反的社论。据陈辽说:"这样,我以一周的时间,从阅读当年有关'探求者'的资料和批判文章开始,逐步形成论点,最后写出了《探求无罪 有错必纠》的为'探求者'平反的社论。"②经过修改,这篇文章刊登在了《雨花》第四期上。《雨花》对"探求者"的平反产生了很大影响,紧接着,人民大学书报复印社在5月份的《文艺理论》上全文转载了这篇社论。多家文艺报刊报道了这一消息。持续二十年的"伤痛"似乎就这样被"抚平"了。

从"反右"开始到"文革"结束,探求者们熬了近二十年。在笔者的历史叙述中,二十年当然是一瞬,不过是敲几个字的工夫,但是在当事人的体会,那真是度日如年。

叶至诚下放江宁县劳动改造一年后,又被调回来担任剧团编剧。毕竟是应制之作,这些剧本正像叶至诚说的"绝大部分成了明日黄花"。可就是这些没有生命体验的剧本慢慢地消磨掉了叶至诚的才气和锐气(胆量)。1963年初,方之约请叶至诚共同创作一部以当年破堤抗旱为内容的剧本,叶至诚欣然同意了。剧本既写了抗旱过程中值得肯定的事情也批评和暴露了一些时弊。万万没想到,当时华东负责人一个"不准有三年困难时期的痕迹"的指示,就把这个话剧彻底打入了冷宫。叶兆言后来说到了父亲叶至诚的状态:"父亲和方之打成右派劳改回来以后,合写剧本《江心》,写着写着,被领导发现了'问题',惊魂未定,又吓得不知如何是好。为了保险起见,父亲和方之不得不请当时不是右派的顾尔镡伯伯来

---

① 叶兆言:《纪念》,见《名与身随》,时代文艺出版社2006年版,第158页。
② 陈辽:《〈雨花〉率先给"探求者"平反》,载《雨花》2007年第10期,第34页。

帮他们把关。即使是写歌颂的剧本,也好像是走钢丝,稍不留神就会出大问题。"①

事实就是这样,中国的知识分子经过了太多这样的事情,所以大都有了"自觉性",说话写东西前会自己先衡量一遍,可是有时候不是不想,而是不能把握住政策的动向及真实目的,这更让他们彷徨。叶至诚不可能超离这个怪圈。虽然他时时想"探求"什么,但总是稍微一冒头,就被深深地压了下去。他不想了,他也不敢了,彻底盘旋在条条框框中。

叶兆言从小目睹了父亲所受的这份"洋罪",所以他从小就不认为作家是一个崇高的职业,当时"各式各样的领导,局领导团领导包括工宣队军代表,各式各样的群众"甚至"跑龙套的拉二胡的什么都不做的","只要有嘴就可以对父亲发号施令"。"无数次下乡体验生活,无数次三更半夜爬起来照别人的旨意修改作品,父亲在没完没了'没有自己'的笔耕中,头发从花白到全白,越窝囊越没脾气,越没脾气越窝囊。"②欧阳文彬也描述过当时的情况:"剧团开着门要演出,一个剧目演不了几场,编剧就得不断地提供剧本。超负荷的重担压得他喘不过气来,写出来的本子只求能够通过,其他什么也顾不上了。本子过不了关,任务完不成的时候,急得走投无路。父亲和哥哥看着心疼,帮他出主意。领导不点头也是枉然。叶老明白这种处境促使至诚疾病缠身,未老先衰,但认为至诚注定了一辈子干这个工作,也没有办法。那年头,犯过政治性错误的人,怎么能在工作上挑挑拣拣、讨价还价呢?"③

叶至诚在1982年写的一篇《戒烟》中曾经谈到自己的写作状态。劳动改造六七年后,当他重新开始写作,"出乎意外,一上手我就卡住了。事先我并没有估计到'拳不离手,曲不离口',多年不写,笔头绝不可能流畅;何况又是个新的起点,跟以往炮制挨批的毒草有本质的区别,难度肯定是非常大的。可是我怎么会想得到,自己竟连四句'幕前唱'也编不起来了呢?最初是找不到韵脚……接下来,我又发现当今的专用名词和形

---

① 叶兆言:《纪念》,见《名与身随》,时代文艺出版社2006年版,第159页。
② 叶兆言:《纪念》,见《名与身随》,时代文艺出版社2006年版,第160页。
③ 欧阳文彬:《文苑梦忆》,学林出版社1999年版,第58页。

容词都特别长,竟有十二三个字连成一串的,不写进去唱句里去吧,不但旗帜不太鲜明,连感情和忠诚也成了问题;写进去吧,可怜我们这个剧种历来只有'七字句'和'十字句'两种格式"。他始终写不出一个字,开始后悔接了这个任务,但他又于心不甘,这样的结果就是,除了领导的创作意图,其余一切都变得模模糊糊。对于这样的结局他看得很清楚:"我知道终究有一条唯一的通道,只是走来走去竟钻进了死胡同。"这是对命运的悲哀而无力的抗议!

这是叶至诚最真实的心理状态。叶至善对于这篇文章说过:"至诚写的是'文革'后期,忽然领导上要他写剧本,他当时那受宠若惊又如履薄冰的心理状态;为了完成这个沉重的使命,他苦思冥想,整整折腾了一夜,结果一个字也没逼出来。他真个把自己赤裸裸地暴露在读者面前了,而且全用独白,自己的真实的话。"①

叶至善回忆过有一次省文化局说要编反映农村教育改革的戏,召集剧团的编剧成员开会,听各县管教育的同志做汇报。当时领导听完汇报后当即拍板,觉得某地的经验值得宣传,派叶至诚去"体验生活"。他得到上级的指令,就赶紧回家收拾行囊去搞创作了。这种"体验生活""主题先行"的写作方式成为叶至诚编剧本的常态。

叶圣陶并不赞成这个办法,他在给叶至诚的信中说:"照你信上说,你在苏州专区还是走马观花。走了一阵,看了一阵,马上'从石子里逼出油来'。我最不赞成这个办法,可是你命运如此,'落在其中',还有什么话说。"(1975年12月17日)"你又要逼出戏来,真没办法。我看可能到春节还是要交白卷。戏哪有这样容易编的:匆匆乱想,挖在篮里就是菜,即使编成了也不会像样。就交卷来说,任务完成了,就拿出像样的东西来说,可就是没有完成。"(1976年12月10日)"去农村总得有目的。体验什么,历练什么,认定了才选一个适当的地点去。同时务必忘掉为写戏而去,要一心一意放在实际工作上。不要以为只要到了农村就会长进了,你说我的想法对不对?"(1977年9月1日)"走群众路线当然是好,但是在

---

① 叶至善:《父亲的希望》,中国青年出版社2000年版,第228页。

各色各样的意见里头要认定哪个对哪个没意思,分别去取,大概也不容易。耳朵太软不行,没有敏感,体会不出人家的好意见也不行。还有,领导的意见不一定就对……最好是认真辨一辨,如果发觉领导的话有不妥当,就该与他据理说明,为什么不妥当。"(1977年10月9日)"我们在这里猜想,你是陷在剧本里有点儿糊涂了,剧本七改八改,改了半年以上,连情节都没有肯定落实……这样的编剧生涯,不改变一下怎么成呢?我写这些话不是责备你,而是希望你与同伴们谈谈,商量怎样自己解放自己,不再围困在老圈子里。你们从体验生活到集体拼凑,可能根本不是个创作方法。若不改变,不会编出像样的剧本来的。所以我想,你们先要破老章程老道路,立新途径新精神。"(1977年10月20日)①

这些书信有的是写于"文革"期间,有的是写于"文革"之后。从中能看出叶至诚在"文革"期间写作的被动、苦恼,而且在"文革"结束之后一段时间里,他依然没能逃离原来写作模式的禁锢。身为父亲的叶圣陶不能不为儿子担忧,希望他尽早能走出那个"魔咒",但谁的心里都清楚,谈何容易呢!

三、"斯人独憔悴"

(一) 从作家到藏书家

叶至善说过:"至诚跟我和至美都不一样,上初中的时候就把自己——说得肉麻点儿吧——心甘情愿地供上了文艺女神的祭坛。他贪婪地买书又贪婪地看,多数是剧本和翻译小说;有时念给父母听,能念出情调来,念出人物来,可见比我和至美理解得深。"②年少即显露才华的叶至诚,是什么原因使他的文学生命最终萎缩凋零了呢?

无论是叶至诚的朋友还是他的亲人,都为叶至诚在文学上没有做出预期的成就感到惋惜。表面看来叶至诚似乎是"江郎才尽",可是熟悉那

---

① 叶至善:《父亲的希望》,中国青年出版社2000年版,第242~255页。
② 叶至善:《父亲的希望》,中国青年出版社2000年版,第224页。

段历史,熟悉那个时代,熟悉他的人,免不了会进一步追问:他是"江郎才尽",还是"生不逢时"?也许本身并不存在江郎才尽这样的一个问题,并不是说没有这个可能,只是预设这个问题甚至追问这个问题的答案,并没有什么意义。那是生不逢时吗?也许这个问题也是虚妄的,但那个特殊的年代对于任何人,尤其是对于像叶至诚这样准备当作家的人来说并不是空洞的,毕竟历史和个人在他身上发生了交接,于是他的命运和时代的变迁便牵扯在一起,"剪不断,理还乱"。他一生的悲剧既然不能用"生逢其时"来形容,那么"生不逢时"倒变得格外贴切了。且让我们暂时搁置"江郎才尽",来谈"生不逢时"吧!

虽然在"反右"运动后,叶至诚还能从事剧本的创作,成为了一名职业编剧,一干就是二十年,总算没有中断自己的"作家梦"。但这个"作家"的称号已经形同虚设,对于他来说,此"作家"并非他预想中的作家,这二十年倒不如说是叶至诚最憋屈的日子,兴趣是谈不上的,写出的东西只是为了符合上面的要求。"探求者"中屡屡提到的要有自己,在这时反而成了不要有自己,这种和叶至诚的文学理想正相反的要求,怎能让叶至诚提起兴趣来呢?他只是不停地在写和修改,作品中没有灵魂和自我。叶兆言说到过写剧本是父亲叶至诚的一种生活状态。在他的印象中叶至诚永远是在修改剧本,抄过来抄过去,桌上到处都是稿纸,烟灰缸里总是满满的烟屁股。叶兆言还认为父亲其实并不以自己写的剧本为荣,所以也羞于提及自己的那段经历和苦熬出来的作品。叶至诚和别人合写过许多剧本,但是他常常将自己的名字写在别人的后面,虽然有"与人为善,不争夺名利"的原因,但更主要的恐怕就是不喜欢自己写的剧本。

对于叶至诚当时写剧本的工作,叶至善说过:"至诚写剧本也有些年头了,苦头吃了不少:先是越剧,后来是锡剧,有新编的现代戏,有改编的传统戏,有的得过奖,有的拍了电影,可是到了儿留下了什么呢?传统戏的改编无非把大团圆的结局改成了所谓悲剧,给主角编几段激愤的唱词算是反封建,结果倒好,这些唱段在'文革'中都成了不满现实的口实,足以斗得你哑口无言,没法'交代'。我想象得出至诚那时低头认罪的窘相。现代戏有根据小说改编的,不过把那时印在本本上的搬上了舞台,真要做到再创作可难乎其难;有的只是领导出思想、群众出生活、作者出技巧的'三结合',怎么能算做创作呢?"①可是他明白叶至诚也是身不由己,中国的知识分子在那时都是这种状态,他还能说什么呢,但他分明感受到叶至诚"诙谐的自嘲"背后"他内心的苦笑"。

叶兆言认为对于一个终身都做着当大作家梦的人来说,他父亲的文学准备实在太充分。甚至叶至诚藏书的爱好也离不开他的作家梦。叶至诚藏书的兴趣是在流亡成都的光华附中上中学的时候,渐渐养成的。他曾经写过一篇《四起三落》的文章讲述自己的藏书经历,他的藏书没有珍本善本,百分之九十五以上是铅印品。"反右"之前,藏书和作家梦是紧密联系的,可是自从受批判后,藏书逐渐退化成为收藏而收藏的目的。不可思议的是,在首届金陵藏书状元的评选中,叶至诚被评为了藏书状元。但叶兆言认为"父亲的藏书是时代的讽刺,记录了一个莫大的悲剧。一个梦想着献身艺术,成为职业作家的年轻人,几经沧桑,结果只成了一个不断买书看的看客。父亲岂是当了个藏书状元就能心满意足的人"②。

叶兆言还说:"父亲对于文学始终有一种文学青年的热情。"③这也是为什么他还能在"反右"后坚持从事自己并不喜欢的剧本创作的原因,也许他清楚地意识到在当时的环境中,他只能通过这种方式延续自己尚能苟延残喘的文学创作生命。但是多年的忍辱负重并没有换来辉煌重绽的那一刻,相反加速了他"作家梦"的凋零。

一切就是这样残酷,刽子手的动作从来是迅捷凶狠的,我们只听到那"咔嚓"一声的回响。历史长河的流动往往泥沙俱下,作为一粒如沙尘般渺小的梦,当一个时代结束时,那又算什么呢? 只能慨叹"生不逢时、生不逢时",那是叶至诚的命运悲剧,也是整个时代知识分子的悲剧。

但结论就是这样了吗? 叶至诚的命运姑且不论,广大知识分子的命运也暂且搁置,但当"文革"结束后,与叶至诚密切相关的其他"探求者"同人,却仍能风生水起。方之拿出了小说《内奸》,陆文夫则拿出了小说

---

① 叶至善:《父亲的希望》,中国青年出版社2000年版,第228~229页。
② 叶兆言:《纪念》,见《名与身随》,时代文艺出版社2006年版,第161页。
③ 叶兆言:《纪念》,见《名与身随》,时代文艺出版社2006年版,第161页。

《美食家》等,高晓声的小说《陈奂生上城》《李顺大造屋》等也为他赢得了声誉,梅汝恺除了翻译了几百万字显克微支的小说外,还创作了几部小说。而叶至诚呢?他在"探求者"同人中显然是最颓丧的一个。

叶兆言觉得父亲要写的是"有自己"的文章,可是"有自己"的小说并不易在文坛上站住脚跟,"文革"后,20世纪80年代流行写"伤痕小说",那些"伤痕小说"的作者也确实迅速在文坛上走红,大家集体控诉那个时代对自己造成的伤害。尽管叶至诚也遍体鳞伤,但是他写不来"伤痕小说",他不是那种争名夺利之辈。当时叶至诚对自己新写出来的作品不能造成声势而感到不堪忍受,面对自己暂时不能被人理解的状况,叶至诚既没有"义无反顾地向前走",也没"改造自己的风格",而是选择了"干脆搁笔不写"。是不屑于写呢?还是写不出来呢?恐怕只有叶至诚一个人明白。"父亲的作家梦永远有些脱离实际。父亲想得太多,做得却又太少。在一个不能写不该写的时代,父亲始终在硬写,而在一个能写应该写的时代,父亲写得太少。"叶兆言认为,"在写作上不像自己的老朋友们那样勤奋,不能忍受一点点干扰,是父亲未能达到理想高度的重要原因之一。"叶至诚给叶兆言的印象是"父亲似乎永远处于一种准备大干一番的状态",他认为"写作对父亲来说太神圣了,正因为神圣,父亲对于写作环境的要求,便有些过分苛刻","对于一个太想太想当大作家的人来说,放弃写作是一种自我虐杀。不写作的借口永远找得到,不写作的借口永远安慰不了想写而没写的受着煎熬的心灵"。

(二)"唯独没有我自己"

叶至诚经常向别人说,年轻的时候,人家说我是叶圣陶的儿子,到了中年,人家说我是姚澄的丈夫,到了老年,人家说我是叶兆言的父亲,唯独没有我自己。这个"唯独没有我自己",并不是指他的文学作品中"没有我自己",而是说出一种"生活在名人间"的尴尬。表面看来是自嘲、是无奈,但根底却是满足感和自豪感。为此叶至诚还专门写了一篇《生活在名人间》的文章。可是自从叶至诚结束他的单身生活后,他又增加了头衔——"姚澄的丈夫"或者"锡剧著名演员姚澄的那一位"。那么,姚澄是何许人?

姚澄是锡剧演员,1953年9月20日她和叶至诚结婚了。二人的媒人是叶至诚在文工团时的团长叶林,那首红遍大江南北的《啥人养活仔啥人》就是他们二人合作完成的。他对叶至诚很照顾,歌曲得了稿费,就替叶至诚盘算该买几双袜子或者一套衣裤。后来,叶林觉得姚澄和叶至诚很合适,就有意撮合他们两个。叶至诚说:"在姚澄来说,事情的提出完全出乎意料。她见我额头上皱纹重叠,只道我非但早有家室,而且有了儿女。又见我脚上有一

叶至诚与妻子姚澄

只翻毛皮鞋的鞋头豁开了口,两只裤脚管卷得一长一短,外衣和衬衣上的纽扣又不齐全,外表很不起眼。况且时常手里夹着一支香烟,两眼直定定地不知望着什么,精神似乎有点毛病。"①但是姚澄还是说了句"让我考虑考虑",叶至诚很激动地握住了她的手说:"就只想请你考虑考虑。"自此之后,叶至诚再也不能平静了,当时姚澄随团去外地演出了,叶至诚就和姚澄开始了"打乒乓球"似的书信往来。姚澄经过慎重考虑,终于同意了和叶至诚结婚。他们把婚期定在了9月20日,没想到,他的母亲胡墨林会亲自从北京赶来,不但带来了父亲叶圣陶的祝贺,姑母、兄嫂和姐姐的礼物,还带了几百块钱来,这样他们的家具也不用愁没钱买了。叶至诚的母亲来到南京后住在锡剧团的集体宿舍里,和姚澄一个房间。他的母亲和姚澄十分投缘,和剧团的同志们相处得也很融洽。后来他们借省锡、省话和省扬三个团相互靠在一起的食堂办了结婚筵席。胡墨林在25日回到北京,叶圣陶在当天的日记中还特地记下了叶至诚结婚的情形:"墨谈三官结婚情况,又谈姚澄品质颇佳,毫无习气,演艺甚不坏,本不识字,现已能看书写短文云。墨于剧团中看他们过集体生活,排练演戏,深感兴趣。于婚宴中墨为致辞,谓大儿子结婚之时亦有许多青年在一起,而欢快远不逮今时。今时有此欢快,不能不感激党与毛主席。此诚实感,深受来

---

① 叶至诚:《至诚六种》,人民文学出版社2010年版,第43页。

宾赞许。"①

姚澄在当时确实小有名气,在她和叶至诚结婚前后,正是她"声名日上"的时期。叶至诚曾经描述过:"她主演《罗汉钱》成了省里招待国外来宾的主要节目之一,一九五四年又在华东地区首届戏曲观摩演出大会上得了一块演员一等奖的金质奖章,接着反串了《红楼梦》里的贾宝玉,有杨小仲导演拍摄了《庵堂认母》的戏曲艺术片,大幅的戏装照片登上了《大众电影》的封面……"姚澄有这么多辉煌的经历,难怪叶至诚的名字会被湮没。听到别人如何介绍他后,他脱口而出的一句话总是"我老是当人家的尾巴",是自嘲,其实也是一种幸福。1957年,因为"探求者"事件,叶至诚遭受了一连串的批判斗争,还有人劝姚澄和叶至诚离婚,当然这些劝告并没有影响二人的情感。

叶兆言自发表小说《悬挂的绿苹果》后,一发不可收拾,逐渐在文坛上声名鹊起。叶至诚的头衔也因此又加上了"叶兆言的爸爸",他对此也欣然接受,并没有不适的情绪。他说:"不过,坦率地说,我倒是希望我的孩子将来真正能成为名人的,我总觉得只有孩子在为人和为文等各个方面都大大超过父亲,方能显出我们这个社会、我们这个世界确实在那里进步。我自己没能做到,我的孩子总该可以做到吧。"②

四、"第二个春天"

(一)有声有色的《雨花》

1979年,叶至诚平反后,开始担任文学刊物《雨花》的主编。他觉得自己可以在这里大显身手了,一扫原来颓唐的精神状态,积极热情地投入工作中。他把这个消息告诉了叶圣陶后,叶圣陶也为他感到高兴,在信上说:"你准备去编《雨花》,换个行当,该可以松些。"(1979年4月9日)后来又提到:"如果你摆脱不了《雨花》,也好。这个刊物很有生气,在同类刊物里算是好的,值得编下去。"(1979年12月19日),从这些信件中看

---

① 叶圣陶:《叶圣陶集》(第二十三卷),江苏教育出版社2004年版,第33页。
② 叶至诚:《至诚六种》,人民文学出版社2010年版,第40页。

得出叶圣陶是支持叶至诚到《雨花》任主编的。为了能办好《雨花》，叶至诚还特地向父亲征求了意见，叶圣陶在信上说：

你问我对编《雨花》的意见，我想，假如有二三个真能合作的朋友，彼此商量商量，决意编出一种有特色的文艺刊物，那么值得干。所谓特色，一在发现作者，鼓励作者。二则不取流行的每期分部包办制，每一期要通力合作，见出一期的精神。三则决不讲情面，滥收不够格的文章。若能做到这三点，那就值得一干，也可为文艺刊物开个新局面。①

叶至诚听从了父亲的意见，开始和编辑部的同志们齐心协力想办法重振《雨花》。1986年叶至诚重返《雨花》编辑部的时候，正值《雨花》销售量趋于下降的时候——"从一九八〇年度每期印行十六万册，已经跌到每期只印四万册"。这不是《雨花》一家的现状，而是一种普遍现象，当时的许多刊物纷纷采取措施，"或则更易刊名，或则变换内容，或则革新版式……以求挽回颓势"。经过观望后，他和同事们想出了几条："第一，'坐不改姓，行不更名'，刊名仍旧称做《雨花》……第二，无论销售量跌得多么惨，两万也罢，一万也罢，一万以内也罢，决不在《雨花》上刊登武侠、侦破、言情……诸如此类所谓'通俗文学'的作品。"除了"有所不为的一面"，还有"有所为"的方面："鉴于近年来我国中篇小说的创作取得了突出的成绩，特别受读者欢迎，我们打算每期刊登一个三万字左右的中篇。另外，我们也未能免俗，想借重一些著名作家的声望，为《雨花》多招徕一些读者。我们还曾经设想，为了满足多数读者偏爱小说的需要，把《雨花》办成一个专门发表中短篇小说的刊物，同时，按其他各种文学样式，分别办若干个《〈雨花〉增刊》。因为条件不成熟，只得作罢。"

重返《雨花》编辑部后，叶至诚发现江苏是块好地方，江苏文艺界的作家队伍越来越壮大，"依靠这样一支队伍作为后盾，《雨花》就有用之不尽的稿源；在这支队伍与读者之间架设桥梁，充当媒介，《雨花》就有做之

---

① 叶圣陶：《叶圣陶集》（第二十五卷），江苏教育出版社2004年版，第482页。

不完的工作",还是坚持《雨花》原有的办刊方针"立足江苏,面向全国"。他想着:"《雨花》甘愿成为一批又一批江苏的作家们走向全国,走向世界的跳板,成为一批又一批江苏的作家们迎风起飞的跑道。"①叶至诚对《雨花》未来的发展充满了信心。

　　叶至诚在编辑《雨花》时,增设了一个栏目《新"世说"》,在当时产生了很大的影响,显示了主编叶至诚的实绩。当时商讨时,有人说"我国自汉以来,就有像《世说新语》那样一种熔纪实与文学于一炉的笔记文体,一则则简短隽永,虽然不是宏文巨著,却也为时代留下了艺术的记录。我看提倡用这种文体来给专栏写东西,那就很好"②。这个栏目主要采用魏晋以来绵延不绝的"笔记体"的形式实录"文革",反思"文革",内容涉及文革期间的奇闻、轶事、笑话、掌故、街谈巷议、社会风气等,同时并不限于此,对于几经变化、丰富多彩的各个时代都可以收到视野中来。"笔记的文学要求精炼。叙述切莫绕弯子,也不要多作铺垫。三言两语,甚至一言半语,把必须交代的交代过去,就得进入正题","当然文无定法,但最好都能遵循这样一个准则,就是:在尽可能少的篇幅里,表达出经得起反复咬嚼的内容"③。这个专栏得到了圈内人的认可,林斤澜认为,这是叶至诚编的最好的一个栏目。

　　在叶至诚和《雨花》编辑部的同志们的共同努力下,《雨花》越来越有生气了。叶至诚的文学之梦,在主编《雨花》期间得到一定程度的实现。

　　(二)"我的灵魂呈现给读者"

　　假如我是一个作家,我要努力于做一件在今天并不很容易做到的事。那就是:在作品里有我自己。

　　我要使读者不仅在我的作品里看到各种各样的人物,而且还清楚地看到我;我要使读者不仅了解我的各种各样的人物,而且还了解我;不仅熟悉我的各种各样的人物,而且还熟悉我。即使我不署名,读了我的人物

---

① 叶至诚:《至诚六种》,人民文学出版社2010年版,第153~154页。
② 叶至诚:《至诚六种》,人民文学出版社2010年版,第92~93页。
③ 叶至诚:《至诚六种》,人民文学出版社2010年版,第95页。

的故事,人们可以准确无误地说:啊,这是某人的作品呀!①

这是叶至诚经历了"反右""文革"后,发自肺腑的呼喊,他终于可以大声说"在作品里有我自己"了。文学作品要"有我自己",是缠绕叶至诚一生的梦魇。正是因为这条写作准则,他才在"反右"中受到了批判。新时期以来,他一度不知如何写作,写不出自己满意的作品,正是因为他对自己的作品要求太苛刻了,作品中一定"要有我自己",对于刚从"文革"那种"三突出"写作模式中走出来的叶至诚来说太难了。

费振钟说:"把自己的心灵交给读者,从来不肯也不屑巧言伪饰,这就是叶至诚先生的为文准则,也是他的人格尺度。认识叶至诚先生的人都知道他并不缺少才华,因此也往往惋惜他写作不丰。为什么很早就受到文学前辈称许,并且在作品中有着契诃夫风格的叶至诚先生会如此少作呢?我想除了环境的原因外,更主要的还在于他对写作极重的责任感。不为别的,单单为着要让'我的灵魂呈现给读者',他就不能不使手中的笔格外矜持。其实对叶至诚先生写了多少文字并不太重要,重要的是他一生始终不渝地认定所有文字都必须写出真实的自我形象。这是一种近乎于严酷的自律,也可以说是一种高度的自觉。"②

叶至诚始终认为,"作品必须'文如其人',而且必须严格地说自己的真实的话,否则何必写它",他一向鄙弃那些将自己隐瞒起来,欺骗读者的作品。为了对读者负责,叶至诚说:"我必须披肝沥胆地去爱,去恨,去歌唱,去诅咒,去创造,去荡涤……把自己的所见、所闻、所感、所思,真实地,一无保留地交给读者;把我的灵魂赤裸裸地呈献给读者。"他始终奉行这样一条原则:"即使是真理,即使是人民的呼声,如果还没有在我的感情上找到触发点,还没有化为我的血肉,我的灵魂,我就不写,因为我还没有资格写。要是鹦鹉学舌地去写,那不是我。我决非拒绝真理,拒绝人民的呼声,我应当在真理和人民的哺育之下,日渐成为一个充实而又博大的我。"对于"有我",他做出阐释:"要'有我',不但要勇于暴露自己的灵魂,而且

---

① 叶至诚:《至诚六种》,人民文学出版社2010年版,第148页。
② 费振钟:《橄榄核铭》,载《作家》1995年第3期,第50页。

要找到自己的外貌。……要'有我',还必须找到我。"①叶至诚慷慨激昂的话语虽然稍嫌空洞,但验之于那个时代,经历了假大空的宣传,方能体会出他的观点极有针对性,毕竟这是他内心最真实的声音。

自此之后,叶至诚的作品真的在追寻和接近自我了,比如写方之的《忆方之》《方之和他的语言——为方之逝世二周年而作》,写高晓声的《迟开的蔷薇——读高晓声的〈李顺大造屋〉》《跟外国人谈高晓声》,写陆文夫的《老陆的"苦"》。

就在叶至诚找到了写作方向后不久,一场重病终结了他在文学创作上的"探求"。1992年,叶至诚住进医院时,本来只是想疗养一段时间,还"带了一大包书,一叠稿纸,就像以往常有的情形那样,准备在病房里看书写稿子",他还和叶兆言大谈"打算写什么和怎么写"。1990年他作为作家去泰国出访时,为没有自己的散文集而沮丧,决定要出一本自己的集子,可是他却发现自己这些年来并没有写什么文字,以致在医院中他还想着写作。他觉得自己还可以活好多年,就像长寿的叶圣陶一样,可是,上天没给他留下多少时间。叶至诚染上了病毒性脑炎,很快得了老年痴呆症,神志不清,大小便失禁……9月23日叶至诚撒手人寰,这一天也是他要到省文代会报到的日子,各地代表风尘仆仆赶来。叶至诚火化那天,又正好是文代会闭幕,大家都觉得叶至诚真会选日子,他"不忍心让老朋友赶来赶去地奔丧,利用开文代会的机会和大家就此别过"②。

叶至诚走了,带着他的"作家梦",悄然从这个世界上消失了,但他"探求"文学的认真而执着的精神却给世人留下了不可磨灭的记忆。他一生都在"探求",但始终是个未完成的"探求者"。

---

① 叶至诚:《至诚六种》,人民文学出版社2010年版,第148~149页。
② 叶兆言:《名与身随》,时代文艺出版社2006年版,第168页。

第十二章 叶茂枝繁

◎

一、叶至美：恬然安宁，大道至美

出生于1922年的叶至美，是叶圣陶唯一的女儿。她比至善小四岁，比至诚大四岁，在三兄妹中排行老二，所以叶圣陶习惯叫她"二官"。

和叶至善、叶至诚一样，叶至美从小也热爱写作。1942到1944年间出版的两本散文合集《花萼》和《三叶》就收录了叶至美的文章。就叶至美有限的作品中，可以看到她尤其善写人物。后来，叶至美转向了翻译，但仍

叶圣陶和他的三个子女：叶至美（前排左一）、叶至善（后排左）、叶至诚（后排右）

然没有完全放弃写作。1984年,应三联书店的邀请出版三兄妹的合集《未必佳集》,多年不专事写作的叶至美竟然也交出了八篇质量颇高的作品。

叶至美的英语很好,除了写作小说和散文外,她还翻译过作品。1950年开明书店出版的《日月星辰》,就是她和叶至善合作编译的。当时,叶至善负责素材的选取、科普知识的校正和文字的梳理,叶至美则负责翻译。叶至美并没有像叶至善和叶至诚那样一辈子和文字打交道,她有自己的职业。

像叶至善一样,1949年叶至美也随父亲来到了北京。后来叶至美在新闻出版总署的编译局工作。1951年,叶至美转到中共中央对外联络部工作。叶圣陶很支持女儿的这份工作,在信中他还详细为她讲解了如何教中国的汉字,如何教人正确使用汉语,以及中国和欧洲的语言在语法方面的差异。叶圣陶鼓励女儿:"你这个工作很有意思,多用心思多所钻研,看学习的人如何反映,针对他们的反映给他们指点,成绩一定会有的。""教材,我主张以书面语为主,最好就用毛主席的几篇文章。因为他们主要的要求就是能够阅读这种文章。不必教他们纯粹的北方普通话。这在他们用处不多,教的人也教不好。"[1]

1957年,叶至美被调到中央人民广播电台国际台当了一名英文编辑,一干就是三十年。1983年,她写了一篇散文《远隔重洋的拥抱》,讲述了自己在国际广播电台工作的经历。她当时专司英语地区的听众通讯:"每天早上,我走进办公室,坐在自己的位子上,打开放在前面的信夹。来自世界各地的友情,裹着信任和关切,暖烘烘地迎面扑来。一位年轻的丈夫骄傲地向我们宣布自己将要当爸爸了;一位老海员寄来他和老伴银婚纪念的合影;一位失业工人诉说他没有钱购买一台能够清晰地收听短波的收音机……"在这篇文章中,记录了美国F先生和他的学生们跟电台的交往,加拿大的G先生和电台的通信,还有新西兰的比尔、澳大利亚的F先生、美国的S先生等。对于叶至美他们来说,最愉快的要数跟长期通信

---

[1] 叶圣陶:《叶圣陶集》(第二十五卷),江苏教育出版社2004年版,第294页。

的外国朋友见面了。这些年来他们"会见过不少来我国访问的外国听众，有美国人，有加拿大人，有英国人，有冰岛人"。1982年6月间，"澳大利亚B先生的来访可以说是别开生面的一次"。B先生是一位退休教师，1971年和电台通信时，中国和澳大利亚还没建交，1972年两国建交了。1979年9月，B先生参加访华团来到北京后，特地到电台看望了叶至美他们。叶至美说："这时候，我们才知道他已经年过七十，是一位体重一百来公斤的老先生。他虽然满头银发，却劲头十足，爱说爱笑，不修边幅。"1982年6月一个炎热的下午，B先生又来电台看望了他们，办公室本来就挤，又来了一个又高又壮，身上背着大包小包和照相机的B先生，屋里更热了。叶至美说："我们找电风扇，找冰开水，忙乱了一阵子，大家才坐定下来。有一位同志想起自己的提包里还有点儿花生糖，就拿出来请B先生尝尝。B先生谈着，笑着，一边嚼花生糖，一边举起盛着冰开水的杯子，为澳中两国人民的友谊干杯。我们为招待不周表示歉意，可是他说，他能在我们给他写信的办公室里见到我们，感到格外亲切。"隔了四个月，电台收到了B先生回国后的第一封信，原来他去乡间儿子家住了一段时间，信里还附来了他们一起拍的照片，并对冰开水表示了感谢。"'君子之交淡如水'，一点儿没说错。没有沙发算得了什么呢？没有空调算得了什么呢？照片已经真实地记录了真诚的友谊，客人和主人全都乐呵呵的，感情融成了一片。"

叶至美在《远隔重洋的拥抱》中，不厌其烦地讲述着她和电台与世界各地的人们交流的往事，从中体会到无尽的乐趣。她说："我喜爱我的这份工作。日复一日，我阅读外国朋友的来信，品尝着从世界各地飞来的友情。这种时候，我常会想起在加拿大的那位G先生的意味深长的比喻。对于一个电台来说，尤其对国际电台来说，还有什么比听众的热烈拥抱更可宝贵的呢？你尽管重复你的呼号，尽管使劲敲打听众的大门，如果你是个不受欢迎的客人，听众只要轻轻转动一下收音机的旋钮，就把你拒之于家门之外。我们可一点儿不能怠慢，只有兢兢业业地工作，才能继续赢得远隔重洋的无数不见面的外国朋友的热烈拥抱。"

叶至美在自己的工作岗位上兢兢业业，付出了自己一生的精力。

2012年1月15日,叶至美永远离开了这个世界。1月20日,家人在八宝山为她举行了葬礼。1992年,她的弟弟叶至诚走了,那年他六十六岁;2006年,她的哥哥叶至善走了,那时他八十八岁;2012年她走了,她比哥哥和弟弟都长寿,那年她九十岁。

身为叶圣陶唯一的女公子,叶至美并没有丝毫骄纵的习性。女儿宁宁的早逝使她懂得了白发人送黑发人的那份无奈与伤感,所幸她挺了过来。她的一生尽管经受了很多挫折和磨难,但依然保持着生命的那份韧性,承受命运带给她的忧伤与欢乐。恬淡而不张扬,坚韧而不执拗,我们分明从至美的性格特质中发现其父叶圣陶的影子。"大道至美,恬然安宁"或许是对叶至美最为形象的概括。

二、叶三午:早逝的天才诗人

1942年4月19日出生于四川成都。1961年毕业于师范,任小学语文教师,后响应号召到密云林场当工人。1965年因工伤失去劳动能力,饱受疾病痛苦。1988年11月27日患急症病逝。他从小酷爱文学、音乐和美术,创作过诗歌、散文和小说。

这是叶至善在他和三午、小沫三人合作写的小说集《梦魇》的扉页上为叶三午写的作者简介,寥寥数语将叶三午的一生概括了出来。他是诗人,却简单地说他只是"创作过诗歌"。身为父亲,他不想将自己的儿子过分地拔高。他的一生虽然短暂,只有四十六年,他的人生经历也很简单,并没有做出什么丰功伟绩,但他在叶家并不是一个可以轻

叶三午与祖父叶圣陶

易被忽略的人。他的行事风格、他的爱好、他的诗歌，还有他的音容笑貌深深地印刻在那些和他接触过的人的脑海中。

三午名字的由来，前面已有介绍，此不赘述。也许三午是叶圣陶的长孙，也许三午从小就显露出来过人的聪明才智，总之叶圣陶很偏爱他的这个孙子。三午上学时有一次五六门成绩不及格，学校发来了成绩报告书，给三午的评语是"品学俱劣，屡教不改"，叶圣陶看到报告书后很生气，他觉得这不是孙子的问题，当时的教育方式本身就有问题，于是在报告书上写了："不能同意，尚宜善导。"后来三午又上了一所师范学校，毕业后直接当了小学老师，不久又赶上"文革"，他就被下放到黑龙江密云林场。有一次他在林场干活时不小心从山坡上摔了下来，诱发了风湿性关节炎，后来又转成强直性脊柱炎，腰背越来越弯曲，不得不回到北京家中养病。

三午的妹妹叶小沫说过，"三午是我们家几个孩子里长得最帅的一个"，虽然后来他的背越来越驼，"可是他的那张脸依然生动，他的那双眼睛依然闪着别样的光，坐在沙发上和好友侃侃而谈的时候，依然是那么忘乎所以，因此朋友们笑称他为'沙发西施'"[①]。看过三午的照片，就会确信小沫的话一点不夸张，三午确实是浓眉大眼，眼睛炯炯有神。叶小沫还说，"三午是我们家孩子里最有才气的一个，这源于他对文学、美术、音乐的热爱，源于他的大量阅读和强闻博记。他有极好的口才，几次应邀给青年朋友们讲全本的《基督山恩仇记》"。不仅朋友们喜欢听他讲，就连叶圣陶也被他的口才吸引。叶圣陶曾在日记中记道："下午听三午续讲《基督山恩仇记》。此书情节繁复，听之有味。再听一次，即可毕其全部矣。"[②]"他有极强的记忆力，可以给你讲述那些世界知名文学家、美术家、音乐家的生平轶事和代表作；他有激情也有文采，除了这些诗，他本可以写出许多更好的散文和小说，但是他慵懒，常常立志又一次次食言。"叶小沫的话透露出对他才气的钦佩，也流露出对他的惋惜之情。

如果说他的叔叔叶至诚的一生可以用"生不逢时"来概括，更为戏剧化的"不合时宜"用在三午身上又是多么恰当！

[①] 叶小沫：《向爷爷爸爸学做编辑》，首都师范大学出版社2010年版，第173页。
[②] 叶圣陶：《叶圣陶集》（第二十三卷），江苏教育出版社2004年版，第336页。

三午是一个很有生活情趣的人,他有许多爱好和追求。小时候喜欢养鸽子和金鱼,"文革"的时候,迷恋上了摄影,一台二手的蔡司和二手的老牌俄国放大机,让他忙得没日没夜。家里人都成了他的模特,而且他的拍摄技术很好,一时有"三午肖像"的美誉,好多人还慕名前来要他拍照。

　　除了摄影外,三午还非常喜欢音乐。也许在搞音乐人的眼里,三午是个外行,但他就是喜欢听音乐,"音乐仿佛是烟,是酒,是他生活中不可缺少的一种奢侈品"。叶兆言说:"很难想象一个对音乐迷恋到如痴如醉地步的人,一个人听着听着,就会手舞足蹈嚎啕大哭,竟然对五线谱不甚了了。除了没完没了地听音乐,我很少听到过三午哼上一句半句。""他算得上是玩音乐的好手,先玩唱片,以后才又玩老式大盘子录音带,最后才是盒带。如果不是过早离世,他一定会成为激光唱盘的收藏者。"关于盒带,叶兆言还描述过一件趣事:"有一段时间内,他收藏的盒带,在北京的小圈子里很有些名气。一位诗写得非常好,脾气古怪绝对盛气凌人的诗人,也是盒带的收藏者,都是40岁出头的人了,曾经为了点芝麻小事,和三午孩子气地翻了脸,知道三午盒带收藏丰富,托人带话给三午,说是只要打开柜子,任他挑两盘磁带,便和三午和好。三午一向喜欢这位诗人的诗,私下里,一直和我谈起他。三午觉得这位诗人的诗是中国最好的诗。他们曾经是很好的朋友,翻脸之后,三午不止一次回忆起他们之间过去的友谊,他们一起写诗,写那些好好坏坏的诗,一起玩音乐,用自行车驮着笨重的收音机,四处折腾去翻录带子。重新寻找失去的友谊是三午多年的心愿,但是要三午心甘情愿牺牲两盘珍藏的盒带,等于在他心头硬挖一块肉:'他爱和好不和好,挑两盒带,让别人可以,让他挑,那还得了。'知己知彼,三午说什么也不敢冒风险,他坚信这位诗人会抢走他最棒的两盘磁带。犹豫再三,三午非常坚决地拒绝和好。'哼,不和好了,夺人所爱,这不行。'"[①]这虽然是一件小事,但从这件事中就可以看出三午的性格,还有他对音乐的痴迷。

　　三午的一生最重要的身份是诗人。三午自己不仅写诗,他们还有一

[①] 叶兆言:《名与身随》,时代文艺出版社2006年版,第176~177页。

个小圈子。叶兆言回忆说:"我的堂哥三午常年累月在家歇病假,他的客厅永远有人,高谈阔论,胡说八道。三午的客厅是当年北京一些诗人们经常光顾的地方。都是些看上去神经兮兮的年轻人,没日没夜,高兴时来,尽兴则去。三午的客厅常常有人高声朗诵诗歌,有时候是诗人自己朗诵,有时则是由漂亮的女郎代劳。漂亮的女郎多半是诗人的崇拜者,多才多艺。"当时那些诗人都喜欢这句话:

我来到这个世界上
只是为了看看太阳

即便故作潇洒也隐藏不了他内心最深沉的悲怆。

"三午的客厅里常常为了文学吵架。诗人最多,有作曲的,有唱歌的,有画画的,有摄影的,还有研究哲学的。有的显然是风流潇洒的公子哥儿,一脸的八旗子弟样,有的却像乞丐,衣衫褴褛,只差随地吐痰擤鼻涕。所有的这些人都是野路子,是诗人一定颓废,一定朦胧,画画的离不开一个怪字,都喜欢留长发,言谈时,最擅长的一句就是:'这哪是诗,这哪叫画!'"①虽然他在诗歌史上名不见经传,但他确实留下了近百首诗歌。1959年,17岁的他就开始了诗歌创作。1975年,他33岁,此后再也没写过诗。"从写作时间上来看,创作高潮有两个,一个是60年代初,四年的时间里写了三十多首诗,占了他所写诗歌的三分之一。那时候的作品主要是两部分的内容:一是对自己跟不上时代的自责,渴望成为积极上进的人;二是对自己阅读的文学作品和欣赏的艺术作品的感悟。那时候三午就已经阅读了大量的文学名著,欣赏过不少雕塑及油画作品。从诗中可以看出,才二十出头儿的他,对那些艺术家和作品,就有着自己的独特的视角和见解,这其中有几首诗的构思真是很妙。也就是在那个时代,他为自己写下了墓志铭,早早预见了自己的驼背和早逝。第二个创作的高潮是在十年之后的70年代初,那是'文化大革命'十年动乱的中期,打砂抢

---

① 叶兆言:《名与身随》,时代文艺出版社2006年版,第103~106页。

和武斗的狂热已经过去,人们厌倦了层出不穷的路线斗争,处在无所适从的彷徨之中。1972、1973、1974这三年中,三午写了近五十首诗,占他所写诗歌的一半。这时候的作品主要是对人生的感悟和对'文革'的声讨。三十多岁的他,已经没有了十年前的热情和幻想,变得冷峻而成熟,很多诗写得深刻又犀利。"①

  现在 我对你颂诗的时候
  那老彩笔已从天才的手
  落到百年的尘埃里
  你为他
  忠诚地
  贞洁地
  保持着
  你千年和真挚的感情
  世人谁也听不见
  你圣洁的声音

  这是1964年三午写的诗歌中的一个片段,当时他写的诗还算清新,毕竟是才20岁出头的小伙子。

  这里埋着驼背的青年
  他活过 写过 爱过
  他弱 生活的重荷
  压弯了他的肋骨
  他笨 他的笔点不燃
  人们心中的火
  他傻 让冷雨洒进胸膛

---

① 叶小沫:《向爷爷爸爸学做编辑》,首都师范大学出版社2010年版,第175~176页。

扑灭了心中燃烈的爱火

这里埋着驼背的青年

他活过　写过　爱过

　　这首诗的名字是《墓志铭》，写于20世纪70年代，才三十几岁的三午就给自己写了墓志铭，是他预见到了什么吗？十几年后，年仅46岁的他因为中毒性痢疾离开了人世，这首诗也成为他命运的谶语，再一次印证了天才诗人与死亡的纠葛。
　　1972年10月10日，三午写的一首诗配上了曲子，一度在北京的小圈子里很流行：

不要碰落麦芒上

凝结的露

不要抹去睫毛上

颤抖的泪

露珠里映着

整个的太阳

泪滴上闪着

我们走过的路

脚在田野里迈

衣领上全是露水

心在生活里滚

脉搏上全是泥和泪

露在深深的花芯

泪在层层心田

烈火枯竭源泉

烘不干露和泪

手捧起滴滴露珠

心激起颗颗泪滴

那是无边的海
不要碰落麦芒上
凝结的露
不要抹去睫毛上
颤抖的泪

"四人帮"横行的时代,也是文化窒息的年代,三午的诗在一定程度上表达了他对这个时代的绝望:

摸熟了块块斑驳的门牌
翻厌了张张糟杂的脸儿
从来到人世,我
就揣着一封无法投寄的信
羞愧　不安　焦急
憧憬　痛苦　渴望
从来到人世,我
就揣着一封无法投寄的信

十年动乱,他仿佛变了一个人,诗风趋向浮躁凌厉:

我唇角常常
浮起一丝
苦笑
人呵　岁月呵——
苦楚成了嬉笑
山盟的无影
海誓的无踪
信义的甩脱
情谊的轻抛

冷嘲　热讽
明嫉暗妒
深深挖了陷阱
紧紧勒住圈套
人呵　岁月呵
残酷成了骄傲
苦笑　苦笑
都变形了
我的唇角

这首诗,让人想起了叶兆言的评价:"不仅思想境界发生了变化,三午的身体也变得让人感到悲哀。……他的背驼了腰弯了,成了标准的残疾人。他的诗风变得非常厉害,颓废像面黑色的旗帜,在长长短短的诗行中不时耀眼地闪现。"[1]

戏
由着你的性子演
可为什么
偏要拉着我来看!?
你尽可
把脸画黑表现刚强
涂红显示忠烈
鼻子沾点黄　来个奸诈
要不,全脸抹白涂着阴险……
你尽可
把戏演得轰轰烈烈
缠缠绵绵

---

[1] 叶兆言:《名与身随》,时代文艺出版社2006年版,第179页。

也可以演得蹦蹦跳跳

凄凄惨惨……

戏

由着你的性子演

可为什么

偏要拉着我来看!?

这首诗抒发了对"四人帮"的不满,对"文革"的把戏做了形象的描绘,言辞犀利,感情热烈。

1975年以后,三午再也没有写过诗。叶兆言不止一次问他为什么不再写诗,但他没有一次正面回答过这个问题。"他似乎一直过着一种静止的生活,天天老一套,吃、睡,看着女儿弹琴,在音乐声中活着。"①

叶兆言说:"三午是我们叶家第三代当中最有希望成为作家的一个人。他身上有着饱满的诗人气质,他写诗,看小说吹小说,发疯地喜欢外国音乐。"可是就是这样一个"最有希望的人"却没有出过一本诗集。1988年深秋的一天,吃过晚饭后,桌前只剩下小沫和三午,小沫对他说:"三午,现在你的那些诗可以拿出去发表了。"三午没有马上回答,低下头停了一会儿说:"是吗?那就全权交给你了,你去联系出版社吧。"没想到初冬11月27日,他就匆匆离开了人世。

为了帮三午出版他的诗,小沫曾经几次托朋友帮忙,但得到的回答总是:"诗是有潮流的,三午的诗已经不合现在的潮流了,更何况诗集本来就不好卖,又不是知名诗人的诗,哪家出版社肯出赔本的书呢。"②不合时宜,还是不合时宜,适合于叶至诚,也适合于三午,以及他那一代过早凋谢的年轻的诗人们。无论三午的诗写得有多精彩,他的诗"毕竟只适合于他曾经活着的那个时代,他的诗,包括他在内的那一代诗人,说到底仍然是时代的产物"。是啊!幸运与不幸运都和所处的时代有关,都可以说是时代的产物。"从来到人世,我就揣着一封无法投寄的信",不幸,又被自己

---

① 叶兆言:《名与身随》,时代文艺出版社2006年版,第181页。
② 叶小沫:《向爷爷爸爸学做编辑》,首都师范大学出版社2010年版,第177页。

言中,那封信跟随他来,也原封不动地跟随着他去了。

记得笔者曾经看到过一本《沉沦的圣殿:中国20世纪70年代地下诗歌遗照》(新疆青少年出版社1999年版),其中曾记录了那个时代一批久被压抑的青年人在用诗歌表达着自己的苦闷、躁动,让人感慨系之。虽然这本书里并没有提及叶三午等人,但是看到叶兆言后来对叶三午的回忆,我总会顽固地想起这本书中所写的那批青年人。他们的苦闷、沉郁、彷徨、吟唱,都会不自觉地在笔者的脑海中浮现。

三、小沫、大奎、永和

叶至善有四个孩子。老大三午前面已有介绍。老二大奎,小时候很胖,小名叫"大块头",上学时叶圣陶给他提了大奎的名字,取"奎"字和江南方言里"块"字的谐音;三女,也是叶至善唯一的女儿,小名叫"小妹",叶圣陶提名时仅仅把"女"字旁改成了三点水,叫"小沫";叶至善的"老巴子"(南京人对末了一个孩子的称谓),叶圣陶给提了个极有时代特征的名字——永和,因为他出生在国际争取持久和平年。

叶小沫和父亲叶至善在北京东四八条71号老四合院北面的走廊,摄于20世纪80年代

"小沫说:我们兄弟四人分两种类型:大哥、二哥是有才气而不循规蹈矩的一类,而我和弟弟属于好孩子、好学生一类。"①"文革"初期,他们都响应号召,积极加入"上山下乡"的队伍。还上高中的小沫,1966年底到了依兰,当了黑龙江生产建设兵团的一名战士,实际干的是农垦工人的活。1968年,才念初一的永和到了陕西延安插队。当时叶圣陶成了家里通信的中心,小沫、永和他们是离家后才学写信的,所以对于如何写信还

---

① 庞旸:《叶圣陶和他的家人》,春风文艺出版社2001年版,第408页。

不甚明了,但叶圣陶很注意培养和锻炼他们的这种能力。1968年2月14日叶圣陶在给永和的信中对永和接到信就回复的行为表示了赞赏:

  昨天收到你第二封信,写叙途中所历,生产队地方情形,以及你信中的所想所感,都比较具体,很好。以后你写信就照这样写。我曾经给你说过,写信要为接信的人着想,只要料想接信的人乐于知道什么,就绝不漏掉什么,接信的人一定会感到很满意。当然,写信的人有什么思想、感情、经验、体会,要让接信的人知道的,也非写上不可。彼此分两地,而心思相通,好像住在一块儿一样,不就是靠彼此很好的通信吗?

对于永和在信中用到了"一言难尽",这让家人很担心,但叶圣陶明白永和是想表达"所见所想很多,一两句说不完的意思,并非遇到了什么不如意的事",他还特地在给永和的信中讲解了这个词:

  说话或写文章,有的语句带有感情色彩,有些语句不带。"一言难尽"就是带有感情色彩的。如:"我这回吃的苦,真是一言难尽。""想起从前,给地主老财当牛马,受屈受气,一言难尽。"这样的说法是通用的。所以是"一言难尽",就带有厌恶、痛恨之类的感情色彩。这无怪乎我们看见你信上写"一言难尽",都要心里一动了。

  叶小沫说:"爷爷看我们写给他的信,就像一位认真的语文老师评改作文一样,看到写得好的地方,他一定会称赞;发现错误,他一定会指出。我经常写错别字,爷爷每次看信,都会一一挑出来,写在旧台历的后面,回信的时候给我,好让我今后留意。'目的'写错了三回。这是最普通的字,只要留心,就不至于错。这些都是'音近而误',写了无论什么东西,自己检查一遍是个好习惯。"①

1970年3月18日,叶圣陶在给小沫的信中,有一段话专讲写错别字:

---

① 叶小沫:《爷爷教我们写信》,见《向爷爷爸爸学做编辑》,首都师范大学出版社2010版,第14页。

写错一个字,没多大关系,何况看信的对方也能理会意思,似乎写错和不写错一样。但是我认为,写错了字叫对方去琢磨,叫对方多动脑筋,这不好。万一对方看不出来,意思模糊了或弄错了,这更不好。所以无论写信或写旁的东西,字总要写"准",这也是一个有群众观点的问题。

为了孙辈能养成好习惯,他不厌其烦地提出这些在别人看起来是很小的事情的问题,可谓用心良苦!

除了学习方面,在生活方面,叶圣陶也常常教给小沫他们为人处世的道理:"在递给别人刀子的时候,要把刀柄对着对方,为的是让对方好接手;在放餐桌上的碗筷的时候,筷子要放在碟子的右面,调羹的把要一顺向右,为的是让用餐的人拿起来顺手;在公共场所,在有人休息和谈话的地方,走路的脚步要放松,关门的动作要放轻,为的是不影响人家……"小沫说:"爷爷教给我们为别人着想的事情还有很多,这些看起来平常的小事,在爷爷看来都不小,他那样一遍一遍地告诫我们,是希望在我们的心中,真正树立起在他看来是非常重要的群众观点,是要我们养成做什么事都要想到为别人着想的习惯。"①

叶圣陶不仅给儿时的叶至善他们修改过文章,甚至孙辈小沫他们从小的作文都经叶圣陶修改过。即便是在繁忙的工作中,只要把作文交给他,他总是会放下手中的活来修改。直到小沫步入工作岗位,年事已高的叶圣陶仍然一如既往地帮她修改稿子。1977年,叶小沫进了《中国少年报》担任科普编辑,她写的一篇名为《让全国的小朋友都知道》的稿子就经过了叶圣陶的修改。叶小沫对此事留下了深刻的印象,她回忆说:"爷爷一向喜欢听我们给他讲讲各自工作上的事情,知道我这次去的是农村,采访的是孩子,问得就格外仔细。吃完饭后还问我,写的稿子带没带在身边,他要看一看。我说在,赶忙从书包里拿出稿子送到他的卧室里。以往爷爷吃过晚饭,接下来的事情是洗脸漱口。那天例外,他已经坐在桌子旁

---

① 叶小沫:《向爷爷爸爸学做编辑》,首都师范大学出版社2010版,第16页。

边等我了。稿子铺开,爷爷用他的红钢笔一边看一边改。我像小时候一样,站在他的身边,看他怎样下笔,琢磨他所以要改的道理。爷爷给我改稿子,这不是第一次,但好像是最后一次了。"①

1976年年底,小沫和周涌准备结婚时,想请爷爷写一幅字作为纪念,叶圣陶爽快地答应了。有一天小沫回到家,妈妈对她说:"爷爷给你们的字写好了,费了半天工夫呐,字写得真漂亮,句子还是特意为你们作的。"她赶紧走到爷爷房里,看见那张写好的字就放在他的床上,爷爷对她说:"句子想得不很好,你们拿去看看吧。"叶圣陶为他们写的是四首七绝:

涌沫成婚索我诗,第言喜庆计非宜。
年来枕上思曾及,说与同听希酌之。

古云结发两恩爱,今日相称曰爱人。
所爱维何奚以爱,二人宜可细商论。

工人阶级无兼集,私欲偏心故不萌。
但愿永操高志概,莫教局限小家庭。

千群万众着先鞭,此后堂堂五五年。
为瓦为砖惟扎实,伫看尔辈作中坚。②

十年浩劫耽误了整整一代人的青春,当时有的青年在为祖国的前景担忧,有的青年在为自己的前途彷徨。叶圣陶正是看到了这些,才把他的忧虑和希望写下来,以此告诫和鼓励他们。小沫和周涌特意将这张字放在一个大镜框里,挂在墙上。1977年,恢复了高考,两人都参加了考试,周涌考上了清华大学工业系材料专业,小沫因为下乡时患上了严重的关节炎,未被录取。1977年《中国少年报》复刊的时候,小沫进中国少年报

---

① 叶小沫:《向爷爷爸爸学做编辑》,首都师范大学出版社2010版,第5页。
② 叶圣陶:《叶圣陶集》(第八卷),江苏教育出版社2004年版,第372页。

社做了一名编辑。

大奎身体一直也不好,念高中时,因肝炎在家病休。他和三午一样也热衷文学艺术,大奎喜欢中国传统艺术,他还跟李苦禅、王雪涛、秦仲文等大师学过国画。后来他被送到青年出版社印刷厂当学徒,中央机关在黑龙江办农场后,他又去了北大荒。由于风湿性关节炎,只得带着妻子儿女回到北京,进了一家残疾人工厂。

永和从小学习成绩优异,小学毕业时考进了外国语学校。1967年到陕西延安插队落户后直到八十年代才从工厂调回北京,和妻子一起进了"北汽"的摩托制造厂工作。

他们的工作很平凡普通,但他们都在自己的工作岗位上努力耕耘着,叶氏家族的家风在他们身上得到了承袭,这正是叶圣陶所期望看到的。即便如叶至善、叶至诚、叶至美,他们主要的工作虽然多与文字打交道,但并非专门的文学创作,其他家族成员则或多或少与文学有所疏离。这并不是叶氏一家的现象,陈寅恪的三个女儿,陈流求毕业于清华大学医学院,陈小彭毕业于岭南大学农学院,陈美延毕业于复旦大学化学系;梁启超的后代梁思成从事了建筑学,其他家族成员有从事考古学、经济学的等。"新的教育体制为世家子弟提供了更多的选择,舍文从理,当然有个人兴趣、就业诸方面的考虑,但似也不能忽略20世纪上半叶盛行的唯科学主义对年轻人的鼓动。"①姑且不深究造成此种现象的原因,但文学世家在一定程度上之断裂已成不争的事实。即便在这样的大趋势中,叶氏家族的文脉却依然未曾完全断绝,从叶圣陶到其孙叶兆言,我们看到了叶氏文学世家传承发展的希望。

---

① 徐雁平:《清代世家与文学传承》,生活·读书·新知三联书店2012年版,第240页。

第十三章 政治风暴中的少年时代

◎

一、"名与身随"

叶兆言这个名字是叶至诚取的,采用的是"拆字"的办法,叶至诚将自己名字中的"诚"字拆分,取"言"字;将自己妻子姚澄的名字中的"姚"字拆分,取"兆"字,便有了如今的叶兆言的名字。对于这个名字,叶至诚的好友方之首先赞同,妻子姚澄也很满意。叶至诚还专门写信给父亲叶圣陶,叶圣陶答复说:"名字取得呒差(吴语'不差'的意思)。"这个名字就此定了下来。

叶兆言对自己的这个名字也很满意:不用像苏童、刘恒一样非得起个笔名不可,"我的名字仿佛生来就准备当作家的。同名的概率非常小,兆和言本来是取名常用的字,可放在一

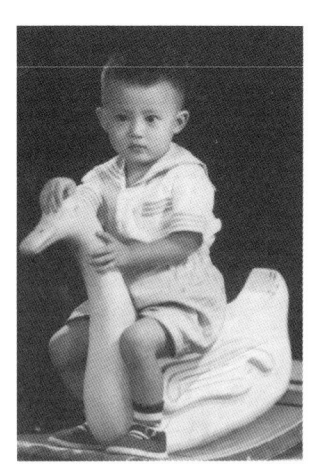

幼年叶兆言

起,当真就有了些独特性"①。其实,在刚开始发表作品时,叶兆言也和其他人一样,想着要给自己起个响当当的笔名:"年轻气盛,我想自己每一种风格的小说,都应该有一个笔名。"他用过"邓林",取"夸父逐日"的典故;还用过"梦尼",是梦里的谐音。成家后,添了个女儿,囊中羞涩,想的多是如何养家糊口,他的笔名又往往和钱有关,比如"梅元""刘克"。叶兆言说:"本来想用德国的货币单位马克,后来想想,自己不嫌俗气,用稿单位恐怕受不了,便把马改成牛,再借用一个谐音字刘。"他还用"萧菲"的笔名写过一组关于女孩子的文章,"萧菲"取小费的意思。此外,还有"叶言""舒言"等。父亲叶至诚的笔名"谈风"也曾被叶兆言借用,在报纸上发表了四十四篇关于过去中学生的随笔。1980年,叶兆言在《青春》第10期,发表了小说《舅舅村上的陈世美》,这是他以真名发表的第一篇小说,从此他的创作一发不可收,叶兆言这个名字也逐渐为大家所熟识。

二、"文革"中的叶兆言

叶兆言出生的1957年,叶至诚被打成了右派。此后的20年里,他的家中一直笼罩着阴郁的氛围。叶兆言说:"父亲当了右派以后,对写作已没激情,命里注定却不得不继续写东西,写那些自己毫无兴趣的文字。很长一段时间内,他是剧团的编剧,好容易胡编乱造一个戏,请了大大小小的文艺官员来审查,听一番似是而非、不关痛痒的指示,然后开夜车,硬着头皮按照指示改,改得脸发青,改得一支接一支烧香烟,房间里烟雾腾腾,谁进去了都喊受不了。"②当时叶至诚和方之改剧本时愁眉苦脸的场景给童年的叶兆言留下了深刻的印象,也影响了他日后看待文学的态度。

当然,即便叶至诚当时的心绪不佳,对叶兆言的教育却一点也没有放松。叶至诚特地做了一张张小卡片,将字写在上面让小兆言认。有时候方之来到他家商量剧本,小兆言就一声不响地坐在他们身后,到休息时,方之也会和叶至诚一起教小兆言认字。叶兆言还喜欢到他祖父留给父亲

---

① 叶兆言:《名与身随》,时代文艺出版社2006年版,第1页。
② 叶兆言:《名与身随》,时代文艺出版社2006年版,第1页。

的书橱中寻找已经认识的字,手中拿着父亲制作的卡片认认真真地和那些书名核对。他把这当成了一种游戏,在其他孩子在踢毽子、玩弹弓时,叶兆言则已沉浸在"文字游戏"中。

母亲姚澄是著名的锡剧演员,当年被人称为"锡剧皇后"。这样的母亲让叶兆言感到十分自豪。何况他母亲的女弟子都对他宠爱有加,她们抢着哄叶兆言,带他出去玩,还在他的口袋里塞糖果,塞各种各样好玩的小玩意。这样的氛围让童年时代的叶兆言备感幸福,也更加密切了他与艺术之间的联系。剧团生活的记忆也深深地印在了他的脑海里,这些记忆后来成为他文学创作方面的素材。叶兆言的小说《悬挂的绿苹果》《路边的月亮》等讲述的就是在剧团发生的故事。

1966年,"文化大革命"开始,叶兆言9岁,当时正上小学二年级。有一天,学校停课了,他们的小学也成了红卫兵大串联的集散地,对于叶兆言这些孩子们来说,这是天大的好事,每天都像过节一样。"那时街面上热闹非凡,到处生机勃勃,到处阳光灿烂。"叶兆言最喜欢看的是游街示众:"被游街的人戴着纸糊的高帽,胸前挂着牌子,敲着小锣,打着小鼓,一路浩浩荡荡地就过来了。"叶兆言和小伙伴们也很快融入队伍中,跟着走,然后再跟着其他游街队伍回来。他们还到南京大学看大字报,看漫画,看毛泽东思想宣传队表演节目。然而,当有一天,他看到整整一面墙贴的都是批判他母亲的大字报,姚澄的名字被写得七扭八歪,还用红墨水打了叉,还说什么他母亲有反党言论时,少年叶兆言开始感到了这场运动对自己家庭的影响,从这一刻开始,他再也不是一个局外人了。

有一天,一群气势汹汹的红卫兵小将闯入家里,二话不说将他的父母押到了角落里,开始翻箱倒柜抄起家来。有的红卫兵还是他母亲的弟子,竟然也加入到了抄家的行列中。后来他们搜出了"黄金",其实就是一条金项链,是叶兆言的奶奶送给他母亲的。造反派们训斥甚至殴打他的母亲,继续翻箱倒柜,连油盐酱醋的瓶子都不放过,到天快黑,他们再抄不出什么,大失所望地离开了,家里几乎所有的房间都被贴了封条。叶兆言的父母在那一天被关进了牛棚,家里的保姆也走了,只剩下叶兆言一个人。他又饿又怕,独自跑到街上流浪,后来在街上睡着了,醒来后发现自己的那双新塑料凉鞋被偷走了,他是光着脚回家的。再后来,一个身穿军装的造反派小头目找他谈话,告诉了他一个令人震惊的秘密:他是被领养的,其实他是一位革命烈士的后代。同学们知道他的父母被批判后,开始嘲笑他。这个家庭赋予叶兆言的荣誉感消失了,他觉得自己应该被讥笑和诅咒,因为"革命是天堂,反革命应该下地狱"。

叶兆言后来说:"我无法形容当时的心情,是高兴,还是不高兴,是痛苦,还是麻木。对于一个九岁孩子来说,眼前所发生的一切都过于极端,极端得不可思议。你根本无法理解这些,突然之间,你美好幸福的家庭遭遇了抄家,父母变成了十恶不赦的罪人,成了反动分子,成了反革命。然后又是突然之间,原本你生命中最亲近的人,竟然又不是你的亲生父母。我记不清楚这次谈话是怎么结束的,只记得造反派小头目从头到尾,都没有把我当做外人。她挑唆着我与养父母之间的仇恨,不停地安慰我,鼓励我,要我挺起腰杆做人,要像一个革命烈士的后代,要对得起那位为革命捐躯的亲生父亲。她说有毛主席他老人家给你撑腰,党和人民站在你的一边,做你的坚强后盾,你还有什么可担心的。她说你要做一颗革命的种子,要撒在任何地方,都能生根发芽,茁壮成长,最后还会开出鲜艳的花朵来。"①突然之间,一切都翻转过来,命运的变化对于还是懵懂孩子的叶兆言来说,太过剧烈了,也太过残酷了。

叶兆言的父母都被关进了牛棚,他成了没人管的野孩子,经常逃学,后来便被送到了农村的外祖母家。在那里,他进了村里的祠堂小学读书。祠堂小学顾名思义,是一极小的祠堂改建的。就一间教室,一个老师,门口挖了个坑,埋了一口大缸,中间隔一块木板算是男女厕所。大约30名学生,从一年级到三年级,都挤在一个教室上课。由于最高是三年级,所以叶兆言不得不做留级生,再读一次三年级。在那里念了大半年后,他又到了镇上读小学,这个小学比祠堂小学正规些。有一天,全校开大会说要成立红小兵,鼓励大家踊跃参加。写申请书和决心书时,在家庭成分这一栏,叶兆言遇到了困难。他的父母既不是贫农,又受到了批判,犹豫再三,

---

① 叶兆言:《名与身随》,时代文艺出版社2006年版,第14页。

他填了个"小资产阶级"。因为在南京时,他听到过"工人是无产阶级,农民是小资产阶级"的说法,所以他觉得填这个是罪名最轻的一个。可是没想到,这让老师很恐慌,因为其他同学填的都是"贫农",这样他也被取消了当红小兵的资格,并有了个"小资产阶级"的绰号,老师还让他天天打扫教室。叶兆言又开始逃学了,虽然仍是每天上学时出门,放学时归来,但都是去别处玩了。一个星期后,他的老师找到了他家,他的外祖母才知道他没去上学。此时的叶兆言,已经近于一个问题少年了。

对于现在的人来说,"成分"一词似乎恍若隔世,然而在"文革"期间,这个词却决定了无数人的命运。针对家庭成分,当时有所谓的"红五类"和"黑五类"的划分。"红五类"指的是贫农、下中农、工人、革命干部、革命军人及其家庭成员;"黑五类"指地主、富农、反革命、坏份子、右派及家属。当时,被认可的是"红五类",他们占据着社会的优势地位,"黑五类"则是被打击和边缘化的一类,成分和出身成了他们的原罪。当年流行的口号是"老子英雄儿好汉,老子狗熊儿混蛋",父母的家庭成分直接决定了子女的社会地位和发展前途。只有"出身好"的子女才被认为是"根正苗红",才有资格加入红小兵、红卫兵、入团、入伍、提干等。叶兆言的家庭成分不属于"红五类",当然没有资格当红小兵。现在看来,成分论的规定是如此的滑稽和可笑,但历史就是历史,无法更改。

在那个极端的政治年代,除了父母对叶兆言的影响,祖父叶圣陶对叶兆言的熏陶也是不容忽视的。叶兆言和祖父相处的时间其实不多,比较集中的大概有两次。一次是上小学之前,祖父担心叶至诚夫妇不会带孩子,所以让孩子去北京;还有一次就是高中毕业等分配的时候。这后一次给叶兆言留下的记忆是深刻的。

叶兆言上中学的时候,"读书无用论"盛行,他马马虎虎就毕业了。那是1974年,还未恢复高考。高中毕业的他只能等待分配。无事可做的叶兆言就到了祖父的家里。叶兆言回忆说:"祖父那一年整八十岁,闲得无聊,全靠写日记写毛笔字消磨时间。……我和祖父睡在一个房里。"当时叶兆言有三件事最让他的祖父满意。

第一是陪祖父散步。"风和日丽,去什么地方不一定,出了大门,出了胡同口,捡最空的公共汽车上去,然后到有空旷的地方下车。目的只在活动活动腿脚,有时在郊区的小河边看柳树,有时去北海坐石凳上闻荷花的清香,有时沿着农展馆旁边的马路走一截。"

第二件事是陪祖父去洗澡:"去洗澡向来是祖父生活

儿时的叶兆言与祖父叶圣陶

中的乐事。祖父年纪大了,洗澡没人陪不行,我自然成了最合适的陪同人选。去洗一次澡并不容易,得挤公共汽车,有时还得排队。好在时间富裕,挤公共汽车就挤公共汽车,排队就排队。祖父对我的搓背技术一向赞不绝口。"

还有就是祖孙两人对摄影和相片的共同兴趣。叶兆言后来曾回忆:"祖父一段时间内很愿意被人当作摄影的模特儿,我们拍照的胶卷都找他报销。祖父因此有了好多册影集。有时候,翻翻影集也是一种很好的消遣,可以打发掉许多闲暇的时光。到了晚上,我照例要为祖父敲敲背,煞有介事地为他按摩穴位。祖父总是一边连声叫好,一次次表扬和鼓励;一边和我大谈因为翻阅影集引起的陈年旧事。"多少年过去了,后来叶兆言忆及那时的情景,油生几多感慨:"'人生几回伤往事,山形依旧枕寒流。'真有些山僧独在山中老,唯有寒松见少年的味道。"

叶圣陶旧学根基深湛,在与祖父相处的日子里,叶兆言自然会受到熏陶。有一次,祖父发现叶兆言竟然能背出许多辛弃疾的词,很吃惊,还大大表扬了他。于是就让他从头开始学习平平仄仄平平。像旧时私塾先生上课时一样,叶圣陶报一个字,叶兆言回答一个字,"云对雨,雪对风,晚照对晴空,杨柳绿对杏花红"①。叶兆言陪着祖父洗澡时或者散步时,两人也经常是这种状态,见什么说什么,从一个字两个字渐渐到五个字七个

---

① 叶兆言:《名与身随》,时代文艺出版社2006年版,第32页。

字。叶兆言说:"那时候实在是太闲了,因为闲,我因祸得福,从祖父那里得到了许许多多平时不可能得到的东西。"①在谈天说地中,文学写作的心得、历史的风云际会、文人掌故的趣谈,一一化入叶兆言的脑海和心间。无形中,这些都成为他日后文学创作重要的情感资源与思想资源。

1976年10月,叶圣陶想来江南走一趟,但是后来未能成行。于是他写了《望江南》五首给叶至诚一家:

三人共,甚日八条来?
未欲多留妨正务,兼旬半日总能呆。
只要善安排。
三人共,有日八条来。
此乐吾家前未有,近游闲话几圈牌。
团聚惬余怀。

姚澄到,吾愿倘非奢。
旧曲新歌任所好,为歌数段饷全家。
犹忆《拔兰花》。

至诚到,本业且丢开。
忘却提纲休想戏,弟兄特曲对斟来。
伴我白兰杯。

兆言到,旧例继先时。
示尔新增留影册,陪余浴室共淋漓。
临睡小床支。②

其中的"兆言到,旧例继先时。示尔新增留影册,陪余浴室共淋漓。

---

① 叶兆言:《名与身随》,时代文艺出版社2006年版,第29页。
② 叶圣陶:《叶圣陶集》(第八卷),江苏教育出版社2004年版,第388~389页。

临睡小床支"就是对叶兆言当年在北京祖父家中情景的回忆。可见,北京的那一段相聚是这祖孙二人共同的珍贵记忆。

"文革"对知识分子的打击往往是毁灭性的,叶氏家族自然也难幸免。但是叶兆言又是幸运的,从以上的细节可以看到,他所身处的这个文学世家通过血缘亲情的维系与延续,将来自文化传统(不仅是古典的,也包括五四以来的新文化传统)的影响一直渗透与传承。这为他未来的文学创作提供了思想与艺术资源。尤其是在生命个体处于意识形态的巨大压抑、扭曲的年代,这种由文化世家所形成的文化传递功能尤其可贵。对此,叶兆言也有深切体会:"不管怎么说,我能够在文坛上成名,多多少少沾了我祖父和父亲的光。我的祖父和父亲,不仅文章写得好,更重要的是他们有非常好的人品。他们的人格力量为我在被读者接受前,扫清了不少障碍。我受惠于祖父和父亲的教育与影响这一点不容置疑。"①

少年叶兆言(前中),母亲姚澄(前左),父亲叶至诚(后右),祖父叶圣陶(前右),堂兄(后左)

余斌说过,叶兆言和朋友相处"有一个'敬'字在里面。我的意思是说,他尊重朋友,不自我中心,能为朋友设身处地。朋友相处而有'敬',我觉得比称兄道弟两肋插刀之类更难得,至少现在是如此……不党,有敬,这于其淡如水的君子之交,是庶几近之了吧? 这上面叶兆言是有些旧派的,恐怕与他们家的家风大有关系。交友之道也见其人,叶兆言看上去有些名士派,不过依我之见,骨子里还是有温柔敦厚的君子之风"②。可以说,从为文到为人,这个文学世家带给叶兆言的影响是深远的。

---

① 叶兆言:《名与身随》,时代文艺出版社2006年版,第150页。
② 余斌:《午后的岁月》,广西师范大学出版社2002年版,序言第3页。

第十四章 求学南大

◎

一、执着于学业

叶兆言在家待业一年后,终于进了一家小工厂,当了一名钳工。这一干就是四年。工厂在郊区,每天早晨他骑40分钟的自行车从家到工厂,换上脏兮兮的工作服,就开始一天枯燥的工作。文学世家的熏陶,让叶兆言无法忘读书。那时候风行办"工人大学",他们厂子虽然小,但也煞有介事地办了个半脱产的"工大"。叶兆言听说后很激动,就去报名了。当时工大是工会出面办的,不用考试,请几位中学老师来就着大学的教材教。叶兆言做好了充分的准备,到开学那天,发现名单上偏偏没有自己。人家给出的理由是人数已满,而且他的眼睛也不太好,就用不着占用公家的时间读书了。而真实原因却是叶兆言得罪了工会的负责人。那个人曾经托叶兆言搞过一种药,可是好不容易弄来,又不要了。当他再次让叶兆言弄药时,叶兆言拒绝了,那个负责人于是借机报复叶兆言。车间里的师傅和朋友都为他不能上大学感到吃惊,他的师傅脾气不好,听说后暴跳如雷,扬言要揍那个负责人。叶兆言后来就去读了夜校。

1977年,南京市机械局系统办了一个工人大学,开始面向青年工人招生。叶兆言报名应考,竟然被高分录取。但是叶兆言学的是热处理专业,自己对这个专业并没有什么兴趣。第一天上课便让他忍无可忍,他感觉这完全是为上学而上学,教室里叽叽喳喳,教师在讲台上信口开河,他坐在教室里,感到很别扭,感到孤独。他觉得热处理专业和自己究竟有什么关系呢,后来决定不去上课了。

1978年,叶兆言决定重新参加高考,报考的是文科。第一志愿是南京大学,后面依次为复旦大学、北京师范大学、华东师范大学、山东大学。当时填报志愿允许考生有两个选择,但有人告诉他可以多填几个,不妨把文史哲都填上,以防万一。叶兆言听从了别人的建议,想着无论哪个专业录取都行,只要能读大学就行。虽然南京大学发录取通知书的时间比较迟,中间还有点小波折,但叶兆言还是如愿以偿地考进了南京大学中文系。

南京大学中文系,有着悠久的历史和丰厚的学术积淀,其渊源深远,可以追溯到成立于1902年的三江师范学堂和1888年南京汇文书院。南大中文系的直接源头则是1914年南大前身之一南京高等师范学校所设立的国文预科班和国文专修班。南大中文系在发展过程中经历了抗战西迁、院系调整、"文革"等波折,到20世纪80年代也逐渐步入正轨。在南大中文系的历史上涌现了众多著名的国学大师和学者,如李瑞清、黄侃、吴梅、方光焘、胡小石、汪辟疆、陈中凡、潘重规、杨晦、唐圭璋、吕叔湘、罗根泽、陈白尘、陈瘦竹、程千帆、叶子铭等先后在此任教。民国即有南高师学派,称一时之雄。新中国成立之后,虽历经波折,但依然是中国人文科学研究重要的基地。"诚朴雄伟"的风格,更能体现于从南高师到南京大学的中文系中。

二、母校记忆

叶兆言进入南京大学读书是在20世纪70年代末期。那时"新时期"

已经展开,20世纪80年代是一个渴求知识,崇尚理想的时代。叶兆言说:"我在校学习期间,那是一个为了知识可以不要命的年代,当时最耀眼的大英雄是陈景润,所有的人都拼命读书。那时候看重的,不是学历,不是职称,眼睛里只有单纯的知识,说是为读书而读书一点也不过分。那时候没人去想为什么苦读,更不会想苦读了以后会怎么样,苦读成为一种风气,人生活在这种风气中,很自然地就心甘情愿地用功读书了。"①

南京大学有苦读的传统。南大校训几经变迁,从"嚼得菜根,做得大事"到"诚朴雄伟"到"严谨、求实、勤奋、创新"再到如今的"诚朴雄伟,励学敦行"。这些校训不仅继承了南大的百年传统,而且体现了南大对刻苦、质朴精神的追求。对于南大的苦读传统,叶兆言亦有体会:"南京大学的苦读是有传统的,有趣的是,从来没有一位老师要求我们应该如何苦读。在科学的春天里,关照学生用功读书显然有些多余,这就好像一辆汽车的油门已经踩到底了,没必要再提醒司机还应该怎么加速。对于同学们来说,苦读既是一种无形的压力,也是一种当然的习惯,大家生活在苦读的磁场之中,不知不觉就这么做了。"

大家都玩命地读书,吃过晚饭后,就会早早赶到阅览教室上自习,"有一段时间,去教室抢座位,差不多成为一件大事,好不容易占到的位置,仿佛是自己抢到的地盘,绝对不肯轻易放弃"。学校实行的是晚上十点钟熄灯的制度,可是那些学子们不肯睡去,只有挨近厕所的过道中的灯是长明的,他们就到昏黄的过道灯下,忍受着令人窒息的尿骚味,用功读书到深夜,直到被熏得睁不开眼睛才回房间睡觉。所以,叶兆言不止一次提到过,他的母校南京大学给他最强烈的记忆就是宿舍厕所里浓郁的尿骚气。"这种焕发着青春气息的味道,如此强烈,如此汹涌澎湃,仿佛划一根火柴就可以燃烧起来。"②

苦读现象的成因除了上述时代的因素外,大概还有地域文化的因素。叶兆言所在的南京大学,以及以南京大学为代表的南京高校,普遍有诚朴扎实、埋首苦读的进学传统。辛亥革命后有一种说法是:要做官去北京,

---

① 叶兆言:《名与身随》,时代文艺出版社2006年版,第89页。
② 叶兆言:《名与身随》,时代文艺出版社2006年版,第87页。

因为那里是北洋政府的所在地;要发财去上海,因为那里是十里洋场;而要读书,就要到南京,因为那里除了读书,什么也得不到。民国时期的南高师学派,就曾经在混乱动荡的中国形成一道文化守成主义的独特风景。当年罗家伦主掌中央大学,提出诚朴、雄伟的校训,是可以代表南京高校的底蕴与风格的。

南京大学的苦读经历带给叶兆言的不仅仅是知识的积累,更影响到他日后文学创作的取材领域以及审美风格的形成。对此,本书将在后面联系作家创作加以阐释。

大学毕业后,叶兆言被分配到金陵职业大学当老师,但他只教了一年。1983年,叶兆言报考了南京大学的研究生,师从叶子铭先生。叶子铭(1935—2005),福建泉州人,本科、研究生均就读于南京大学中文系。叶子铭先生在中国现当代文学领域有着精深的研究,曾任国务院学科评议组成员、中国现代文学研究会副会长、中国茅盾研究会会长等,著有《论茅盾四十年的文学道路》《叶子铭文学论文集》,主编《中国现代小说史》,还参与组织、编辑《茅盾全集》等。

叶子铭

叶子铭先生对叶兆言影响最大的就是看待读书的态度。叶兆言说:"他总是让我多读书,因为只有读多了,才会有扎实的根基。无论做什么学问,都得狠下心来坐冷板凳,书读多了,真读进去了,该明白的道理自然会明白。我一向自恃读书多,在先生的督促下,我只能是更加玩命地读书。作为先生弟子,我不敢说自己的学问好,只能说读书还算多,这是要特别感谢先生的地方。"①就这样,叶兆言在南京大学又度过了三年的研究生生活,加上本科的四年,叶兆言在南京大学一共呆了七年的时间。文化世家的熏陶让叶兆言无法割舍读书的本分,在南京大学七年的读书生

---

① 叶兆言:《名与身随》,时代文艺出版社2006年版,第214页。

活又进一步强化了他与文学、文化的联系,这都为叶兆言走向文学创作打下了坚实的基础。

三、第一位硕士编辑

1986年,叶兆言研究生毕业了。虽然他很喜欢学校的氛围,但在填写毕业分配的志愿时,他没有写留校。他填的三个志愿分别是:江苏文艺出版社、《钟山》杂志社、省社科院文学研究所。这三个单位都欢迎叶兆言去,叶兆言最后还是选择了出版社。原因很现实,那里的福利好,很快就会有新房子。后来,叶兆言曾坦诚地说:"我完全是

叶兆言与妻子王月华

为了房子才去出版社的。那时候,我对以后要干什么,仍然十分茫然,只知道自己已经快30岁,既然成家,谈不上立业,起码要把家搞得像个样子,稍稍改变一下自己的生存环境。我当时住在沿街的一间小平房里,囊中羞涩,女儿快两岁,一家三口窝在狭小的空间里,干什么都别扭,想写文章,想看书,总是不能称心如意。"①于是他当了一名编辑,而且也下定决心做个好编辑,编些好书。

其实除了现实的因素,依然可以发现叶氏家族对叶兆言的潜在影响。叶兆言的祖父叶圣陶,伯父叶至善,父亲叶至诚都做过编辑。这不仅是一个文学世家,也是真正的编辑世家。从小的耳濡目染自然会在他日后对职业的择取中产生影响。

叶兆言是江苏文艺出版社历史上的第一位文学硕士,而且出身著名的文学世家。刚进出版社时,别人都对他刮目相看。但是叶兆言本人对此不以为意,出版社的同事张昌华说:"最初的感觉是,其人长相一般,淡

---

① 叶兆言:《名与身随》,时代文艺出版社2006年版,第220页。

泊随和,言语不多,说话极快,让人'刮目'的是他的'目',他左目童年受创,见风流泪。印象最深的是冬令时节,他身着件蓝色对襟棉袄,头戴黑色猴头帽,手捧着一只青瓷筒状茶杯,喝口茶,还常常有滋有味地'啊'一声,然后用手去抹眼泪,在办公室里摇来晃去。闲时打开砚台,倒上茶水研墨,随手抓张报纸,一笔一画临柳公权的《玄秘塔》。活像旧社会村塾里的先生。"①

那时的叶兆言上班经常"踩电铃",有时还不大准点,同人们都觉得这个年轻人有点不负责任。直到叶兆言编辑的《二十世纪文史哲精义》出版后,张昌华才改变了对他的成见,"他原来是个藏锋不露的家伙"。叶兆言说过这本书是他最吃力不讨好的一本书,当时他的野心很大,为这本书取名为《当代必览》,定位为工具书。全书150万字,选了差不多200本文史哲著作,用缩写形式汇编成册,想将好书一网打尽。为了这本书他吃尽了苦头:"那时候还不是电脑排版,编稿子,排版式,统一格式,改校样,要多烦人有多烦人。有的缩写还凑合,改改就可以发排,有的实在不像话,必须退回去重来。"这本书的编辑初衷更多考虑的是社会效益,是想让大家多读些好书,有着20世纪80年代特有的理想主义色彩。可是当这部书出版时,已经是20世纪90年代之初,商业大潮的袭扰使这部书的出版变得非常尴尬。"等书编好了,校样清了,能不能付印成了问题。不印,如此浩大的工程,半途而废,说不过去。印,明摆着要赔钱,社领导犹豫再三,拖了又拖。"②不过书最终还是出版了,书名换成了《二十世纪文史哲名著精义》,虽然没有为出版社带来太大的经济效益,倒也没有赔钱。

不久,叶兆言调到了张昌华所在的编辑室,和她一同创办了《东方纪事》。为此,叶兆言拉来了周而复、宗璞、邵燕祥、郑逸梅等名流的稿子,刊登在创刊号上。张昌华说:"仅此而言,叫我不得小看。"

后来,编辑室讨论出版一套当代作家丛书,叶兆言提议叫"八月丛书",意为"摘桃子",因为八月是收获的季节。丛书包括:苏童的《米》(江苏文艺出版社1991年版)、《祭奠红马》(江苏文艺出版社1991年版),王

---

① 张昌华:《格子外的故事——我说叶兆言》,载《人物》1999年第5期,第90页。
② 叶兆言:《名与身随》,时代文艺出版社2006年版,第230~231页。

安忆的《旅德的故事》(江苏文艺出版社1990年版)、《米尼》(江苏文艺出版社1993年版),朱苏进的《绝望中诞生》(江苏文艺出版社1991年版)、《炮群》(江苏文艺出版社1991年版),刘恒的《连环套》(江苏文艺出版社1990年版)、《苍河白日梦》(江苏文艺出版社1993年版),张承志的《神示的诗篇》(江苏文艺出版社1992年版),张炜的《周末对话》(江苏文艺出版社1991年版)、《我的田园》(江苏文艺出版社1991年版),史铁生的《命若琴弦》(江苏文艺出版社1991年版)。几乎把当时文坛著名作家的重要作品悉数纳入。

"八月丛书"的出版虽然造成了一些声势,但还没有达到叶兆言理想的效果。他说:"对于我来说,这是一段失败的经历,不无酸楚。或许提早了一点,早产儿通常都是不幸的,加上我的市场经营技术太差,丛书一开始的印数极低。印数低,意味着没有经济效益,出版社和作者的权益便得不到体现。譬如张炜和张承志的书,只印了1500册,至今想想,都觉得对不住他们。"①

除此之外,叶兆言还编辑出版了《世界著名作家访谈录》《名人日记》《旅德的故事》《米尼》等。叶兆言对他编的《世界著名作家访谈录》的内容很满意。这本书近30万字,叶兆言给自己取"王诜"作为编者名。书中收录了各国作家的访谈。这本书的版式和说明文字都是叶兆言的功劳,叶兆言说:"在当时的出版物中,应该算是不错的一本书。虽然是强盗版,对于读者来说,它还是很值得收藏。"②另外,值得一提的是,早在1986年的5月,叶兆言到北京组稿。由于祖父、父亲在文坛上的影响,他顺利拜访到了许多著名作家。叶兆言父亲的老友林斤澜还介绍他去见当时《北京文学》的副主编李陀。李陀在当时已经颇有声名。李陀为叶兆言撩开了"当代文学的朦胧面纱",让他对当代文坛有了更多了解。李陀还为叶兆言开了一个名单,让他在未来的编辑岁月里,关注那些人的作品。

文学热情、理想主义情怀、人文视阈这些都体现出了叶兆言日后成为一名作家必不可少的精神质素。

---

① 叶兆言:《名与身随》,时代文艺出版社2006年版,第234页。
② 叶兆言:《名与身随》,时代文艺出版社2006年版,第232页。

第十五章 叶兆言：叶家的『文三代』

◎

一、"既是无心插柳，又是事出有因"

叶兆言说过："虽然我们家出了三代作家，写东西在我们家却是个犯忌的词汇。老实说，我从小最看不上眼的人，就是作家。"① 可有意思的是，种种机缘最后还是让叶兆言切切实实当了个作家。用叶兆言的话讲就是："我能成为作家，既是无心插柳，又是事出有因。"② "无心插柳"是说叶兆言以前从来没有将当作家作为自己的人生目标。

事实上，他的父亲本来就很担心叶兆言长大了写东西，"三百六十行，干什么都行，就是别当作家"③。政治的严酷，一度让经历了种种运动的那一代作家，心有余悸。其实，不独叶至诚是这样，很多有过类似经历的

---

① 叶兆言：《名与身随》，时代文艺出版社2006年版，第1页。
② 叶兆言：《名与身随》，时代文艺出版社2006年版，第173页。
③ 叶兆言：《直面人生》，上海三联书店2005年版，第25页。

作家,都是反对后代从文的。后来叶兆言选择文科,叶至诚感到很恐慌,他不希望儿子选文科。叶兆言说:"很长一段时间内,我都相信父亲所以不愿意子承父业,要让儿子远避文学事业,是由于他个人的不幸,由于五七年的打右派,由于'文化大革命'的挨整。一朝被蛇咬,十年怕草绳。后来我终于明白,除了这些恐惧,父亲顽固地相信,一个人若选择了文科,选择了文学,特别选择了写作,很可能或者说更容易一事无成。"

但是,父亲对待文学的虔敬、敬文钟书的家庭氛围,还是深深地影响着叶兆言。这或是宿命?在叶兆言看来,父亲的一生,除了写作,可以描述和形容的事情并不多。"记忆中,父亲写作时的背影像一幅画,永远也不能抹去。我所能记住的,是他的耐性,是他写作时的不知疲倦。"①"父亲对我写作的帮助,热情鼓励少,泼冷水打击多。可怜天下父母心,热情鼓励是希望子女有出息,泼冷水打击是怕子女走错路。他更多的还是不闻不问,父亲生前常说,学医可以传代,学画可以传代,唯有这写作传不了代。他告诉我,作家不走自己的路,一辈子都不会有出息。"叶至诚生前在写作方面总是"雷声大,雨点小",环境总是不允许他安下心来写东西,以至于并没有留下太多作品。叶兆言之所以马不停蹄地写,无疑吸取了他父亲的教训。他说过:"很多年前,刚开始写作的时候,有着多年写作经验的父亲告诉我,写作就一个字,就是他妈的'写'。父亲从来不是个喜欢爆粗口的人,可是忍不住用'他妈的'来加重语气。似乎时不再来,写作的最大秘诀是想写就写,想写赶快写。少壮不努力,老大徒伤悲,多少年来,我一直用父亲的话激励自己,排除任何干扰,不顾一切地用心去写。"

除了他的父亲叶至诚外,叶兆言不只一次说过堂哥三午对自己从文之路的影响,认为三午在文学上给他的影响,丝毫不亚于他的父亲。他还说:"在我们这个文人家庭中,三午对我的影响最大。……我是从三午的客厅里开始步入文学殿堂的。当我还是一名文学少年时,我有幸在三午的引导下,看世界文学名著,妄谈文学,并且深受比后来红极一时的朦胧

---

① 叶兆言:《直面人生》,上海三联书店2005年版,第22页。

派更早、更不识人间烟火的诗人们的影响。"①

1974年,叶兆言高中毕业,17岁的他来到了北京祖父家。叶兆言经常能看到出入三午的客厅的那些诗人,他们大声朗诵自己的诗,有人颓废,有人痛苦,也有人矫情,有人念着念着竟然哭了起来,叶兆言自然也受到了感染,一边流眼泪,一边朗诵。就这样,在三午的客厅里一个十七岁文学少年最初的文学梦想开始了。叶兆言最初的文学梦想就是写诗,梦想着写满满一旅行包诗,到处拎着走。并且,叶兆言开始学着抽烟,偶尔也喝点酒,并且开始幻想女人,变得颓废和玩世不恭。叶兆言很快写出了不少分行的诗歌,但是他认为这些诗很丑陋,让人感到恶心,即便如何做作,如何矫情,或者把句子折腾得疙里疙瘩,还是写不出一句好诗。他领悟到"诗人也许是天生的"。叶兆言后来说:"在我的文学少年时代,令我最痛心的一桩事就是发现自己实际上根本不可能成为一个好诗人。我经常一个人到野外去找诗,寻章摘句,在春天的草地上,我想着想着便睡着了。干别的什么事时,我的脑子里老在想诗,等到正正经经要写诗,我又肆无忌惮地开起小差。我像诗人一样活着,神经兮兮,无病呻吟,和当时的时代绝对格格不入。"②

至于小说写作,则是叶兆言上大学时才开始涉足的。叶兆言:"写作的原因完全是受了作家方之的诱惑。"③方之在他家反复跟他讲自己设想的几个故事,而且常常质问叶兆言为什么不写小说,叶兆言随便说几句话,方之就很严肃地说:"这完全可以写一篇小说,写下来,你把它写下来。"当时方之他们正在筹备一个文学刊物,想要叶兆言写了发表在上面,可是直到文学刊物创刊,叶兆言许诺的小说也没写出来。当他看到自己的好朋友李潮写的一篇小说发表在刊物的创刊号时,叶兆言有些羡慕,也有些嫉妒,于是开始正式写小说。他写的第一篇小说是《凶手》,叶兆言说这是一篇非常拙劣的小说,他父亲,包括陆文夫、高晓声他们都觉得不可能发表。虽然方之为他力荐,但每次都在终审时被淘汰下来。这样退

---

① 叶兆言:《名与身随》,时代文艺出版社2006年版,第176页。
② 叶兆言:《名与身随》,时代文艺出版社2006年版,第109页。
③ 叶兆言:《名与身随》,时代文艺出版社2006年版,第111页。

来退去,小说原稿也不知道弄到哪去了。

可以看到,在一开始,叶兆言与文学创作间是一种若即若离的关系。这里既有着他对文学的喜爱与憧憬,却也比父辈更多了几许淡然和通脱。

二、"雪夜闭门读禁书"

叶兆言日后能够成为作家还有一个非常值得关注的原因,就是父亲叶至诚丰富的藏书给予他的文化熏陶。学养是创作的一个重要根基。熟悉叶兆言的人都知道他读书多,是个读书人。陈村觉得叶兆言是一个纯粹的读书人。① 好读书的鲁羊在一篇文章中曾经谈及一件有意思的事,当年二人先后进入江苏的出版社工作,他们平时经常在

叶兆言在书房

出版总社的资料室借书。在借书过程中,鲁羊通过卡片上的签名及借阅日期发现,有时一种书叶兆言几年前就看过,而自己才想起来去看。这让鲁羊既为遇到志同道合之人而感到亲切,同时心里又有点不服气。这种不服气不甘心成为他借书时的暗中情结。鲁羊的讲述从侧面透露出叶兆言的读书之多,读书之杂。

读书是叶兆言的癖好,如果用"书痴"来形容叶兆言恐怕也并不为过。叶兆言对自己的阅读量是很自信的,"多少年来,我一向自以为是,觉得在阅读方面没人吹牛吹得过我。我的父亲毕竟是藏书状元,强将手下无弱兵,父亲在他那一辈人中读书最多,我自然在我这一辈中也没什么对手。为了在吹牛时立于不败之地,我实实在在读了不少书"②。叶兆言的自信有赖于父亲叶至诚的丰富藏书。作为作家与编辑的叶至诚有着大量的藏书,除了叶圣陶的部分存书,大多是解放后他购置积累的。叶至诚还曾经获得过首届金陵"藏书状元"的称号。虽然在创作实践上叶至诚给

---

① 陈村:《不好写的叶兆言》,载《北京文学》2003年第4期。
② 叶兆言:《名与身随》,时代文艺出版社2006年版,第103页。

予叶兆言的教导并不太多,但是叶氏家族的文化积淀为叶兆言提供了那个时代大多数人难以企及的文化素养的积累。

这种影响,并不单纯体现为知识量的多少,而更体现为一种气质,体现为一种文字的感觉,苏童曾说叶兆言是"一个真正的读书人,满腹经纶,优雅随和,身上散发着旧文人的气息"①。而莫言也说过:"尽管我们知道有些人读书比叶兆言多,但是他没有叶兆言的书卷气,这种书卷气是在长期的生活环境里边熏陶出来的,是潜移默化的。别的人当然也可以引经据典,说很多掌故,但是那个味道不对。"

"文革"期间,叶兆言一家曾被迫搬到了学生宿舍,他的父母住楼上的一间,叶兆言住在楼下,和他父亲的几千册藏书在一起。这就为他的阅读提供了方便。平日里,他随便抽出一本书就读起来。读书,在那个时代曾经是禁忌。可是越是禁忌,越会引人好奇,人们的兴趣也越大。叶兆言说:"还是那句话,我所以入迷小说,最直接的动机仍然是大人不让看。就像禁毒一样,如果不能从来源上一刀切断,禁毒的成效肯定大打折扣。我成天睡在书堆里,因为房子太小,原有的书橱放不下,许多书只好堆放在地上,一伸手就可以拿到,要我像太监一样,成天面对后宫成群的美女不动心,显然不现实。"②当时他的父母经常下乡"体验生活",也无暇顾及他。于是叶兆言就徜徉在犯禁的乐趣中。有一次,他的父亲搞突然袭击,可是隔着窗子看到自己的孩子在一边看书一边抹眼泪时,自己也不忍呵斥他,轻轻敲了敲窗子离开了。高中毕业后,叶兆言在一家工厂当了钳工,除了上班之外,他唯一的消遣就是读书,什么书都看。当时没有电视,没有流行音乐,没有体育比赛,读书成了"杀时间"的最好方式。当时叶兆言并没有想到过要考大学,考研究生,读书不过是为了消磨时间。这种阅读状态真的应了那句老话,"无聊才读书"。待他进入大学后,老师给他们开了一个很长的书单,他发现书单中的大部分书他都看过。

"文革"对文化的全面控制和破坏是史无前例的。那样一个文化荒芜的年代却为叶兆言提供了拒绝诱惑、专注于读书的氛围,让他在父亲的

---

① 苏童:《叶兆言印象》,载《文学角》,1989年第1期。
② 叶兆言:《名与身随》,时代文艺出版社2006年版,第123页。

大量书籍中徜徉。历史总是这么吊诡。特殊的时代、文化世家的积淀似乎都在着意玉成这个未来的作家。

三、走上写作的道路

1980年，文艺刊物《雨花》上面，正式发表了叶兆言的第一篇小说。其实，在此之前，叶兆言也曾在一本民间刊物上面发表过小说，那本刊物的名字叫《人间》。

《人间》是一本地道的民间刊物，发起人是叶兆言和他从小就相识的朋友们。刚开始分两批人马，"一批是写东西的，如顾小虎、李潮、徐乃建、黄丹旋、吴倩，另一批是画画的，如刘丹、朱新建、丁方、高欢、汤国"①。后来这些人在文坛或画坛都有成就。叶兆言坦诚直陈："办刊物实在不是桩容易事，我们那时候个个阮囊羞涩，而且都缺乏动手能力。刻钢板天经地义是由画家们承担了，对于这些未来的大画家们来说，刻钢板自然有些委屈了他们。办油印刊物，画家们除了刻钢板，刻那些线条最简单的插图，没任何用武之地。此外，要去买纸，买油墨和订书机，乱七八糟的事多得不堪设想。"《人间》只办了一期就办不下去了，主要原因是没稿子。叶兆言说："当时作为两大主力的李潮和徐乃建，都因为外面约稿太多，自己写的小说在不在《人间》上发表无所谓。民间刊物的宗旨说穿了很简单，主要是为了发表那些公开出版的刊物上发表不了的东西，一旦大家的发表渠道畅通，民间刊物的气数就到了头。"《人间》的唯一一期上，一共刊登了四篇小说，其中一篇《傅浩之死》是叶兆言写的。这其实应该算是他发表的第一篇小说。小说"写一个书呆子分分的人物，在文化大革命中，因为喝酒说了一些不该说的话，被别人向造反派告了密，酒醒以后，吓得半死，于是决定自杀，他跑到了一座悬崖边上，在跳崖之前，把赶来的

《雨花》1980年第10期

---

① 叶兆言：《名与身随》，时代文艺出版社2006年版，第113页。

造反派痛痛快快地骂了一顿,越骂越痛快,结果有人从悬崖后面爬了上去一把抱住了他,他没死成,然而因为积累在心头的怨恨已发泄了,竟然不想死了,决定好好地活下去"。

编辑《人间》时,"文革"刚结束,叶兆言正在南京大学就读。他后来感动地说:"我非常怀念《人间》时期,一本印得很糟糕的《人间》,记录了我的文学青年时代。那是一个躁动的不安分的时代,充满了生气和活力。"

联系中国当代文学发展的历程,会发现《人间》时期即20世纪70年代末,是一个思想极其活跃,民间刊物不断涌现的时段。其中最著名的是1978年底北岛等人在北京创刊的《今天》杂志。从这样的大背景看,《人间》时期作为叶兆言文学活动的一个重要节点并非偶然。也正是从那时开始,叶兆言将创作的兴趣转移到了小说。

叶兆言在所谓公开刊物上发表的第一篇小说是《无题》。《无题》发在《雨花》1980年第十期上,署名邓林。当时《雨花》正准备推出一期江苏青年作家专号,叶至诚将这篇小说给了负责编专号的老朋友高晓声。高晓声看过后感觉写得还可以,就是字迹太潦草,发表前又由叶至诚重抄了一遍。一个小小的细节,还是透露出父亲对叶兆言文学事业的默默支持。

叶兆言又在1980年《青春》的第十期上以本名发表了《舅舅村上的陈世美》。叶兆言觉得相对于《舅舅村上的陈世美》来说,《无题》写得还不错,就将这篇小说寄给了他的祖父叶圣陶。叶圣陶后来回信给叶兆言,肯定了这篇小说。从1980年10月到1981年3月,不到半年的工夫,叶兆言连续发表了五篇小说,用了三个笔名。这让他倍感兴奋,不由得憧憬着:"在未来的日子里,将有好几个都是属于我的名字在文坛上大红大紫。人们将惊喜地发现,原来谁谁谁,谁谁谁,还有谁谁谁,都是我。"

可是好景不长,接下来的五年,叶兆言没有发表一篇小说。叶兆言说:"退稿实在是一种磨难和不幸。我的信心打了很大的折扣,在频频退稿的日子里,我总有一种自己犯了错误的恐慌,写小说对于我来说,逐渐变成了一桩赌气的事,我把所有的退稿收集在一起,挑了一个好日子,统统寄出去,然后带着惆怅的心情,愁眉苦脸地等待小说鸽子似的一个接一个飞回来。再寄出去,再飞回来,如此不断循环,周而复始。时来运转的美梦做多了,我对写作的前景如何已无所谓。退稿退多了,我一赌气,干脆就把稿子放在抽屉里。"①对于叶兆言的"退稿运",他的父亲叶至诚说过:"八十年代初(也是兆言学写之初),他只是在《采石》《青春》和《雨花》上发表过几个不怎么起眼的短篇,接着就一连交了好几年的'退稿运'。往往初审二审都表示肯定刊用了,三等两等,结果又退了回来;使他不能不喟叹:'跟同辈朋友们比比,我发个东西就是这样不顺。'我从来认为当作家绝不是非此不可的事情,不大在创作上给人家鼓劲打气,对自己的孩子同样如此。另外,我还觉得从事文学就跟对待爱情一样,全靠自觉自愿,谁也干预不得;如果确是真心所爱,即使百折千挠,也会千方百计不肯罢休,如果并没有这番诚意,就此丢手也没啥不得了。"②

  1985年发表在《钟山》上的中篇小说《悬挂的绿苹果》,改变了他一直被退稿的命运。这篇小说是在叶兆言准备硕士论文期间写的,发表后引起了圈内人士的关注。王安忆和阿城对这篇小说给予了很高的评价,陈思和与杨斌华还为这篇小说写了评论。后来《悬挂的绿苹果》得了《钟山》文学奖,还被提名为全国中篇小说奖的候选篇目。此后,叶兆言的创作一发不可收拾。时至今日,作为一名多产作家,其成就有目共睹。

---

① 叶兆言:《名与身随》,时代文艺出版社2006年版,第116页。
② 叶至诚:《至诚六种》,人民文学出版社2010年版,第39页。

第十六章 叶兆言的文学创作

◎

叶兆言的文学成就主要集中在小说和散文两大领域,因此我们将对叶兆言的小说创作与散文创作分而论之。

一、"亦俗亦雅":小说家叶兆言

叶兆言的小说大多是从平民视角表现世俗人生,平静叙述的背后隐含的却是生命的苦痛、苍凉,以及作家对生命相关命题的严肃思考。这里,俗与雅在叶兆言的小说中往往被很好地糅合在一起。

2001年,广西师范大学出版社出版了三部叶兆言的中短篇小说选集,题名分别为《儿歌》《挽歌》和《艳歌》。这三个名称似能体现叶兆言小说创作的主要题材与不同风格类型。我们不妨以此为线索对叶兆言小说的创作进行一个大致的梳理。

(一)成长的哀歌:"儿歌"系列

叶兆言的童年和少年时期是在极端荒诞的政治年代中度过的。儿时的他曾目睹父母遭受批斗的场景,自己也有过遭受侮辱和冷遇的经历。

那些不可磨灭的记忆促使作家深入关注儿童的情感世界并将之以审美的形式加以表达,从而形成作家的"儿歌"作品系列。在这些作品中,作家书写的往往是儿童成长的哀歌。比如《没有玻璃的花房》是一部有关"文革"记忆的成长小说。正如叶兆言说的:

> 我童年的记忆一度淹没在人造绿色海洋之中。那时候,所有人都好像刚从战场上下来,一个个穿着土法印染的绿军装,左臂上戴着鲜艳的红袖标,红袖标上印着黄字。红袖标和黄字点缀着扎眼乖戾的绿军装,在成片的绿色背景下,到处挂着大喇叭,空气中荡漾着语录歌,流动着含糊不清的口号。①

小说以此为背景拉开了"文革"叙述的大幕,讲述着戏校大院的孩子们在那个特殊历史时期发生的种种故事:这群孩子在批斗唐老太的游戏中导致了唐老太的最终自杀;木木对其父母的无意揭发导致其父母被劳动改造,自己只得寄人篱下;木木的父亲李道始与母亲林苏菲反目成仇,继而离婚;李道始在劳改所的堕落与自暴自弃;情窦初开的张小燕对有妇之夫马延龄钟情;造反派组织中好派与屁派的暴力对抗;吕文被枪毙;木木与父亲情人的暧昧纠葛等。就像小说题目"没有玻璃的花房"所象征的:花房是成长的地方,但玻璃已被打碎,木木那一代人就成长在那样恶劣的环境中。荒诞世界中的荒诞现象以及孩童的荒芜成长。

值得注意的是小说中儿童视角的采用。这往往会增强文本的回溯意味,凸显抒写记忆的特征。这部小说以"木木"的眼光来打量周围人们的荒诞行为,正如有学者曾指出的:"成年人的历史经验借助儿童叙述的现场感得以共时性地展开,而儿童叙述的现场感又掩盖了小说中的后设事实,从而使得小说更具有一种感性色彩,更带有一种阅读趣味,文本价值也就此得以凸显。"②

---

① 叶兆言:《没有玻璃的花房》,载《收获》2002年第6期,第125页。
② 张春红:《暴力狂欢下的成长记忆——论叶兆言小说〈没有玻璃的花房〉》,载《中北大学学报》(社会科学版)2013年第5期,第86页。

叶兆言还有一些作品虽然没有直接以"文革"为背景,却依然表达了作家对未成年人情感世界的关注。

《儿歌》讲述了一个寻找缺失了的亲情的故事。7岁的小纳没有妈妈,一直是外婆在照顾他。对于妈妈的死,他一直很怀疑。呆子是楼下的一个弱智的小伙子,他经常和小纳一起玩。有一次他扬言要带小纳去看妈妈,呆子将小纳带上一幢正在装修的高楼的楼顶,让他看远处的菜场,并告诉小纳,他的妈妈就在蠕动的人群中。小说最后写到小纳到了菜场上,他真的看到了一个穿黑连衣裙的女人,"黑连衣裙女人和小纳设想的一样,一样的漂亮,一样的亲切。她回过头来,眨眨明亮的眼睛,充满爱怜地一笑,低下头,一边和鱼贩子讨价还价,一边拎起条活鱼往秤盘上摔。哐啷一声,鱼反弹下来,水哗哗地响。忙乱的手又把鱼放好。"①可是因为鱼贩子和毛毛妈妈的出现,"黑连衣裙的女人顿时无影无踪",他视线中的"妈妈"永远消失了。这个梦如此美好,却又如此脆弱,读之,让人怅然!

《小春天的歌谣》这篇早恋题材的小说表达了作者对待人性、人情的包容与理解。主人公唐人在高考前三个月竟然和年长自己十二岁的小舅妈朱婧私奔了,但是,私奔并不是解决情感问题的方法,半个月后,还是朱婧决定和自己的小情人分手,唐人又回到了学校。小说中写到朱婧从现实角度出发,希望唐人考上大学,她认为只有考上大学才有出息。而唐人说:"我们相亲相爱,永远在一起,就这样,又有什么不好。"这句话并不是唐人的违心之词。那个年龄的孩子还没有被这个时代所腐化,他们还保持着纯真,还保持着对爱情的热情。和唐人相比,朱婧毕竟成熟许多,现实的阻力使她最终放弃了这段梦幻般的爱情。

叶兆言并没有按照世俗的观念处理此篇小说的结尾。小说中写到,考虑到学生的前途和校方的名誉,学校并没有开除唐人。两个月后,唐人参加高考,成绩超过"一本"分数线,被一所重点大学录取。这个光明的结果被作家很自然地加以叙述,从中透露出叶兆言看待情感的态度,他发

---

① 叶兆言:《儿歌》,广西师范大学出版社2001年版,第11页。

掘的是人类内心残存的对爱情的诉求与憧憬,而并非世俗意义上的对这类"不伦之恋"的谴责。

不论成长带给一个人的是疼痛或是美好,时间的淘洗都将使那段过往的时光生发出不尽的意蕴。

(二)个人眼中的历史:"挽歌"系列

"挽歌"系列,是叶兆言全部创作中极为重要、成就最高的部分。叶兆言自己也明确说过:"我的所有的小说都可以叫作'挽歌',它是我写作的基调,也许我一辈子也不会改变这个基调。""这里面也许包含了一个计划,或者说是一个野心很大的构架。我想通过'挽歌',把我想象和把握到的世界收集于一个总体的构图中。'挽歌'作为世界构形,也许它在我的写作中具有原型形式的作用。"①从中可以看出,叶兆言对"挽歌"的抒写其实关涉到三个层面的问题:题材类型的选择、小说文本的叙述方式以及背后隐伏的历史观念。

在题材类型的选取上,"挽歌"系列小说将写作的重点放在民国、抗战、"文革"三个历史时期,且基本都以南京作为创作背景。

叶兆言民国题材小说中最著名的就是他的"夜泊秦淮"系列。历史悠久、钟灵毓秀的南京孕育了其独特的金陵文化,生于斯、长于斯的叶兆言对此情有独钟,这极大地影响了作家对创作题材的选取。

"夜泊秦淮"系列包括《状元境》(1987年)、《追月楼》(1988年)、《十字铺》(1990年)、《半边营》(1990年)四篇小说,均以民国时期南京风物人情作为题材。《状元境》讲述了民国初期张二胡与三姐之间的啼笑因缘。《十字铺》讲述的是在北伐战争时期季云、士新两位男子与姬小姐的三角恋爱。《追月楼》刻画了一位在抗战时期仍葆有民族气节的民国遗老丁老先生的形象。《半边营》则讲述了刻毒的华太太是如何摧残自己的子女的悲剧。

叶兆言说:"《夜泊秦淮》的创作完全偶然,计划中该有五篇,都是老

---

① 叶兆言,费振钟:《作家的尺度》,载《萌芽》1994年第9期,第54页。

掉牙的故事。用了测字先生的伎俩,从每篇末一字中勉强凑成金木水火土之数字。"①他最初的创作设想是:"一、写尽旧小说。根据对旧小说故事形态的掌握加以发掘与拓展。二、以夜泊过程中五个景点互相独立又互相连缀为整体。这五个景点是状元境、十字铺、半边营、追月楼、桃叶渡。三、《状元境》写性,《十字铺》写官场,《半边营》写女人,《追月楼》写气节,《桃叶渡》写禅。"②但是后来作家放弃了《桃叶渡》的写作。

研究叶兆言的小说,"夜泊秦淮"系列是一个绕不过的存在。"夜泊秦淮"系列小说一经发表,即引起了评论界的关注,很多评论者都注意到"夜泊秦淮"系列之于叶兆言创作的标志性意义。丁帆早在 1995 年就将叶兆言的"夜泊秦淮"系列看作他小说创作的两种主要类型之一。③王德威在此系列小说中看到了叶兆言对世情的描摹之长。④陈思和则从叶兆言的整体创作转变中,将"夜泊秦淮"系列看作叶兆言三步追求(由写实转入写史再转入怪诞)的第二步追求。⑤虽然他们分析的角度不同,但都不约而同地肯定了"夜泊秦淮"系列小说的成功。可以说,"夜泊秦淮"系列是叶兆言小说创作中具有里程碑意义的作品。

"夜泊秦淮"系列中的叶兆言建构的民国史,它喧嚣但不混乱,凝重而不失典雅,表达了他对那段旧梦的追寻与缅怀。而 1937 年抗日战争的爆发,南京大屠杀的惨痛记忆,是不可能让土生土长的南京人叶兆言无动于衷的。他的《日本鬼子来了》(1991)、《最后一班难民车》(1991)、《夜来香》(1994)、《1937 年的爱情》(1996)、《古岭事件及其他》(1995)、《风雨无乡》(1995)等小说就是与此段历史相关的创作。

除了追怀先烈的抗战伟绩,痛斥日本人的残忍与杀戮外,叶兆言此类创作最引人注目之处还体现在两个方面。

一是超越简单的民族仇恨,借助战争省思民族痼疾。如小说《古岭事

---

① 叶兆言:《夜泊秦淮》,浙江文艺出版社 2000 版,序言第 3 页。
② 朱伟:《〈夜泊秦淮〉杂记》,载《读书》1991 年第 3 期,第 29 页。
③ 丁帆在《跋叶兆言的〈去影〉》(《中文自学指导》,1995 年第 4 期)中指出:就目前的状况来说,叶兆言的小说可分为两大类:一个是"夜泊秦淮"系列;一个就是"现代生活"系列。
④ 王德威:《艳歌行——小说"小说"》,载《读书》1998 年第 1 期,第 36~43 页。
⑤ 陈思和:《在社会理性准则以外》,载《雨花》1989 年第 8 期,第 76~80 页。

件及其他》。故事讲述的是1939年由范一声组织的青年慰问团去前线慰问。经过古岭时,一名女团员被国民党的宪兵以汉奸罪拘留。在拘留期间,她被一个刘姓副排长强奸。叶兆言在写作缘起中谈道:"我自然是不会忘记国耻的。'国耻'是一个很难说清楚的话题。我想提到国耻,不应该仅仅理解成为我们打不过别人,理解为我们的人民被别人屠杀,理解为我们的女人被别人蹂躏。如果仅仅是这样,那么我们去屠杀别人,去蹂躏别人的女人,便成了直截了当的报仇雪恨。国耻可以牵涉到方方面面,可以从不同的入口进入。古岭事件也许就是这样的一个入口。"①故事的讲述不只停留在暴露日军的残暴,批判侵略战争的不合理性的层面,而是试图从更深的生命关怀的角度,去反思人与人之间的戕害,揭示人性的某种黑暗与丑陋。

二是借助战争的极端情景,表现人性的复杂和对命运的思考。如何展示和处理人性的复杂,是检验小说深度的试金石。如《日本鬼子来了》这部小说,叶兆言相对细致地讲述了阿庆嫂与日本兵三良的故事:阿庆嫂被日本兵糟蹋了,那个曾经侮辱阿庆嫂的日本兵三良竟对她产生了一种特殊的情感。小说中写道:

当桃花落尽,桃树上结满纽扣一般的小桃子时,日本鬼子三良,在大家的印象中,已经不完全是那个万恶不赦的恶魔。孩子们见了他,便追在后面讨糖吃,大姑娘小媳妇单独见了他,依然还有些本能的怕,但是谁也不会再犯傻躲起来。大家对他的敌意越来越少,事实上他的存在并不对村上的其他人构成什么威胁,尽管他的面目可憎,甚至笑起来也怪模怪样,他充其量只是阿庆嫂的一个公开的情人。

在民族仇恨的背后,小说呈现出人性隐秘的一面。

《夜来香》(1994)写了一个凄美的故事。叶兆言表现了在抗战背景下人性的诗意言说。抗日战争时期,体育老师的妻子蕙患了肺结核,在一

---

① 叶兆言:《日本鬼子来了》,人民文学出版社2012年版,第284页。

个夏天去世了。"夜来香",是蕙生前最喜欢的一种花。小说讲述了痛恨日本人的体育老师在面对被俘虏的日本飞行员时,同情和怜悯情不自禁流露出来,他甚至亲自喂食给俘虏。小说写道:

> 被俘虏的飞行员眼睛里流露出了感激,跪在那,一口接着一口地吃着,噎得喘不过气。同学们都围了过来,用好奇的目光看着他们的俘虏吃。他们的俘虏在孩子们的注视下,显然觉得有些不好意思,目不转睛地看着眼前的煎饼,突然眼眶一湿,滚下了几粒泪珠。那泪水在满是泥垢的脸上,冲出两道明显的痕迹。

作家在小说结尾部分提到《夜来香》这首歌,《夜来香》的歌声与体育老师妻子蕙喜欢的"夜来香"花互相呼应了。残酷血腥的战争背后的人性的温暖的抒写,无疑表达了叶兆言对待战争与人性的复杂本相的正视与探索。叶兆言于宏大历史叙述中的细部展示,撩开了复杂人性的面纱。

"文革"带给这个文学世家的影响是巨大的。家庭的变故、父母的遭遇、个人的成长都给叶兆言留下了难以磨灭的痕迹。不过,就像叶兆言书写"民国"与抗战,他的"文革"书写同样避开了宏大叙述,于普通人的生活细节中开掘极端年代中的人性意蕴。小说《一号命令》(2012)就是这样一部作品。

"一号命令"又称"第一号号令""林副主席指示第一个号令"等。1969年国庆前夕,毛泽东号召全国人民做好战争准备。由此,林彪将战备命令下达全军,这就是所谓的"一号命令"。

但是,从这部小说所讲述的内容来看,却与人们由书名所想象的大相径庭。这部小说只是将"一号命令"的发布作为背景,呈现的是那个年代普通人们的生存境遇与情感状态。小说主要讲述了一个叫赵文麟的"老男人寻找自己的初恋记忆,寻找失去的东西"的故事。某些细节的讲述往往最能透露出作家的价值判断,比如,小说讲到高奶奶面对疏散时的态度时写道:

闲谈中无意说起了疏散,她说有地位有身份的人才会为这事操心着急,我们老百姓就没这个烦恼,就是有烦恼也烦不了。又说起当年的旧事,说想当年日本人要来,还不是说来就来了,可怜南京城乱成一片,鸡飞狗跳,那时候的老百姓还能往哪跑,有钱的人走了,当官的走了,读书识字的人也走了,把我们老百姓都留给了日本人①。

与此同时,赵文麟的家乡"白马湖根本感觉不到大战即将来临的气氛,有线广播里也在唠叨,也说要提高警惕,要防止帝国主义和社会帝国主义的入侵,也说要深挖'五一六',要把'无产阶级文化大革命'进行到底,可是这些标语口号,也就是一些老生常谈,与乡间的平静生活似乎没有一点关系"②。似乎外界发生的一切重大事件都威胁不到这些人的日常生活,他们有自己的生活节奏和步调,过好自己每天的日子对他们来说才是最踏实的。这才是最真实的历史事实,这种历史又可以说是民间的历史,而真实的历史却很容易被宏大叙述所遮蔽。

正如叶兆言说的:"我不喜欢将'文革'的书写庸俗化。如果我们今天可以心平气和地谈谈这个事,可能会触及那个时代的更多的东西。作家有作家的敏感,我的文学观也这样,怎么写?我想还原成老百姓的视角去写。"③其实,作家的夫子自道可以看作他"挽歌"小说系列的一贯特点:借用宏大的历史背景表现历史褶皱中小人物的悲欢,关注民族动荡中人物的心魂与命运。

关于小说文本的叙述方式,"挽歌"系列小说也有着自己独特的选择。在叙述节奏的控制上,叶兆言声称:"永远反高潮"——"我的叙述可能经常是在别人用心处不用心,在别人不用心处用心,因此会出现突然的断裂和省略,也会出现大幅度的纵笔细描,我永远反高潮。"④这种观念在"挽歌"系列小说中得到了充分的运用,从而使作家的笔触探入到历史的

---

① 叶兆言:《一号命令》,江苏文艺出版社2013年版,第47页。
② 叶兆言:《一号命令》,江苏文艺出版社2013年版,第127页。
③ 张瑾华,郑琳:《他"很久以来"的旁观》,见2014年1月26日《钱江晚报》。
④ 林舟:《写作:生命的摆渡——叶兆言访谈录》,载《花城》1997年第2期,第100页。

更深、更细处。从叙述节奏、叙述人、叙述结构的选择和处理上,不难看出作家始终契合着他的"挽歌"题材的取材特点。这种看似随意、平缓的叙述模式更适于表现宏大历史叙述中的细节,表达对时代风云中"小人物"的喟叹与思考。

此外,作为与挽歌相伴生的特性,"死亡叙述"在叶兆言的创作中非常引人注目。例如,叶兆言写过四部名字皆为"挽歌"的小说(结集出版时,四部小说分别改名为《殉情》《殇逝的英雄》《战火浮生》和《奔丧》)。从内容、情节上看这四部小说虽无关联,但都氤氲着浓郁的死亡气息。《殉情》中李欣的殉情,《殇逝的英雄》中老人向死的生命意志,《战火浮生》中昔日改革者与落魄文人的"死亡",《奔丧》中外祖母的丧事。尤其《殇逝的英雄》这部小说所透露出的压抑与感伤让人久久不能释怀。小说中的那位老人,因为年轻时的一次打击,将还没满30岁的自己推向了"死亡"的深渊,从此他的生存就成了向死的"活",似乎只有生命的终结才能摆脱那种苦痛。人物身上的死亡意识时时搅动着读者的心灵,让人深切体味到"死亡"的沉重。"死亡"在这些小说中富有了象征意味,由此,叶兆言的"挽歌"抒写也变得深沉、厚重起来。

"挽歌"基调所隐含的是经过作家调和之后的历史观,即一方面它是对历史富于同情的贴近,叶兆言"在技艺上极力变化,最终都可归结为对历史时间的反复探索和深度沉迷","'挽歌'有一种重新回到远逝的时间形式当中的生动意味"[①];另一方面,叶兆言又将具有先锋姿态与解构意识的时间观念糅合其中。在历史观念的处理上,体现出一种"中庸"的姿态。

祖父叶圣陶所代表的民国知识分子的生活方式与思想观念,父亲叶至诚那一代知识分子跨越新旧两个时代的坎坷经历,于是祖辈、父辈两代知识分子命运的比较,为作家建构历史提供了重要的题材资源与情感依据。这使叶兆言带着"理解的同情"来看待过往的时光,与戏说历史所一味体现的或者虚无、或者激进的先锋姿态拉开了距离。

---

① 叶兆言,费振钟:《作家的尺度》,载《萌芽》1994年第9期,第54页。

从这样的思路出发,可以在叶兆言的创作中发现不少其祖辈和父辈那个时代知识分子的身影,例如小说《杨先生行状》的原型是叶兆言祖父的好友杨义;《追月楼》中丁老先生形象的塑造,《最后一趟难民车》源自祖父那一辈人的逃难经历;小说《夜来香》折射着作家父亲叶至诚童年的影子。所以,叶兆言"实际上是借助于'历史'而去展示一种传统文化存在,从而进一步传达出他对于传统文化存在状态的一份深沉的情思"①。叶兆言在描述历史、批判传统文化时分明流露了某种留恋、追缅,甚或欣赏的复杂心情。小说对于秦淮的历史掌故、民俗风情、人情物理的细腻、准确把握与描绘是他此种复杂情绪的最好注脚。

"挽歌"系列小说的历史指向又不同于传统意义上的历史小说。在这里,历史的必然性以及对其权威的价值判断变得模糊,取而代之的是对充满偶然性、碎片化的大量历史细节的展现,一直以来被看作具有本质特征的"历史"被消解。例如《状元境》无意描绘整体的民国风情,张二胡与三姐之间的因缘纠葛构成了小说的主体。英雄的出现、司令部的设立、改朝换代后的民国等只是为故事的进展及人物命运的转变提供了某种契机,比如"英雄"这个人物之于张二胡的意义,则是促成了张二胡与三姐的"啼笑因缘"。叶兆言无意于塑造历史中的英雄,"英雄"的设置只是为了营造当时的历史氛围及为故事的发展做铺垫。《十字铺》中,季云的遭遇只是为士新、姬小姐和他由三角恋爱关系转为正常的两人恋爱提供机会。《追月楼》虽然有明确的时间指向,并且抗战的背景似乎时时影响着世态的发展,凸显着丁老太爷的忠义之心,但叶兆言无意纠结于丁老太爷的选择与抗战背景有何必然性的联系。《半边营》还是将故事的发生时间放置在抗战时期,但小说同样也避开了宏大叙述。

由此,我们看到叶兆言眼中的"历史"被作家以自己独特的方式进行了极具个人化的表达:"由于叙述的参与,历史不再是一个实在的存在,而是被符号所呈示的能指。因而,附丽于历史的价值,也就成为一个可以质疑的对象。人们有理由质问,历史价值是客观的吗?它是有效的吗?它

---

① 高松年,沈文元:《论叶兆言的"夜泊秦淮"系列小说》,载《杭州师范学院学报》1997年第2期,第42页。

真能对现实发挥作用吗?"①在此系列小说中,叶兆言试图突破历史价值单一化认定,这就像他自己所说的:"我看问题就是这样,总是处于混沌的游移的状态之中,难以非常准确地确定什么,不相信绝对和唯一;这也就是我看世界的态度。所以我非常喜欢'圆''磁铁'这样的概念所包含的意味。"②

(三)饮食男女:"艳歌"系列

叶兆言"艳歌"系列小说不再抒写回忆,表现的是当下生活中世俗男女的情感纠葛与婚姻家庭。他的这类小说,"立意避雅趋俗,颇有放下身段,与民同乐的意思"③。我们可以从三个方面看待叶兆言这类小说的创作。

一是婚姻危机与爱情规则。婚姻或许就像钱锺书在小说《围城》中所形容的:结婚仿佛金漆的鸟笼,笼子外面的鸟想住进去,笼内的鸟想飞出来。叶兆言的部分小说即围绕于此,展现了婚姻之于男女情感的束缚与伤害。

《艳歌》(1989)这部小说反映了结婚后夫妻之间那种错综复杂的关系,夫妻双方由于不理解和误会造成的无奈甚至互相伤害。大学时期历史系的迟钦亭经同学介绍与中文系的沐岚开始恋爱,虽然有重重阻碍,比如家庭出身、工作问题等,但最后他们还是如愿以偿步入婚姻的殿堂,过起了自己的小日子。事实是,当他们之间由恋爱关系转化为婚姻契约时,诗意的爱情被凡俗的日常琐事彻底消解,剩下的即是无爱的婚姻,虽然他们试图缓解这种紧张的关系,但种种阴差阳错注定了他们努力的失败与徒劳。

如果说《艳歌》中的婚姻悲剧更多地让我们看到了日常化的生活状态对婚姻的瓦解与破坏,那么《别人的房间》(1998)则将破坏力量具化为房子的困扰。《别人的房间》开头引用杜甫《茅屋为秋风所破歌》中"安得广厦千万间,大庇天下寒士俱欢颜,风雨不动安如山"的诗句,意味深长。

---

① 周新民:《叶兆言小说的历史意识》,载《小说评论》2004年第3期,第36页。
② 林舟:《写作:生命的摆渡——叶兆言访谈录》,载《花城》1992年第2期,第102页。
③ 王德威:《艳歌行——小说"小说"》,载《读书》1998年第1期,第36页。

过升与孙敏因为没有属于自己的房子,而差点离婚。"过升觉得自己一生中,最不幸的事情,就是永远生活在别人的房间里。"①"别人的房间"成为过升摆脱不掉的梦魇。因为"别人的房间",过升与孙敏结婚八年都没有要孩子,夫妻也常常因为房子的问题而怄气。结婚后,他开始为房子的事奔波,将希望寄托在单位分房上,可是最终未能如愿。妻子又发生了出轨事件、堕胎事件,种种的打击将过升逼迫到了绝望的边缘。所幸,过升从打击中走了出来,隔壁夫妇的搬离给他们无望的生活提供了些许亮色。

在叶兆言此类型的小说中,除了将婚姻危机归咎于凡俗的日常生活的消磨外,他还将目光投射于男女双方的情感状态。在这些小说中,展现了这些已婚男女演出的一幕幕婚姻悲喜剧,试图从中找寻到所谓的"爱情规则"。《爱情规则》(1993)中的陈先木徘徊在妻子李爱丽与情人莎莎之间,他承认自己既爱妻子又深深地爱着莎莎,虽然他又承认有时候挤在两人中间有些力不从心。可是,当必须面临抉择的时候,他还是会义无反顾地投入到妻子的怀抱。《别人的爱情》则明确提出了对爱情的见解:"爱情是什么,爱情就是爱上一个你不应该爱的人。爱往往没办法通过爱来表达,于是就反过来,以不爱的形式来表现爱。要记住我讲的那个简单的公式,爱就是不爱,爱就是背叛。"小说中尽管杨卫宇一直在背叛陶红,但是陶红始终爱着他,这反倒突出了陶红的爱,而深爱陶红的钟夏还没来得及得到陶红全部的爱就出车祸身亡,又印证了钟夏的爱。真爱似乎只能在阴错阳差中得到淋漓尽致的展现。

二是感情世界中的男人和女人。通观叶兆言书写情爱的小说,其中的女人形象通常都是积极主动、情感热烈的,而男人形象不是软弱自私,就是不负责任。叶兆言将美的光环赋予他小说中的女人,由此对比出男性的丑陋,具备了更多的文化批判意味。在《别人的爱情》中,叶兆言说道:"爱情应该是一种动力,一种能量,爱情应该使对方发生质的变化,爱情应该使对方向好的方向发展。爱是一种拯救,是一种为拯救做出的努力。"叶兆言有些小说中的女性形象兼具母亲、妻子与情人,她们试图扮演

---

① 叶兆言:《关于厕所》,人民文学出版社2012年版,第260页。

拯救者的角色,但从更深的根底上看,我们又发现了人性的某些局限。

此种意识在小说《去影》中体现得最为明显。《去影》(1990)中的迟钦亭17岁时进入工厂上班,跟随师父张英干活,张英对他很关照。正值青春期的迟钦亭喜欢姐姐的好朋友青青,但青青显然只把他当弟弟看待,爱情的受挫深深打击了迟钦亭。迟钦亭的年龄正处在性意识萌动的时期,他对女人有一种强烈的欲望。他甚至悄悄地刮开车间的白漆玻璃,偷窥工厂女工洗澡。师父张英最先发现他的秘密,但是她选择了包容和原谅,她扮演了母亲、看守、医生的角色试图拯救自己的徒弟。一句"我是你师父,小迟……我,我有责任"包含着无尽的柔情与宽容。张英满足了迟钦亭对女人的好奇,成为他生命中第一个女人。张英是真心甘当拯救者的角色吗?当有人给迟钦亭介绍女朋友时,张英虽然不情愿但也不能有所表示。叶兆言在小说中不无讽刺地写道:"事态发展的顺利出乎大家预料,张英明摆着连争风吃醋都来不及。事实是她尚未撕下媒人的面具,迟钦亭和亚红已经毫不含糊相互中了意。自己的徒弟这么快另找新欢令人哭笑不得。"针对张英成为迟钦亭与亚红之间忠实的传递员,小说还直言不讳地写道:"张英扮演的滑稽角色可以体会到另一种崇高。"对于徒弟的另结新欢,张英显然充满了妒意,但她又只是默默地为迟钦亭付出,试图挽回他的心。如此形象全然消解了张英自以为的"拯救"意识和自我崇高感。由此,小说中的一段话颇为意味深长:

作为一个充满母性温柔的伟大情人,虽然有时那种欲望被他孩子气的举动挑拨得难以自持,仿佛迷途的羔羊在茫茫的草原徘徊,又好像脱缰的野马受了惊却无路可走。她一向认定是因为她的无畏献身,有效阻止了迟钦亭的进一步堕落。……这样的牺牲难免非议风险,对于一个婚后生活极为和谐的女人来说,在完全排除了自身性欲的前提下,拯救了一个处在深渊边沿孤立无援的小伙子,张英觉得自己的行为无懈可击。

叶兆言不动声色地审视了这段情感背后的更为隐秘和复杂的本相,不禁让我们怀疑人性深处是否是光亮。事实上,张英并不能拯救任何人,反倒使迟钦亭与自己都陷入了尴尬的境地。小说最后写到迟钦亭参加高考成功考上了大学,此时他才觉得出了口恶气,"过去的痕迹淡化成一种记忆,淡淡的,永远抹不去,淡淡的,永远不会再清晰"。对于他来说,他终于从张英的生活中走了出来。

《采红菱》(1991)讲述了一个同样叫张英的女人是如何为一个叫林林的男人无私奉献的。张英是一家餐馆的老板,林林是他的小学同学,后来两人同居。张英为了使林林摆脱困境,负责起了他的饮食起居。随着时间的推移,两人越陷越深。小说中写道:

> 张英最初让我深深感动的,不是她在我最苦闷的时候陪我睡觉。一个男人在最困难的时候,难免梦想着女人的帮忙。女人天生是为了男人的存在而存在。我深深感动的是张英非常仁慈地陪我一同吃饭。我们一起吃那有辱身份的残羹剩饭,从感情上来说,好像是同上贼船同下地狱,临死也有了个垫背的。我从心里感受到一种踏实。

张英为了林林放弃了去美国的机会,可是林林曾经的出轨一直让张英耿耿于怀,因为一场误会,张英还是离开了林林。此时的林林才意识到张英在他心目中的重要性。叶兆言借林林之口表达了对爱情的见解:"过去,我感觉良好地觉得张英非常爱我,一旦失去了张英,我才明白,爱得更深的其实是我。……失去的东西永远比得到的多。"

张英后来又回到了国内,要与林林一同到国外。小说最后的内容虽然预示了张英和林林要死于飞机失事,但结局不重要,重要的是小说成就了一段爱情传奇,一个男人最终得到拯救并在心爱女人的带领下在感情上走向成熟。

叶兆言在小说中还塑造了痴情女子形象系列:《李诗诗爱陈醉》中的李诗诗,《小磁人》中的小磁人,《纪念葛锐》中的潘永美,《危险男人》中的郭晓伟等。这些痴情女子或默默奉献,或爱得执拗与决绝。

相比较叶兆言在小说中塑造的女性形象,他笔下的男性形象则与之形成了强烈的反差,他们卑琐、自私、软弱甚至毫无责任感。小说《榆树下的哭泣》中的李恩不懂得珍惜爱人;《危险男人》中的郑敬城是个软弱自私的小白脸;《李诗诗爱陈醉》中的陈醉对爱情玩世不恭;《捕捉心跳》中的侯德义游移在两个女人之间;《余步伟遇到马兰》中的余步伟欺骗了一个又一个女人。在叶兆言对这些男性形象的塑造中,也蕴含着作家有关人性、欲望、情感的深入思考。

其中小说《我们的心多么顽固》讲述的是知青时代的故事,但故事与知青生活无关,更多的是一个有关人性与欲望的故事。表面上这是一部误入迷途的人在爱人的帮助下重新走向正路的小说,但实际上"这是一部解读人的心灵秘史的小说,是写人的原始欲望被压抑和无限膨胀过程的小说,当然也是一部欲望和爱意相互纠缠彼此消长的小说"①。最终,小说指出人之为人的理性一面的重要。

《苏珊的微笑》(《小说月报》2010年第1期)则将一个男人的内心世界展示得淋漓尽致。叶兆言笔下的男性在面对情感热烈的女性时总是犹疑徘徊、瞻前顾后,他们最终丧失了把握真爱的机会。类似地,《情人鲁汉名》中鲁汉名是工厂的工人,蒋飞飞是他的师妹。虽然鲁汉名也喜欢蒋飞飞,但他没有勇气表达自己的情感。当鲁汉名下定决心与蒋飞飞在一起时已经晚了,从此蒋飞飞更加自暴自弃,但鲁汉名也无能为力了。甚至当他听到别人在背后糟蹋蒋飞飞时,鲁汉也没有勇气去辩护。小说最后写道:"这最后的勇气已一再让鲁汉名失去了好机会,因此他只好在梦中,反复梦见蒋飞飞刚进厂时的模样。梦中的蒋飞飞永远是漂亮的,美好的。"《夏日最后的玫瑰》留给阿潘的只是无限的怅惘与悔恨。

叶兆言虽然总是以批判性的眼光审视他笔下的男性,但有些篇章塑造了作者理想中的男性形象。最典型的莫过于《1937年的爱情》,小说中的丁问渔虽然自身有许多性格缺陷,但面对任雨媛时则表现了惊人的毅力和执着的精神;《雪地传说》中的马龙与胥海峰为了一个叫苏琼的女人而牺牲了生命,表现出了担当与责任;而《攀枝花》中的老万则以和风细雨般的爱默默地关注着女人攀枝花。

---

① 孟繁华:《长篇短论三题》,载《当代作家评论》2004年第1期,第145页。

叶兆言"艳歌"系列小说将婚姻、家庭、情爱的展现与尘世间的喧嚣和秽杂相糅合,既写出了这个特定领域中人性被物欲扭曲、异化后的悲哀和对生命意义的质疑,也融入作家对婚恋中种种情感状态与人物遭际的理解、包容与悲悯。这种对世态人生的审美关照在情感脉络上是与之前"儿歌""挽歌"作品系列的创作相一致的。

二、"亦自清而腴":散文家叶兆言

近十余年,小说家叶兆言表现出对非虚构类文本的钟爱,出版了多种散文随笔集,成就斐然。

从叶兆言目前出版的几部有影响的散文集《陈旧人物》《陈年旧事》《杂花生树》《南京人》《现实生活》可以看到,作家散文创作的题材领域非常广泛,从一座城市的历史风俗,到这座城市的日常生活、饮食男女;从文化名人康有为、梁启超等到政治人物如杜聿明、胡宗南等;从"地沟油的阴谋"到"新婚姻法解释",无不涉及。这些雅俗共赏,富于世俗情趣的取材,大大增加了叶兆言文章的亲和力。

叶兆言的散文切于实际而富有韵味。文学世家出身、南京大学七年的苦读经历形成了叶兆言较为深厚的学养与相对开阔的眼界,这使其文章尽去吟风弄月的浮华造作,时时处处透露出历史意识与现实关怀。比如,《康有为》一文对中国近代史上的这位赫赫有名的人物在民国前后的重要表现,对历史的复杂性做过深切的评述:"当时的有识之士深感大清朝的溃败,为了国富民强,在是否要改革这一点上,都站在他(康有为)一边。站在一边不等于完全认同,大家不过是站在同一起跑线上,想达到的目的却风马牛不相及。"文章接着举了陈寅恪的祖父陈宝箴、父亲陈三立,以及翁同龢的例子加以对证:"戊戌变法的草草收场使隐藏在改革派内部的种种矛盾尚未展开,就烟消云散。不仅如此,康有为自身的严重矛盾也被有效地藏匿起来。"民国以后,康有为支持张勋复辟,遭到临时大总统冯国璋的通缉,"康有为大怒,通电天下,以一连串无可辩驳的事实,揭露复辟之事,贼喊捉贼的冯国璋乃是真正的主谋。这一招击中要害,所谓通缉便不了了之"。对于康有为等这些历史人物,叶兆言自然无缘得见,作者只有通过间接的文字材料触摸和体味传主的思想情感。没有对相关文献全面深入的把握,这样的结论是不会轻易得出的,这充分"展现了叶兆言作为今日一个优秀作家难得的知识修养"①。

叶兆言散文体现出轻松平易的叙述风格又略带调侃的叙述语调,淡而有趣。这样的例子在叶兆言的创作中俯拾即是:

林语堂真赶上了个好时候,他是天生的生意人,知道如何经营。知道如何谈判,更明白摆谱的重要,一开价就是每月先预支三百大洋再说,那个牛呀,一般人还真学不会。②

一九〇〇年注定不安分,中国北方正闹着轰轰烈烈的义和团,有位老公子哥不得志很郁闷,冷冷清清地来到南京,打算在这里定居养老……
这位老公子哥便是散原老人陈三立。③

狗天生要吃屎,文人尤其是才高八斗的文人,似乎有干坏事的专利,有和女人调笑的特权。无情未必真豪杰,唯大英雄能本色,一头扎进脂粉堆里出不来,这样的江南文人可以找出很多。④

叶兆言的不少散文,还以时下语汇指称当年情景,这使文章变得更为亲切自然,比如:

清朝的郑板桥喜欢画竹,作为一名处级干部,衙宅中卧听萧萧竹,仿佛听到了"民间疾苦"之声。⑤

---

① 施战军:《作为文人:别种意义上的叶兆言》,载《莽原》2002年第6期,第34页。
② 叶兆言:《陈年旧事》,中信出版社2013年版,第168页。
③ 叶兆言:《陈年旧事》,中信出版社2013年版,第1页。
④ 叶兆言:《杂花生树》,上海书店出版社2010年版,第176页。
⑤ 叶兆言:《现实生活》,文汇出版社2014年版,第16页。

一想到苏东坡以及弟子一次次被流放,我的心就不由得受难。他们很像上个世纪五十年代的右派,有一腔热血莫名其妙地遭受文字狱,然后便一蹶不振,一下子打到社会底层,吃足了几十年的苦。①

话说天宝年间,刘长卿同学京城赶考,住进一家小温泉旅馆。正赶上玄宗冬狩,带着杨贵妃去华清池,那个浩浩荡荡的阵势,刚走出家门的刘长卿目瞪口呆。②

更重要的是,作家并不炫耀自己的博识睿思,而是"以学养和体验作支撑,侃侃而谈,不为知识、史料和经验、定见所奴役,融学问、见识、趣味、才情于一炉,成就一种通俗而不媚俗、家常而又高妙的'兆言体'"③。就像叶兆言在《康有为》这篇散文的最后写道:"把过错往文化人身上一推了事,这是统治者的惯用伎俩,袁世凯称帝出丑以后,玩的就是这一手。"历史的洞见却以平易俗常的言语道来,云卷云舒中颇显举重若轻的大度与分寸。

历史意识的产生,往往源自作家的现实关怀。例如:《不应该的建筑》对城市建筑合理性的关切;《什么叫GDP》对当下一味强调经济指标的质疑;《民国小学生作文》对如今小学生作文水平的忧虑。这些都体现了作家对当下的关切。

叶兆言散文在切于现实的同时,绝不峻急,而是从容之中韵味深厚。看似清浅平易的文字,隐含着作家情感的波澜,欲扬还抑的叙述节奏,往往力透纸背。

《吴宓》谈到大学者吴宓"文革"中的境遇时,平淡的语调中,有着并不平常的历史情绪。文章曾这样写道:

吴宓的寂寞常人难以想象,在并非如意的一生中,他没有像王国维那

---

① 叶兆言:《现实生活》,文汇出版社2014年版,第31页。
② 叶兆言:《现实生活》,文汇出版社2014年版,第42页。
③ 张宗刚:《小说家的散文:叶兆言散文读札》,载《扬子江评论》2010年第4期,第11页。

样轻易了断,而是在历次政治运动中不知所措,尤其在史无前例的文化大革命中吃尽苦头。陈寅恪死于一九六九年,临死前,在病榻上还被迫做口头交代,直至不能说话为止。陈寅恪最后的声音是,"我现在譬如在死牢中"。吴宓虽然熬到了一九七八年,但是左的思潮尚未肃清,依然被遣送回老家,住在他年老的妹妹那里,眼睛已经看不见,神智也一天天昏迷,他最后的声音只是渴了就喊,饿了就叫:

"给我水喝,我要吃饭,我是吴宓教授。"①

叶兆言的散文,尤其在情感表现方面特别节制。比如《初识弘一法师的岁月》中,叶兆言回忆自己曾经的白马湖之行:

在一个小得不能再小的火车站下车,坐人工摇的小船,不一会到了。三十多年后,我十分怀念那个小车站,根本没什么站台,一间欧式的小屋,车到站,把门打开,下去就行。印象中也不用检票,上车买票,下车拉倒,全无今天是个火车站就一定乱糟糟的惨相。当然还有那个湿漉漉的小木船,河水清清,小船儿轻盈,一路桨声。

过往的人生细节就这样被叶兆言平淡和缓地呈现出来,不动声色的讲述却满蕴着挥之不去的悲哀与无奈。轻松平易的叙述风格、深厚的历史意识与现实关怀、悠长隽永的审美意趣包蕴着深挚的情感与对时世的洞察,可谓"亦自清而腴"。

叶兆言散文中,最富有叶氏特色的,是对民国文人知识分子的书写。2000年,叶兆言在《收获》开设"杂花生树"专栏,发表文化类系列散文《周氏兄弟》《阅读吴宓》《革命文豪高尔基》《围城里的笑声》《闹着玩的文人》《人,岁月,生活》等。在《小说家》的"作家手记"栏目发表如《张闻天和潘汉年》《刘半农和钱玄同》《林琴南与严复》《康有为与梁启超》《闻一多与朱自清》《刘呐鸥与穆时英》等。人民文学出版社以《杂花生树》为

---

① 叶兆言:《陈旧人物》,上海书店出版社2007年版,第121~122页。

名,于2002年将这些散文结集出版。同年,叶兆言又在《苏州杂志》刊载了系列书写民国文人的散文《范烟桥》《周瘦鹃》《王伯祥》《顾颉刚》《俞平伯》《吕叔湘》等。除此之外,此类散文还陆续散见于其他杂志。上海书店出版社2007年结集出版了《陈旧人物》一书。它们集中体现了叶兆言取常人视角,从形象细部与生活琐事着眼的文章特点,细微处体现民国文人的风范:

记得也曾写过胡适,专谈他年轻时如何荒唐,游手好闲,吃花酒,喝醉了居然打警察,终于有一天觉悟了,明白这样是不对的,应该感到羞耻,于是开始发奋读书,很快考上"庚子赔款"的第二期官费生,到美国留学,从此走上正道,前途无量。①

周作人形容刘半农,说他"头大,眼有芒角,生气勃勃,至中年不少衰"头大好理解,有芒角这是怎么一回事,还真不明白。刘半农和周作人相识,周三十三岁,他自己才二十七岁,说起当时的情形,刘曾很生动地说:"时余穿皮鞋,犹存上海少年滑头气;岂明则蓄浓髯,戴大绒帽,俨然一俄国英雄也。"一想到刘半农,我的脑海里立刻就冒出大脑袋瓜和鱼皮鞋。②

尤其是在写曾与祖父叶圣陶往还密切的人物时,其中的一些人叶兆言甚至还见到过,有着感性认识,摹画此类人物更能将叶兆言的学、才、情融合体现。如《王伯祥》,由于作者亦是曾经的当事者,故而写来详实亲切。对于王氏治学的方法与特点,叶兆言记述:王伯祥的著作《史记选》,在选定的底本上,将其他版本"一一校于底本之上,结果凡是空白处,都密密麻麻,几乎没地方可以写字"。关于王氏和祖父的交往,叶兆言说:"文化大革命中后期,祖父每周都去看望王伯祥。当时订阅大字《参考消息》是一种行政待遇。祖父必带上最近一周的报纸,在王家坐两小时,谈天说

---

① 叶兆言:《陈年旧事》,中信出版社2013年版,第75页。
② 叶兆言:《陈旧人物》,上海书店出版社2007年版,第31页。

地,然后带着上一周的旧报纸回家。我在北京曾经好几次陪祖父去,一位八十岁的老翁,去看望另一位八十多岁的老翁,而且挤公共汽车,如今回想起来实在值得品味。"这些细节勾勒中所散发的细致、从容与温情成为某个时代的见证,某种文化的回声。

三、南京情结与文学世家

总体而言,叶兆言文学创作的基本格调就是平易、质朴、真挚。为便于论说,不妨借用"中庸"这个概念对此格调加以概括。此格调形成的两大原因不容忽视:一是叶兆言文学创作中的南京情结,二是文学世家的影响。

叶兆言在多种场合和文章中坦言喜欢南京。细细体味,不论是他的小说还是散文,隐约中总会有南京的影子、金陵的气息。有学者曾指出,叶兆言的南京想象,大致可以分为以下三种类型:一是

叶兆言,背景是南京古城墙。曾年摄影

以秦淮河这个地理场景为中心,把南京想象为风流颓废的传统城市,比如叶兆言的"夜泊秦淮"系列小说;二是以20世纪30年代的南京城市改造为背景,将南京想象为一个繁华、自由的现代都市,比如在《一九三七年的爱情》中叶兆言将这个城市的浪漫情怀演绎到了极致;三是以当下的南京生活为基础,把南京想象为一个庸碌、市侩的世俗城市,比如《艳歌》小说系列。① 南京城那种低回的文化氛围使得叶兆言从容地把玩身边的生活,也让他的作品富有江南气息,温润而清淡,有远致而不故弄玄虚,而他笔下的江南人物总有一种适度、从容、雅致、趣味,不会陷于一种极限和极端。

① 曾一果:《叶兆言的南京想象》,载《上海文化》2009年第2期,第38页。

至于世家文化背景的熏染，更不容忽视。祖父叶圣陶性情温和而绝不乡愿；父亲叶至诚为人柔顺又执拗。在立身行事的各个方面，祖父与父亲都在或者主动或者被动的情况下，不断调和自己的人生姿态。这个文学世家在总体上呈现了温和节制的门风。叶兆言自然会受到这种门风的熏陶，不仅体现在他为人的儒雅平和，更体现在他文学创作的平易、质朴特点上。平易、质朴的"中庸"风格是叶兆言文学创作的重要特征。首先，叶兆言是一个难以被归类的作家。从当代文学史的角度看，他的创作既与"先锋小说""新写实小说""新历史小说""后现代主义小说"有着大量重合，同时又不为这些流派特征所笼罩。其中一个重要原因就是叶兆言"中庸"的创作风格所具备的开放性、兼容性。这成为叶兆言不同于其他作家与流派的身份标识，使他成为当代文学史上的"这一个"，显现了一名当代优秀作家的潜质与活力。

但是同时"中庸"风格也隐含了叶兆言文学创作的局限性，这体现在两个方面：其一，题材开掘深度的局限。从叶兆言目前的文学创作看，创作题材的广度是有的（比如小说"儿歌""挽歌""艳歌"系列包蕴的众多题材类型），但是有待于对这些题材类型的更具深度开掘。在当代作家中，那些通过深度开掘某一类题材类型而形成稳定的创作个性的作家似乎更加引人关注，比如莫言执着于人的多重生命体验的精彩呈现，阎连科对于特定群体"苦难"生存状态的深入揭示，可能在表现人性时会更加尖锐。文学世家的背景提供给叶兆言相对平静的生活，作家与世界之间的关系不像其他的一些当代作家那样严峻。这些都在一定程度妨害了作家对现实人生的深入体味与深刻了解。当然，作家并非一定要经受重大的现实苦难才能够出现杰作，但是不可否认苦难在一些作家那里不仅是他们重要的题材领域，也是丰富作家生命体验，强化作家精神力量的重要契机。其二，"中庸"文学创作风格隐含的另外一重局限，是叶兆言的文学创作的转换显得相当节制，这在形成其创作风格的同时也在一定程度上可能会减少文本实验带给作家的艺术潜能的更大激发。

余 论

社会愈动荡,愈见出个体之无力,命运之荒诞无助;但是社会愈动荡,同时也愈可见出某些生命之坚韧,精神之超拔,斯文之承续。

近代中国,战乱频仍,社会动荡剧烈,文化转型巨大,世所罕见。鸦片战争、太平天国战乱、甲午中日战争、辛亥革命、袁氏当国、五四运动、抗日战争、解放战争、"反右"、"文革"……走向共和过程中的中国,在无数次的挫败、曲折、震荡中踽踽而行。每一次重大历史变迁,社会政治、文化转型,在史书上,只是留下一个概念、几段文字,被匆匆翻过。

在我们罗列一个个历史大事的概念的时候,忽略的往往是每个个体冷暖、甘苦的感受体验。其实,如果从个体出发,体味他们的日常生活、情绪感受,很多时候也都与时代有着共振和联系。

我常常忍不住想,拥有夸父巨人般身躯的历史,每一次轻微晃动,都会对每一个具体的个体产生致命影响。每思及此,我的内心都会感觉有些痛。

一

传统文化世家的出现,往往是因为这个家族某代人中的一位通过科举获得了功名,有了俸禄和地位,然后又非常重视文化传统教育和家族势力的经营,渐渐形成在文化、学术、诗文等方面名重一时或影响后世的家族体系。或者是某代人中的一位因为经商获得成功,然后依托经济资本,极为重视培养自己的后人,他的下一代能够进学并最终获得功名,渐趋形成一种文化势力,这个家族最终实现从商到士的蜕变。无论是前者还是后者,其中都有一个重要的前提,即获得功名,通过科举进入到体制,而且是体制的上层,最终形成了集官、儒、商混合和互动的家族体系。

但是，传统的这种体系形成方式，遭遇到晚清的系列变革和五四新文化运动的转型，发生了变化。在晚清为时已晚的系列改革中，关系到广大读书人的一个重大改革就是废科举、兴学堂。科举制度一废，千千万万读书人懵然失去了方向，一下子面临着出路的问题。科举废了，意味着将大多数下层读书人进入上层的传统的通道——科举考试——取消了。于是传统世家形成的非常重要的前提，通过科举获得功名，也就不存在了。加上新式教育的普及，私塾、家学、书院等传统教育体系土崩瓦解，家学的传承、门户的维系，缺少了体制的保证。所以，我们看到，近代的诸多文人学者，大多是源于晚清的传统世家的延续，基于祖辈的文化荫庇和学术滋养，但往往也成了文化世家的结穴和绝响。

所以，总体上来看，毋庸讳言的是，现代以来的社会，本就缺乏文化世家生长的土壤和环境。当然，总会有例外。

上帝关上一扇门，总会开启一扇窗。

何以言之？当传统的科举功名此路不通的时候，给读书人可供选择的路径不是没有了，而是空前增加了。这些读过私塾，经四书五经、子曰诗云训练的读书人，当科举的独木桥被拆毁之后，他们开始各自寻觅属于自己的道路。有的人改行了，做学徒，做生意；有的选择留洋，除此之外，还有两个群体颇值得关注，一个是在新式学堂做教师的那些人，一个大概就算上那批"做媒体"知识者了。我们知道，近代媒体（那时主要是报章、杂志）的出现和现代化发展，是文化转型和革命的一个成果，更是一个推助器。报章媒体成了吸纳和汇聚具有才华和热情的青年人的重要平台。在古代，人的成名，首先要通过科举。古人云，十年寒窗无人问，一举成名天下知。若说例外，极少，但也不能说没有，柳永大概能算是一个吧。因为在传统社会，士人的名气声望，是在相对封闭的士阶层产生影响的。

现代传媒则完全打破了传统阶层的封闭的现象，知识者能够通过杂志、报章，将自己的诉求、言论、思想传达出来，在社会产生广泛影响，从而造成文化媒体偶像出现。也就是说不需要通过科举，读书人借助媒体发声，同样产生名气和声望。当失去了科举的通道之后，媒体往往成为了下层读书人上升的重要途径。

而若在报章杂志等媒体产生影响,更需要读书人的学问、文采、才华。换句话说,媒体不仅仅是读书人晋身扬名的通道,更是斯文汇聚生长的极为重要的平台。叶圣陶就是通过《新潮》《诗》《中学生》等杂志,以及开明书店这个著名的出版机构,由一位原本边缘的小学教员,逐渐成为一代文化名人和大知识分子的。类似的,叶至善几乎终身从事杂志编辑工作。而叶至诚更是在20世纪50年代初筹办杂志,勇于"探求",当然最终遭到批判而折戟沉沙。到了叶兆言,他在成为作家之前本就是一位编辑。

所以,现在传媒的发展,给予了文化世家形成的新的方式与可能。当然,与其说叶氏三代是通过文学和文化编辑而形成世家传承的话,倒不如说,文学与文化的传统如血液一样通过编辑及文字工作这一载体,渗入叶氏几代人的生命之中,从而形成了现代意义上的文化世家。

二

社会中每一个个体身上都能折射出历史的面影。叶氏几代人的历史,在一定意义上说就是一百多年来中国的历史的侧面。

1840年,是近代中国屈辱和战乱的肇端,从此中国内忧外患,战争连绵不绝。八年之后叶钟济出生,在他十二岁上,苏州遭际大变故,太平军攻克苏州,叶家衰败,从小康之家坠入困顿。社会的巨大震荡,给这个小家庭造成了极大的影响,从此叶钟济的职业一途与其先辈相比,又有了巨大变化。

叶钟济的儿子叶绍钧,出生于1894年。而在此三个月前,中日甲午战争爆发,中国被邻近的蕞尔小国击败,朝野震动,随后公车上书、百日维新相继发生。中国上层知识分子开始寻求自强之路。内忧外患中,1911年辛亥革命终于发生,中华民国建立。继而新文化运动勃兴,相继发生的中西文化之辩、新旧文化之争,都是围绕着自强求存的民族问题展开。

虽然不像傅斯年、罗家伦、顾颉刚等人在当时的著名学府求学,切身投入新文化运动中,但是远在江南的叶圣陶的心情却与时代脉搏一起激荡着。如1915年11月25日的日记真实记录了青年叶圣陶的焦灼心情:

"夜览《青年杂志》,其文字类能激起青年自励心。我亦青年,乃同衰朽。我省之目的为何事?精神之安慰为何物?胥梦焉莫能自明。康德曰:'含生秉性一人皆有一己所向往'。我诵此言,感慨系之矣。"

1917年,胡适之、陈独秀等高呼文学革命,进而提倡国语的文学,文学的国语。而就在这期间,叶圣陶与吴宾若、王伯祥等有进步倾向的教员一起进行教育改革。顾颉刚曾在为《隔膜》作的序言中说:"他(叶圣陶)在这几年里,胸中充满希望,常常很快乐的告诉我他们学校里的改革情形。他们学校里,立农场,开商店,造戏台,设备博览馆,有几课不用书本,用语体文教授……几年内一步步的做去,到如今都成功了。这固是圣陶的一堂同事都有革新的倾向,所以进步如此其快,但圣陶是想象最锐敏的,他常常拿新的意见来提倡讨论,使全校感受他的影响。"1919年北方一帮新青年创办《新潮》杂志,远在江南的叶圣陶不断投稿,在这个杂志上鼓呼。1919年5月4日,著名的五四运动发生。而就在第二天,叶圣陶在甪直召集学生开会,宣讲前一天北京的那场集会。

青年人总是敏感、热情的。作为小学教员的叶圣陶关心时事,敏于实践,逐渐由参与新潮,到渐趋引领潮流。1921年,中国第一个新文学社团文学研究会成立,叶圣陶参与发起,投身于新文学的运动和改革中。第二年的1月,在南方上海,叶圣陶与朱自清、俞平伯、刘延陵创办中国现代文学史上第一本专门刊载新诗的刊物——《诗》月刊。这些实践,非有激情、创意、胆识、才情而不可为。

同样的,叶至善、叶至美、叶至诚他们的人生选择与生命沉浮,也都折射出20世纪后半期的社会变迁。特别是"探求者事件"中叶至诚的文学"探求"理想的夭折,让人不能不唏嘘不已,感慨命运的荒诞无力与政治的波谲云诡。

历史的每一次阴晴,都会带来家族的圆缺。我们不能不慨叹,叶氏文学世家的历史,何尝不是百余年间中国历史的侧面。

三

叶氏家族的变迁,其实表征着百余年中国一种文学谱系的传承。在本书中,笔者把叶氏家族定性为文学世家,正是为了试图定位这个家族的独特性。这正是叶氏家族与近代以来很多文化世家不一样的地方。

近世很多文化大家族,如无锡钱氏、苏州俞氏、义宁陈氏、唐河冯氏等,与苏州叶氏多有不同。其一,前几个文化世家,都是有清以降,特别是晚清以来出过官僚,祖上就已经有着较为显赫的家世。这一点在义宁陈氏家族体现尤其明显。但是本书所写叶氏世家,在叶圣陶之前,没有名望,甚至只是非常普通的平民家庭,只有到了叶圣陶这一辈悉心经营,才在民国以来产生了影响。这在20世纪中国的文化世家中,是非常罕见的。其二,近世很多文化世家的子弟往往主要体现在学术方面的影响。而自苏州悬桥巷走出来的叶氏家族,从叶圣陶开始之后的四代人,几乎全部都集中在文学领域,且多以文学创作和编辑为业,除了叶圣陶在1949年之后溢出了文学领域。这一方面与这个家族最核心的人物叶圣陶的主攻方向有关,同时也与此家族较为晚起,以及建国之后专业化职业化的体制有很大关系。因此,我们更多地应该在文学的方面看待从叶圣陶到叶兆言这个家族的几代人,是故本书将其称为文学世家,以有别于偏于综合的文化世家。

纵观叶氏文学世家,几代人体现出一种延绵相继的文学风格。

曾几何时,我们的文学开始强调抒情,而强调的结果是为文造情、煽情甚至滥情的倾向日趋严重。很多人认为只有抒情才能有诗意,有文艺范。这种造情的倾向,使得文字空洞、玄虚、造作。这在1949年以后的文学中特别明显。强调抒情的结果,往往就会忽略道理,忽略逻辑,而这种重抒情而不讲理的文字,变得非常普遍,人们认为这样的才是文学。这种抒情主义的泛滥,在很大程度上与曾经的颂歌时代有关。1949年以后,曾经有段时间,诗歌是政治抒情诗,而散文也几乎变成了政治抒情文,小说都充斥着某种狂热的讴歌。这种特殊时代造成的煽情文风,其影响很大,直到现在很多作家的文体都有这种流风余韵,不绝如缕。

在这种时代文风的大背景下,如果我们去考察叶氏三代的写作,就会发现从叶圣陶到叶至善、叶至诚,再到叶兆言,他们的文风有着前后相继的一贯特点,即语言平实明白,一清如水,情感讲究节制。这种特点的形成首先归功于叶圣陶写作中对语言风格的追求。关于文章的语言,叶圣陶曾经多次谈到,他说:"文艺必须语言文字顺适畅达,一篇成个整体,每一句话成一句话,才算得比较像样。"①叶圣陶还强调,文章的语言最讲求干净:"所谓干净不干净,其实就是节约不节约……语言要求节约跟思维要求节约是分不开的。在思维过程中,必须把那些罗罗嗦嗦的不必要的东西去掉,同时非把那些必要的东西抓住不可,这是思维的节约。表现在语言方面,就是语言的节约。"②

正是因为叶圣陶文章语言的特点及其对这种平实畅达风格的坚持,直接影响了叶至善、叶至诚对风格的认知。笔者在欧阳文彬的文章中曾读到一则记述,颇能证明这一点。在抗战胜利后的上海,叶至诚曾和欧阳文彬一起合译《黑玫瑰》。在合译过程中,关于行文和语言风格,叶至诚和欧阳的观点颇不一致:"他(叶至诚)比较崇尚朴实,容不得半点欧化的语法;我认为译外国作品和创作不一样,人物对话可以带点洋味儿,还有点追求词藻。有时为了一句译文,各执己见,互不相让,吵得不欢而散。回想起来,他当时在文风上已有自己的追求:朴实无华,琅琅上口。"③

朴实无华,这种评价,同样可以适用于叶兆言的文风。尤其是在散文中,叶兆言比他的父辈多了一点曲折、从容与雅趣,但朴实、平实的底色是一贯的。在20世纪50年代出生的当代作家中,若论语言、文风,叶兆言与其他同辈作家相比,其风格尤其显得另类。如前所述,1949年以后很长一段时期,是一个抒情的时代、颂歌的时代。而50年代出生的共和国同龄人,他们受到颂歌体的影响,文章风格也偏于抒情,弱于讲理,情感往往不够节制,不要说惯于抒情的诗歌、散文,就连小说的文风也容易抒情,语言多用排比,一泻千里,但难免粗糙空疏。而叶兆言行文语言则显得朴实很多,情感节制,不喜者认为有寡淡之嫌,但统观其创作,就会发现这其实是其一贯的追求。这种特点的形成,如果联系其父辈叶至善、叶至诚,

---

① 叶圣陶:《叶圣陶论创作》,上海文艺出版社1982年版,第183页。
② 叶圣陶:《叶圣陶论创作》,上海文艺出版社1982年版,第217页。
③ 欧阳文彬:《欧阳文彬文集》(散文卷),生活・读书・新知三联书店2012年版,第94页。

以及祖父叶圣陶的文风,就不能不说这是叶氏三代共有的特点。

在整个时代的抒情风习一统天下的时候,一个家庭、家族作为小环境,可以在一定程度上渗透和拒斥着时代的风气。钱穆在论及魏晋南北朝学术文化与当时门第之关系时曾指出,虽然社会政治祸乱迭起,但门第的递嬗相承,对文化的延续起到重要作用,"中国文化命脉之所以犹得延续不中断","亦颇有赖于当时门第之力"①。叶氏三代的文风的一贯,亦可作如是观。深而言之,这种质朴的语言风格,在民国时期,恰恰是文章的主流。就文风与语言论,如果说现当代文学有所谓鲁迅传统、知堂传统,以及胡适传统的话②,叶氏三代的文风,更接近于胡适之风,更像作为教师的文风:清楚明白,一清如水,朴实无华。

四

叶氏文风的形成,源于一种态度,即诚笃的平和的做人态度。而这种态度又与叶氏的家风、门风有很大关系。"何谓家'风'?一般说来,家风就是世族精神文化传统。一种精神或行为方式在某一家族内延续三代以上,便可视为某一家族之文化传统,构成其家风。家风是世族文化的基调和底色,具有相当的稳定性,世代相承。"③一个世家的门风,体现的是一种文化涵育,彰显出一种文化姿态。陈寅恪在论及门风时说:

所谓士族者,其初并不专用其先代之高官厚禄为其唯一之表征,而实以家学及礼法等标异于其他诸姓。

夫士族之特点既在其门风之优美,不同于凡庶,而优美之门风实基于学业之因袭。故士族家世相传之学业乃与当时之政治社会有极重要之影响。④

---

① 钱穆:《中国学术思想史论丛》(三),安徽教育出版社2004年版,第141页。
② 这三种文风的分类,可参刘绪源:《今文渊源》,上海文艺出版社2011年版。
③ 王永平:《六朝江东世族之家风家学研究》,江苏古籍出版社2003年版,第343页。
④ 陈寅恪:《唐代政治史述论稿》,生活·读书·新知三联书店2009年版,第259~260页。

一般人们评价家族、门第，往往容易从政治权势、经济实力的角度来看。然而，事实上，除了这两个外在的条件外，文化世家的形成更在于门第中人的文化滋养和精神气质的传承。门风的传承体现的是文化的缓慢而长久的力量。笔者在一篇文章中曾谈及文化的作用。如果借用资本的概念，社会历来至少有三种资本力量组成：政治资本，经济资本，文化资本。在现实层面，政治资本最显赫、最有力，经济资本次之，在商品经济时代，经济资本的运作能力越来越重要，甚至会超过政治资本。最无力、最不被人关注和看好的，就是文化的力量。

文学世家所拥有的是文化资本、文化资源。尽管说这种资本是最无力的，但从另外一个角度讲，最无力的文化资本，其作用却往往最恒久。文化资本运作的力量不是像政治、经济资本那样大开大阖、暴风骤雨、摧枯拉朽式的。它的运作和发生方式是春风化雨，是涵养熏陶，是润物细无声。这种方式恰恰决定了它的作用的发挥，力微而长远，非速成却根本。因为文化的"化"，已说明了这种方式是"化"，化的必然是人心，改变的是内在的心灵、深层的思想意识，从而实现"人"的确立。埃里希·弗罗姆于1968年《希望的革命——通向人性化的技术》中指出"是人，而不是技术，必须成为价值的最终根源；是人的最优发展，而不是生产的最大化，成为所有计划的标准"。在这个意义上讲，所谓门风、家风，其实就是运用文化的力量、涵养的方式实现对人的培养确立，立人，立的是人的内在灵魂，而非外在的物质躯壳，即人的理念开明、心智健全、个性独立。

在这个意义上，无怪乎钱穆指出："门第传统共同理想，所希望于门第重任，上自贤父兄，下至佳子弟，不外两大要目：一则希望其能具孝友之内行，一则希望其能有经籍文史学业之修养。此两种希望，并合成为当时共同之家教。其前一项表现，则成为家风，后一项之表现则成为家学。"①"一个大门第，绝非全赖于外在权势与财力，而能保泰持盈达于数百年之久；更非清虚与奢汰所能使闺门雍睦，子弟循谨，维持此门户于不衰。"②

---

① 钱穆：《中国学术思想史论丛》（三），安徽教育出版社2004年版，第159页。
② 钱穆：《国史大纲》，商务印书馆1996年版，第309页。

五

门风、家风的形成赖于家庭氛围的影响和熏习,在于长辈对后辈子弟的有意识的言传身教。《世说新语》中曾记录谢安对子侄们的引导。《世说新语·德行》:"谢公夫人教儿,问太傅:'那得初不见君教儿?'答曰:'我常自教儿。'""自教儿"者,乃是身教也。如果说这是无形中的身教的话,他也同样重视言教,比如那个极为著名的典故:"俄而雪骤,公欣然曰:'白雪纷纷何所似?'兄子胡儿曰:'撒盐空中差可拟。'兄女曰:'未若柳絮因风起。'公大笑乐。"(《世说新语·言语》)此外,《世说新语·言语》中还记载一个类似的对答:"谢太傅问诸子侄:'子弟亦何预人事,而正欲使其佳?'诸人莫有言者,车骑答曰:'譬如芝兰玉树,欲使其生于阶庭耳。'"钱穆对这一则对答,曾发出感慨:"谢安此问,正见欲有佳子弟,乃当时门第中人之一般心情。"[①]

言传身教,古今一也。重视文化培养和德性涵育,历来是中国传统家庭极为注重的。如古代中国,有着非常多的家训。郑玄、诸葛亮等都有《诫子书》,梁元帝有《戒子》篇,颜之推有《家训》等等,不一而足。这些家训、戒子篇,体现出一个家族的文化理念。类似地,叶圣陶对于自己的孩子的德性之养成,非常重视。书中已多有述及,这里就举叶圣陶为孩子起名一事,足以证明。叶圣陶的三个孩子分别名为至善、至美、至诚,由此可见作为父亲的叶圣陶对自己下一代的道德期许。写到这里,笔者联想到三国时期魏司空王昶曾为子侄起名,分别是:处静、处道、玄冲、道冲,并且书戒之曰:欲使汝曹顾名思义,不敢违越。起名一事虽小,却体现父母对下一代人的期望,这对于后代的自我认知,对于家风的形成,家族内在气质的延续,无疑有着规约影响作用。

在百年中国文学史上,文学世家并不少见,但像叶氏家族这样,一家四代都从事文学工作的,还确乎罕有,这不能不说与叶氏几代人一贯重视

[①] 钱穆:《中国学术思想史论丛》(三),安徽教育出版社2004年版,第148页。

文学传统有密切关系。叶圣陶非常重视自己孩子的为文与为人,故有《三叶集》的出版,叶至善也继承了这个培养方式。到了叶兆言,对其女儿叶子用心颇细,曾出版他与叶子的合集。这一方面说明孩子们在文学方面的早慧,他们对文学、文字的天然敏感与才气,另一方面也说明叶氏家族形成重视文学修养的保护和激发的自觉。教儿学为人,斯文继世长,这或许是叶氏文学世家的给人们的启示。

除了有意识的身教、言教外,无意识的文化濡染熏陶,也会强化世家中人的情感认同。比如叶圣陶与顾颉刚、俞平伯等故交的往还、叶至诚等与当代作家友人的交往,这些都会形成一种整体的氛围,在很大程度上影响着后辈的文化认同倾向、精神气质,乃至写作选择。比如叶兆言散文写作的题材、风格与趣味,与这祖、父两代人的潜移默化的影响很有关系。

在叶兆言的散文创作中,除了描摹和关注古都金陵的风物外,更突出与集中的则是对近现代以来的文士硕儒等"陈年旧事""陈旧人物"的追慕。民国文人风范、士林品格是叶兆言散文津津乐道的话题。叶兆言曾在多个杂志开设相关专栏,发表民国文人系列散文,其所谈对象涉及康有为、梁启超、林琴南、严复、周氏兄弟、胡适之、刘半农、钱玄同、闻一多、朱自清、吴宓、范烟桥、周瘦鹃、顾颉刚、俞平伯、王伯祥等,不一而足。我们知道,叶兆言的小说历来最为研究者注意,但是笔者以为,其散文写作或许更耐人寻味。与同辈的作家相比,叶兆言这种对近世耆宿文士的癖好,显得非常另类。这种独特的写作趣味,毫无疑问与叶氏家族历史的影响和熏染有很大关系。

叶兆言着意于现代知识分子的陈年往事,追怀民国历史的风云激荡,是对叶氏家风的重识与认同,是在向文人风范和斯文传统致意。

五四以来的文化,是中国文化大流脉中的一环,而包括叶氏家族在内的近世文化门第,乃是五四以来的文化在传承过程中的集中体现。

所以,叶氏文学世家,斯文于此回响……

后　记

记得是在2013年的夏天，参加一次酒聚，席间与来自中原故乡的骆玉安先生相识。同乡之谊，加之酒精的作用，于是我竟然答应了写作"苏州叶氏文学世家评传"的邀约。

等到第二天早晨，酒醒之后的我才意识到，昨天应下的写作任务，有些冒失和轻率了。因为目前手头的工作，已经够忙的了。而写出近二十万字的专著，特别是又想写得好一些，绝非易事。但是，君子一言，驷马难追。既然承诺，就不能反悔了。

于是，就反过来想想。这个任务，可让自己在以前研究的领域之外，关注新的问题，从文化世家的角度对中国现当代文学有所探究，未尝不是好事。这样一开解，就释然了。加之，这几年自己在南京大学作博士后的课题"中国现当代作家的学者化现象研究"，与此"苏州叶氏文学世家"研究，不能说完全没有关系。特别是民国文学与文化的独特风范，恰恰也正是自己以往非常着意的。

在当代中国作家中，在20世纪50年代以后出生的一批人中，民国文风的影响日渐淡漠。从这个角度去看，我们就不难发现，叶兆言的选材、文风与韵味是比较独特的，总能让人隐约感觉到民国某种文化痕迹的影响。这样看来，从叶圣陶到叶至善、叶至诚，再到叶兆言，我们确实可以看到三代人一脉相承的东西。这种相承，并不是主观虚造的，而是客观存在的。毫无疑问地，在现当代作家当中，叶氏三代人身上比较集中地体现出世风、门风、文风三者的关系。我在大学任教也已有些时日，我认为，大学教授的授课方式大致有两种：一种是表演型的，一种是本色型的。套用这个说法，一个人的为人、为文，也有表演型和本色型两种，而叶氏世家从叶圣陶一直到叶兆言，他们几代人大致属于本色型的：质朴、散淡，不失优雅。

当然,任何角度的选择,在彰显其有效性的同时,也自然难免其有限性。从文学世家的角度看叶氏家族的文学与文化传承,并不意味着文学世家是决定一切的前提,也不意味着世家角度可以解释所有现象。如果将世家角度看作唯一,这是不科学的,也是反文学的。文学是最讲个性的,每个作为个体的人也都是独特的。所以,叶圣陶是独特的,叶至善是独特的,叶至诚是独特的,叶兆言也是独特的,虽然他们在一个文学世家中。

话又说回来,尽管文化世家的角度不能解释所有问题,在其有效性之外也存在有限性,但是如果将文化世家现象放在当代中国的文化制度背景中来看,其实蛮有意味的。我们知道,在1949年以后政治、文化、教育等制度的巨大转型之后,从整体上说,文化世家的滋养、发育的可能性已微乎其微。随之而来的"无产阶级文化大革命",几乎"革"去了文化的命。皮之不存,毛将焉附?文化世家的命,也被"革"去。而新时期以来,特别是20世纪90年代以后,因为知识教育的体制及新兴传媒的发达,更年轻的一代接受文化的渠道真正从一元和单向变为全方位展开,所以世家的形成和延续的可能,以及其影响作用,都被大大地弱化。正是在这样巨变的文化背景下,重新认识曾经的文化世家对于代际传承、人文汇聚、斯文接续的某种作用,是有意义的,因此观察和探讨叶氏文学世家也就不无意义了。正是从这个角度考虑,我倒是逐渐加深了对这一写作选题的认同。

我在最初的设计时,还是想要尽可能客观地将相应政治、文化背景下叶氏几代人各自人生的经历与风貌呈现出来,而不是仅就世家传承角度去削足适履地论述或论证。因为,我相信,呈现出各代的不同风貌和神采,即是勾勒文化世家的变迁,即是呈现世家本身。所以,在原来的计划中,写作应有所侧重。比如,对于叶圣陶,其在民国尤其是从五四到抗战这一阶段,作为他生命力创造力最勃发的时期,理应泼墨特书;对于叶至诚,"反右"的打击使其"探求"夭折,精神受到极大打击,这一时期在叶至诚一生中都极为关键,所以也不能不着力;而对叶兆言来说,因为新时期以来时代的相对平静平淡,对其创作的介绍与讨论,自然应该是重点。

职是之故,除了本书的楔子和余论两部分主要从世变与家族演变的角度集中论及叶氏文化世家变迁的背景、过程、特点之外,书中其他大部分内容尽量客观地叙述叶氏三代的人与文,并在行文中力图与学院派的纯理论研究方式拉开一定距离。因为,对于文学来说,生命感的融入远比理论操练更重要;对于历史而言,细节的还原远比空洞的概念更真切。

关于本书的框架设计,还应该提及的是,叶兆言之后,叶氏家族还有比如叶子、叶扬等"文四代",她们也从事写作,并产生了一定影响。叶子在大学教书,叶扬从事编辑工作,她们依然选择了从文之路,延续着斯文传统。但是,考虑到评传应主要选择在文学和人生上已有定评的叶氏家族中人来写,叶子、叶扬就写作与人生而言还处于起步和上升阶段;另一方面,叶子、叶扬等"文四代"的成长处于媒介时代的大转型期,受到家族之外的影响很大,她们的写作与祖、父辈的传统写作方式差异甚巨。基于这两个方面的考虑,暂不列入此评传,以待来日。

说了这么多,就是为了说明我的大致思路和想法。当是时,我开始招收研究生。牛亚南就成为了我指导的第一个研究生。研究生入学后,即面临着选题和做论文的任务,我就建议牛亚南从文学世家角度研究叶兆言的创作。因这个选题与此书的写作关系密切,征求了她的意见之后,我决定尝试带她一起来写作。我首先让她着手编写叶兆言创作年谱,然后从一个个具体的问题和对象来思考。从章节安排、段落分配到字词表述,我一一指导和讨论。牛亚南很认真,也很努力,渐渐地,她可以入手写作了。

这部书稿的写作,可以看作是我指导研究生的开始。让研究生从具体问题出发进行研究,在游泳中学游泳,是极好的方法,不仅可以锻炼学生的写作能力,培养其研究意识,完成基本的学术训练,更为重要的是老师的价值立场无形中是会熏陶和影响学生的。比如,在写作关于"探求者"事件的《未完成的"探求"》一文时,我特别强调自由的观念与人性的立场是判断"探求者"事件最基本的原则。

主要部分的草稿完成后,我从6月份至今大多数时间都在修改、核校、完善。当然,牛亚南所写的初稿部分在某些具体的表述上,还不够令人满意,我原来的一些想法观点并没有完全实现。我本想花更多的时间更细致地修改,甚至有些地方推倒重写,但因出版社催稿甚急,原有的一些想法,只能留待以后再行补充了。

在这里,我照例应该表达谢意。首先是骆玉安先生。没有骆玉安先生的热情相邀,就不会有这本书的写作,没有他屡次的督促,甚至是最后通牒式的"催逼",书稿还不知道会拖到何时。

还要感谢叶兆言先生。最初编写的叶兆言文学年谱,他就曾拨冗审校和指正。这部书稿完成后,也寄给他过目。书中的观点和评价,他表示自己不会有任何过问,一任研究者评说,他的这一客观态度,让人感佩。他还惠赐了多帧照片,为此书增色很多。

承蒙江苏省作协以及评审专家的不弃,本书的写作还得到了江苏省作协重点扶持工程项目的立项资助。

由于丛书体例的缘故,应出版社要求,书中使用了一些照片,客观条件所限,无法一一注明拍摄者,这要感谢相关人士惠赐的便利。还要感谢从事过叶氏世家研究方面的诸位先进。他们已有的研究和著述,为进一步的拓展打下了基础,成为叶氏世家研究绕不开的成果。在写作过程中我们参考了一些传记、回忆录、年谱长编等资料,这是需要说明和一并致谢的。

赵普光

2015 年 10 月 22 日凌晨于金陵随园槐香斋